GAILIANGPIN GONGYINGLIAN
KUCUN JUECE
YU XIETIAO QIYUE SHEJI

改良品供应链库存决策
与协调契约设计

张云丰 龚本刚 ◎ 著

中国财经出版传媒集团

经济科学出版社
Economic Science Press

图书在版编目（CIP）数据

改良品供应链库存决策与协调契约设计/张云丰，
龚本刚著．－－北京：经济科学出版社，2022.4
ISBN 978－7－5218－3621－9

Ⅰ.①改⋯　Ⅱ.①张⋯②龚⋯　Ⅲ.①供应链管理－
库存－研究　Ⅳ.①F253

中国版本图书馆 CIP 数据核字（2022）第 063124 号

责任编辑：崔新艳　胡成洁　梁含依
责任校对：齐　杰
责任印制：范　艳

改良品供应链库存决策与协调契约设计
张云丰　龚本刚　著
经济科学出版社出版、发行　新华书店经销
社址：北京市海淀区阜成路甲 28 号　邮编：100142
总编部电话：010－88191217　发行部电话：010－88191522
网址：www. esp. com. cn
电子邮箱：esp@ esp. com. cn
天猫网店：经济科学出版社旗舰店
网址：http：//jjkxcbs. tmall. com
北京季蜂印刷有限公司印装
710×1000　16 开　12 印张　220000 字
2022 年 4 月第 1 版　2022 年 4 月第 1 次印刷
ISBN 978－7－5218－3621－9　定价：55.00 元
（图书出现印装问题，本社负责调换。电话：010－88191510）
（版权所有　侵权必究　打击盗版　举报热线：010－88191661
QQ：2242791300　营销中心电话：010－88191537
电子邮箱：dbts@ esp. com. cn）

　　本书是国家自然科学基金项目"基于区块链技术的再制造供应链回收责任配置与协同机制研究"（项目编号：72071002）和安徽省自然科学基金项目"典型改良品质押融资优化方法研究"（项目编号：1708085QG168）的研究成果。本书出版受安徽省重点学科（安徽工程大学管理科学与工程）、安徽省博士学位立项建设单位支撑学科（安徽工程大学管理科学与工程）和安徽工程大学中青年拔尖人才培养计划（项目编号：S022019008）联合资助。

前　　言

　　改良品因库存持有期间会发生重量增长、数量增加或质量改善等现象，与其他物品的补货方式有较大的不同。目前改良品的库存管理还没有得到应有的关注。改良品供应链中同样存在着双重边际效应，成员企业的"各自为政"会导致供应链的效率降低。不同的补货约束条件如何影响改良品供应链的绩效水平，现有的供应链协调契约对改良品供应链的协调是否仍然有效，这些问题都需要进一步研究。

　　作者撰写本书的初衷，是对改良品的库存管理及改良品供应链的协调契约设计进行系统总结和整理。结合作者近几年的研究工作，本书主要研究了以下两方面的内容。一是不同补货约束条件下"单供应商—单零售商"的改良品库存决策及其供应链纵向协调契约设计。考察供应商补货速率、零售商是否允许缺货、零售商提前支付等约束条件对改良品的库存决策与供应链主要参数的影响方式，并对不同补货策略下的改良品供应链绩效进行比较，通过设计收益共享契约参数来协调改良品供应链。二是不同补货约束条件下"单供应商—多零售商"的改良品库存决策及其供应链横向协调契约设计。分析供应商补货速率、零售商是否允许缺货、零售商延迟付款等约束条件下各零售商的补货模式选择问题，将改良品联合补货转化为多人合作博弈问题，分别设计不同的收益分配方法来分配采购联盟利润，确保改良品供应链系统整体绩效的改善。

　　本书在写作过程中将定性分析与定量研究相结合、理论推导与算例演示相结合，在研究上尽量做到体系完整，在模型推导中力求规范严谨，问题描述简单清楚，算例演示详细具体，使对改良品库存管理及其供应链协调契约设计感兴趣的读者能够通过阅读本书很快熟悉这一领域并掌握相关的基本理论和研究方法。

　　本书在写作过程中引用了多位学者的研究成果，我们已尽可能地在书中进行了标注，并在参考文献中一一列出，在此谨向诸位学者表示衷心的感谢。

　　由于作者知识范围、学术水平和能力有限，书中的疏漏和错误在所难免，殷切期望有关专家和广大读者批评指正。

张云丰　龚本刚

2021 年 12 月

目　　录

第1章　绪论 ··· 1

　1.1　研究背景与问题提出 ··· 1

　1.2　国内外研究现状 ··· 3

　1.3　研究框架与研究内容 ··· 13

第2章　瞬时补货且不允许缺货的改良品供应链库存决策与协调

　　　　契约设计 ··· 17

　2.1　本章概述 ··· 17

　2.2　瞬时补货且不允许缺货的库存决策与纵向协调 ··················· 18

　2.3　瞬时补货且不允许缺货的库存决策与横向协调 ··················· 37

　2.4　本章小结 ··· 52

第3章　瞬时补货且允许缺货的改良品供应链库存决策与协调

　　　　契约设计 ··· 53

　3.1　本章概述 ··· 53

　3.2　瞬时补货且允许缺货的库存决策与纵向协调 ······················· 54

　3.3　瞬时补货且允许缺货的库存决策与横向协调 ······················· 75

　3.4　本章小结 ··· 94

第4章 持续补货且不允许缺货的改良品供应链库存决策与协调

契约设计 ················ 95

4.1 本章概述 ················ 95

4.2 持续补货且不允许缺货的库存决策与纵向协调 ······· 96

4.3 持续补货且不允许缺货的库存决策与横向协调 ······· 114

4.4 本章小结 ················ 129

第5章 考虑交易信用的改良品供应链库存决策与协调契约设计 ······· 131

5.1 本章概述 ················ 131

5.2 考虑交易信用的库存决策与纵向协调 ············· 132

5.3 考虑交易信用的库存决策与横向协调 ············· 145

5.4 本章小结 ················ 169

参考文献 ················ 170

第 1 章
绪　论

1.1　研究背景与问题提出

1.1.1　研究背景

经济在快速发展，社会提供的产品种类也日渐增多。当生产与消费不同步时，库存可以缓解供给与需求之间的矛盾。有些物品在库存期间能够维持重量或质量不发生改变，但也有些物品却会发生诸如腐烂、损坏、挥发、过期或贬值等现象，而导致物品的经济价值或效用降低，这类物品如牛奶、蔬菜、水果、肉类、鲜花、药品、汽油等。戈亚尔等（Goyal et al.，2001）在其研究中将库存物品分为易过时的、易变质的和其他三类。本质上来说，易过时的和易变质的物品都可以看作易逝品。易过时的物品在库存持有期间质量逐渐降低导致经济价值或效用减小，易变质的物品则会在库存持有期间因重量下降或数量减少而导致经济价值或效用减小。在日常生活中，还存在着一类与易逝品库存持有期间呈现出的变化特征正好相反的物品，这类物品会在库存时发生改良，从而导致其自身重量增加、数量增长或质量改善。学者们称这类物品为改良品（ameliorating items）。在现实生活中有许多改良品的例子，如处于育肥期的生猪、快速生长的家禽、鱼塘中饲养的鱼、基地培植的水果蔬菜、酒庄里储存的高档酒类等（Moon et al.，2005）。改良品同其他类别物品一样，在企业的日常运营中，需要考虑其订货及库存决策问题，以帮助企业实现运营成本最优化。

科学技术的不断进步和社会经济的快速发展、全球化信息网络和全球化市场的形成以及技术变革的加速，使得企业的竞争日趋激烈。面对变化反复无常、竞争日趋激烈的市场环境以及多样性与个性化的客户需求、消费水平不断提高的市场需求，企业在不断提高自身竞争能力的同时，必须充分利用信息网络寻求外部优势，与其供应商、分销商、客户等上下游企业构建供应链组织，通过协作来寻求共同的利润（孙海雷，2014）。供应链管理模式顺应时代发展需要应运而生。供应链管理是一种从供应商开始，经由制造商、分销商、零售商直到最终客户的全要素、全过程的集成化管理模式（毕新华等，2008）。竞争的加剧推动着企业不断采用新的管理理念与技术，供应链管理必将成为企业管理发展的一个重要方向（Lee et al.，2000）。有效的供应链管理可以加强参与运作企业的竞争优势，获得更大利润。英国牛津大学著名教授、供应链管理专家马丁·克里斯托弗（Martin Christopher）在1992年曾经指出：21世纪不再是企业与企业之间的竞争，而是供应链与供应链之间的竞争。供应链管理已成为当代世界最有影响力的一种企业管理模式，并迅速从一种管理模式转变为一种战略思想，直接影响着企业的发展道路。

1.1.2 问题提出

库存是一个企业运作的润滑剂，库存计划、存储决策是供应链上所有活动的基础，库存对于企业的生存与发展至关重要（孙海雷，2014）。改良品在持有期间随时间推移会发生改良现象，因此与其他物品相比较更具有特殊性。韦慧明等（Wee et al.，2008）认为少量的改良品订货可凭直觉或经验完成而影响不大，对大规模的改良品订货问题，按照科学合理的方法进行是非常必要的。周朔彦等（Chou et al.，2008）指出改良品在存储期的特点与易变质品正好相反，其订货问题值得进行深入研究。陈晖（2007）在总结近年来库存控制方面的研究热点时，将改良品库存管理列为库存管理领域的六大热点之一。研究改良品的订货问题既丰富了库存管理的理论，也可以为改良品生产企业运营实践提供必要的指导。

在供应链管理环境下考虑改良品的库存决策时，不同的供应链成员企业同样会以自身利益最大化作为决策目标，即使实现该目标可能会影响到其他成员企业或供应链系统的利益。由于双重边际效应的出现，改良品供应链系统的整体利益受到损失。任何有可能导致供应链系统偏离整体利益最大化的因素都是实现供应链最优状态的障碍因素。这些因素的存在会引起供应链失调。改良品供应链与其他类型物品的供应链一样，也会面临失调的问题。此时，通过设计合适的机制来协调供应链中相关成员的决策，以实现改良品供应链系统整体利益的最大化显得尤为必要。

1.2 国内外研究现状

1.2.1 改良品运营管理研究现状

1. 改良品概述

"改良品"算是一个舶来词，英文原词为"ameliorating items"。牛津字典对"ameliorate"的注释是"改善、改进、改良"，因此，"ameliorating items"一词可理解为"正在发生改善、改进或改良的物品"。国内学者陈晖（2008）在其论文《生猪类改良物品库存管理理论及实证研究》中将这类物品称为"改良物品"，孙海雷（2014）撰文简称之为"改良品"。自此以后，国内大多数学者都将"ameliorating items"翻译成"改良品"。

外文文献中最早给出"ameliorating items"定义的是韩国学者黄香淑（Hwang，1997），其将之描述为"改良型存货是指在库存系统中，按质量或数量改进或增加货物"；除此之外，早期其他学者提出针对改良型物品的库存模型开展研究。这些改良型物品包括家禽场的快速生长的动物，如鸭、猪、肉鸡等，以及贝类、池塘的良种鱼类等（Madal et al.，2003）；虽然某些实体商品的价值、效用或数量的下降（或损失）在现实生活中是一种常见的体验，但也有一些物品的价值或效用会随着时间的推移而增加，例如葡萄酒。葡萄酒的效用或价值随着年份的增加而增加，这是葡萄酒制造行业的一种实践经验。其他的例子可以是在养殖场（养鱼设施）的高养殖鱼类或快速生长的动物，如肉鸡、猪等。"改良"一词是指改善或增加存货的质量或数量（Moon et al.，2005）。

根据上述几位学者的描述，改良品的典型特点是，物品在持有期间会发生数量增加或重量增长或质量改善现象，从而使得物品的价值或效用变大。从国外学者对改良品的描述来看，改良品所指的对象基本都属于农产品。国内曾有个别学者建议将改良品译为"生长型物品"，以区别于工业改良品。笔者认为，生长型物品更适用于描述"重量增长"一类的物品，如育肥猪等，而用于表达发生"数量增长"和"质量改善"现象的物品则不合适。

根据改良品持有期间发生改良现象呈现出的改良特征，可将之区分为有形改良和无形改良。有形改良指物品由于生长或繁殖导致重量增加或数量增长从而经济价值或效用得到提升的改良现象。无形改良指物品的质量在持有期间不断改善使得经济价值或效用获得提升的改良现象。多数改良现象的发生需要提供一定的物质条件来维持，比如育肥猪的生长需要投入饲料，而易变质品的变质现象则为物品的自发行为。

改良品同其他类别物品一样，在企业的日常运营中，需要考虑其订货决策问题，以实现企业运营成本最优化。持有期间维持改良现象的成本投入，使得改良品持有者的库存成本结构发生了变化，并对订货周期及订货批量产生影响，从而改变改良品持有者的最优决策。

2. 改良品运营管理研究综述

从库存管理角度研究改良品的文献出现得较晚。1997 年，黄香淑（1997）首次研究了改良品的订货问题，假设改良率服从两参数威布尔分布，分别建立改良率小于需求率的 EOQ（economic order quantity）模型和改良率大于需求率的部分销售数量 PSQ（partial selling quantity）模型。黄香淑（1999）进一步拓展了其 1997 年提出的模型，将物品的持有过程分为改良阶段和变质阶段，建立 FIFO（first in first out）和 LIFO（last in first out）策略下改良品库存模型。黄香淑（2004）以库存系统运输总成本为目标函数，以满足既定顾客覆盖率为约束条件，运用整数规划方法进行离散点仓库选址，并分析了改良率对选址的影响。蒙达尔等（Mondal et al.，2003）在系列假设，如改良率服从两参数威布尔分布、变质率恒定、需求依赖销售价格、不允许缺货、变质部分具有残值的基础上，构造了库存周期与改良周期不同大小关系下的库存模型。蒙达尔等（2005）假设物品的改良与变质同时发生，改良率服从两参数威布尔分布且随时间递减，建立需求受价格影响、瞬时补货且不允许缺货的 EOQ 模型。穆恩等（Moon et al.，2003）考虑通货膨胀与货币时间价值的影响，建立了时变需求下有限订货周期的改良品和易变质品库存补货策略模型。

此外，劳等（Law et al.，2006）建立了考虑改良率和变质率、多次发货、部分短缺量拖后及时间价值贴现等因素影响的整合生产—库存模型。韦慧明等（2008）假设物品同时存在改良与变质，且改良率与变质率都服从两参数威布尔分布，建立考虑货币价值贴现影响的有限订货周期库存模型。塔迪等（Tadj et al.，2008）构建了同时考虑物品改良与变质的生产库存模型，根据庞特利雅金极大值原理推导出最优生产率存在的必要条件。萨那（Sana，2010）建立产品需求受企业销售积极性影响、存储设施容量受约束的多改良品/多变质品 EOQ 模型。瓦利亚塔尔等（Valliathal et al.，2010）分析了时变生产率、时变需求、允许缺货且短缺量部分拖后、通货膨胀和时间贴现的非线性短缺成本约束下的改良品生产库存问题。陈军（Chen J，2011）考虑新鲜农产品的改良和变质现象，构建农民在新鲜农产品生长终点与成熟临界点销售的利润函数，研究表明，在生鲜农产品成熟临界点销售能获得更大的利润，且在有努力付出时的利润比无努力付出时的利润更大。

近十年来，改良品的研究成果不断涌现，如潘达等（Panda et al.，2013）假设市场需求是时间的二次函数形式，分别建立改良率小于需求率的 EOQ 模型和改良率大于需求率的 PSQ 模型。戈亚尔等（2013）根据畜牧生产系统需求随季节性变化的特点，建立斜坡型需求率下改良品和易变质品的库存模型。德姆等（Dem et al.，2013）等将库存系统中的产品质量区分为完美和不完美两类，考虑了当需求时变、不允许缺货、改良率为常系数时的改良品生产补货决策问题。马哈塔等（Mahata et al.，2016）研究了三级改良品供应链中存在交易信用的情形下，需求依赖销售价格且不允许缺货的改良品 EOQ 库存系统补货决策。阿卜杜勒等（Abdoli et al.，2016）建立了允许延迟付款情形下具有随机通胀率和可变需求率的改良品库存模型。范达娜等（Vandana et al.，2017）探讨了需求率梯形分布、短缺量完全拖后、存在通货膨胀和时间贴现，改良率服从威布尔分布的改良品订货问题。诺道斯特等（Nodoust et al.，2020）运用证据推理方法来解决改良品与易变质品的生产决策，与先前研究假设通货膨胀率是已知常数、随机及模糊不同，该模型讨论信念结构类型不确定的通货膨胀率。

国内学者对改良品的研究起步较晚，研究成果也较少。陈晖等（2008）以处于育肥期的生猪为研究对象，通过调查和实证模拟研究，找到生猪类改良品的净改良规律及市场需求特性，建立生猪类改良品库存模型。陈军等（2012，2013）注意到生鲜农产品的增值性对于提升渠道价值的作用，将影响生鲜农产品需求的成熟度进行数学刻画并引入增值性变质库存模型，针对生鲜农产品在生长终点和达到临界成熟后适时采收销售两种情形建立农户利润模型。王勇等（2014）构造一条由单个供应商和单个零售商组成的二级改良品供应链，设定供应模式为批量对批量，采用数量折扣作为激励机制以达到协调改良品供应链的目的。孙海雷等（2014）以二级改良品供应链为研究对象，运用价格折扣契约作为对零售商提高订货批量的激励来实现协调二级改良品供应链的目的。王勇等（2015）以在栏育肥生猪改良品作为研究对象，根据生猪改良品养殖企业是否违约，分别建立银行的期望利润函数，通过现场数据进行实证分析，获得生猪改良品的最优质押率。孙海雷（2018a）对两级改良品供应链分散决策和集中决策的成本进行比较，用方差分析法研究改良率和销售价格对供应链总成本的影响。孙海雷（2018b）考虑零售商在固定计划期内允许缺货且只订货一次，根据节约资源的思想，设计基于时间因素的改良品供应链收益共享契约。肖旦等（2019）基于经典 EOQ 模型建立改良技术共享下改良品联合采购联盟成员间既有竞争又有合作的竞合博弈模型。焦薇等（2021）以改良品的开售时间为研究对象，考虑改良率、变质率和顾客需求率等因素，分别建立产品在最佳口感结束时刻、结束前后售罄的改良品售卖时机决策模型。黄远良等（2021）以改良品库存管理为对象，研究了多种支付方式下短缺需求拖后的改良品库存模型。

1.2.2 供应链协调研究现状

1. 供应链协调概述

供应链是指围绕核心企业，从配套零件开始，制成中间产品以及最终产品，最后由销售网络把产品送到消费者手中，将供应商、制造商、分销商直到最终用户连成一个整体的功能网链结构。如果供应链的每个环节是不同的企业，那么不同环节的目标之间可能会发生冲突。每个环节都企图让自身的利润最大化，从而导致了一些降低供应链总利润的行为，使得供应链处于一种失调的状态。供应链失调是指由于供应链不同环节的目标互相冲突或者由于环节之间的信息传递发生延迟和扭曲而产生的供应链运营失衡状态。这时需要借助各种手段和方法对供应链进行协调以优化供应链系统的状态。

西马图庞等（Simatupang et al.，2002）认为供应链协调就是联合供应链合作伙伴的系列目标，如行动、目的、决策、信息、知识、资金等，使之实现供应链目标的过程。沙欣等（Sahin et al.，2002）将供应链协调定义为供应链所有成员的决策行为都是为了力争达到供应链系统整体目标。甘湘华等（Gan X H et al.，2004）指出，协调供应链就是通过选择适合的渠道外部联合行动和内部收益分配方案，找到为每个成员所接受的帕累托最优解。谢巧华（2006）定义供应链协调如下：供应链协调就是设计一种机制，使得供应链体系中各成员选择符合系统整体利益的行动，按照博弈理论的研究范式达到各个决策的均衡，同时实现供应链系统整体最优。李莉英（2013）认为供应链协

调是供应链成员采取协调一致的决策行为，使得供应链系统达到整体收益最优
目标状态，而达到这种状态往往需要设计一种激励机制。

按照协调对象分类可将供应链协调细分为纵向协调（垂直协调）和横向
协调（水平协调）两类。纵向协调是指贯穿于整个产品生命过程的相关企业
（上下游企业）之间的协调，也就是从原材料的采购到产品的生产、销售直到
最终顾客的相关供应商、制造商、销售商之间的协调；横向协调是指供应链中
处于同一地位的各个企业之间的协调，比如当制造商的库存不能满足分销商的
需求时，不同的分销商之间可以进行库存的协调（孙海雷，2014）。

供应链契约（supply chain contract），又称供应链合同、供应链合约，是
指通过提供合适的信息和激励措施，保证买卖双方协调，优化销售渠道绩效的
有关条款（王迎军，2001）。通过有效的供应链契约设计，供应链中的成员可
以协调生产、运作和库存管理等，实现利润共享和风险共担，降低供应链成
本，改善供应链的整体绩效。陈祥锋等（2002）指出，供应链合同本质上就
是一个由交易各方达成的具有法律效力的文件，其中一方答应在一定的条件下
（如数量、质量、价格、送达时间、采购时间、信用条件和付款条件等）向另
一方提供商品或服务，而另一方根据合同的规定（包括合同的激励和惩罚因
素）向该方支付一定数量的报酬或者其他商品或服务。供应链合同的本质是供
应链成员之间联系的纽带和成员关系的约束。

以下从供应链纵向协调和供应链横向协调两个方面进行文献梳理。

2. 供应链纵向协调研究综述

学者帕斯捷尔纳克（Pasternack，1985）最早提出供应链协调契约的基本
概念，随后，蔡安迪等（Tsay et al.，1999）对供应链契约的条款进行初步总
结。卡雄（Cachon，2003）将已有的供应链契约归纳为常见的四种基本模型：
批发价格契约（wholesale price contract）、收益共享契约（revenue sharing con-
tract）、回购契约（buy back contract）、数量弹性（柔性）契约（quantity flexi-
bility contract）。其中，批发价格契约与回购契约是最早研究、也是最常见的契
约类型，而收益共享契约与数量弹性契约则分别研究了供应链中的核心内容，
如成员收益和产品数量（杨德礼等，2006）。除了上述四种契约模型之外，还
有成本分担契约（cost sharing contract）、数量折扣契约（quantity discount con-
tract）、期权契约（option contract）、回馈与惩罚契约（rebate and penalty con-
tract）等，这些契约模型都可以由上述四种基本契约模型演变或者几种契约模
型组合得到。

批发价格契约是指零售商根据市场需求和批发价格决定订购量，供应商根据零售商的订购量组织生产，零售商负责处理库存产品，因此，该契约中供应商的利润是确定的，零售商完全承担市场风险（杨德礼等，2006）。崔海涛等（Cui H T et al.，2007）在确定性市场需求下，发现无论是只有零售商还是双方均具有公平偏好，供应商均可以通过提供高于边际成本的批发价格契约促成供应链协调。倪得兵等（Ni D B et al.，2010）从批发价格契约视角研究了两级供应链中的企业社会责任问题。陈祥锋等（Chen X F et al.，2011）建立一个批发价格契约下的金融市场三阶段 Stackelberg 博弈模型来研究融资对由供应商和预算受限的零售商组成的两级供应链绩效的影响。张煜等（2011）建立了以批发价格契约为基础，同时引入第三方质量成本审查策略的契约机制。毕功兵等（2013）在零售商是不公平厌恶和市场需求不确定的假设下，分别考虑不利不公平厌恶和有利不公平厌恶对批发价格契约协调供应链的影响。王宁宁等（2015）构建了模糊需求下零售商不公平厌恶的批发价格契约模型并分析其对订货量及供应链利润的影响。覃燕红等（2015）对批发价格契约下基于公平偏好信息结构演进的行为博弈进行分析。范建昌等（Fan J C et al.，2016）从批发价格契约角度讨论了售后责任下两级供应链的产品质量选择。刘云志等（2016）研究了批发价格契约对不公平厌恶的供应商管理库存 VMI（vendor managed inventory）系统的协调问题。兰冲锋等（2017）建立不公平厌恶与随机需求下的批发价格模型，求解零售商的最优订购量及对供应链协调的影响。陈戈等（2017）研究了不同公平偏好模型下批发价格契约对随机需求与确定需求的供应链协调效果。努里等（Nouri et al.，2018）运用补偿型批发价格契约协调制造商的创新和零售商的促销及补货问题。萨卡尔等（Sarkar et al.，2021）证明了在制造商主导的供应链中，当零售商的优势不平等厌恶足够强时，一个固定的批发价格契约可以协调分散的渠道。杨宏林等（Yang H L et al.，2021）建立均值—方差模型来分析在贸易信贷融资和银行信贷融资下批发价格契约设计所涉及的决策。

收益共享契约也就是供应商给零售商以一个较低的批发价格并且获得一部分零售商的销售收益的协议（杨德礼等，2006；刘玉梅，2009；王振兴等，2012），这一契约最先出现在音像租赁行业，后被推广到其他行业。卡雄等（2005）验证了收益共享契约可以协调收益由零售商采购数量和零售价格决定的供应链系统，并可任意分配供应链的利润。詹诺卡罗等（Giannoccaro et al.，2004）基于供应商、制造商和零售商组成的三阶段的供应链分析了收益共享契约对供应链协调发挥的作用。古拉等（Gulera et al.，2009）考虑了随机需求和乘法型随机产量的情况，采用供应商回购和利润共享对供应链进行协调。但斌等（2013）在随机需求条件下，针对双渠道供应链中同一产品在不同渠道间的替代性，建立了协调双渠道供应链的收益共享契约模型。姚忠等（Yao Z et al.，2008）研究了一个制造商和两个零售商的供应链中收益共享合同对供应链绩效的影响。王宁宁等（2015）针对供应链收益分配过程中零售商往往表现出公平关切行为，研究了模糊需求环境下两级供应链的收益共享与协调问题。许民利等（2016）以条件风险值为度量准则，研究了产量和需求随机时具有风险规避型零售商的供应链最优决策问题，探讨了收益共享契约下供应链协调的条件。曹晓刚等（2019）采用收益共享契约协调公平关切情形下的闭环供应链，研究表明收益共享契约可以使得系统成员的利润始终不低于分散决策情形，并且在一定程度上通过调节利润分享参数可以实现帕累托改进。李建斌等（2021）设计了一种双边收益共享契约，形成线上和线下渠道、电商平台和零售商的双向共享机制。

回购契约也称为退货策略，规定销售期初零售商以批发价格从供应商处订购产品销售期结束时没有卖出的产品，以合理的价格退还给供应商从而刺激销售商增加订货量，扩大产品的销售量（杨德礼等，2006；刘玉梅，2009；王振兴等，2012）。帕德马纳班等（Padmanabhan et al.，1997）研究了供应商为了控制零售商之间的过度竞争而采用回购策略的情况，发现供应商的收益因此而得到增加。韦伯斯特等（Webster et al.，2000）构建了当供应商具有风险敏感性时的回购策略模型，证明了提供回购策略可以增加销售商的利润并且供应商的利润也不会因为提供回购策略而下降。蔡安迪等（Tsay et al.，2002）假设供应商和零售商都具有风险敏感性，讨论了风险敏感性对回购策略的影响，发现忽视供应商和销售商对风险的敏感性可能导致严重的损失。于辉等（2005）研究了突发事件造成市场需求随机和需求分布函数发生改变，证明改进后的回购契约可以有效抵抗突发事件。吴忠和等（2013）研究了非对称信息下回购契约应对两级闭环供应链突发事件的策略与协调问题。赵映雪等（Zhao Y X et al.，2014）着重分析了市场需求中的不确定性水平如何影响回购契约在供应链管理中的适用性。刘健等（Liu J et al.，2014）针对面临需求不确定性的供应商决策，调查客户回报如何影响零售商的订购决策及制造商和零售商的利润，得出退款金额的变量属性与回购契约对供应链的协调效果有关。张新鑫等（2015）基于回购契约，建立供应链决策模型，分析成员风险规避性和供应链回购契约的交互影响。代建生等（2016）在销售商风险规避下，运用 CVaR 方法研究了供应商在直营渠道（集中式供应链）和非直营渠道（分散式供应链）

下回购契约的设计问题。塞明等（2016）将供应链管理引入需求分布自由的市场环境中，以回购契约作为管理的激励机制，研究均为风险中性的供应商、零售商构成的供应链系统的最优订购、定价决策以及回购契约的协调性问题。陈建新等（2019）在随机市场需求假设下，应用 CVaR 风险度量准则计算有资金约束零售商的最优订货量，并讨论作为供应链主导企业的供应商采取回购契约对供应链进行协调时回购参数满足的条件。刘浪等（2021）探索在市场价格随机条件下，生产成本信息不对称且零售商风险厌恶时，采用回购契约协调两级供应链的内在规律。

数量弹性契约是指零售商的实际订货量可以在其提前提交的订货量基础上进行一定范围内的变动，通常零售商在销售季节前首先给供应商一个产品订货量，供应商根据这个订货量组织生产，当零售商了解市场的实际需求量之后，零售商可以根据实际的市场需求重新调整订货量（杨德礼等，2006；刘玉梅，2009；王振兴等，2012）。相对于回购契约集中回购价格的调整，数量弹性契约则关注产品订货量的调整（杨德礼等，2006）。埃佩斯等（Eppen et al.，1997）在数量弹性契约的基础上建立了补偿协议模型。蔡安迪等（Tsay et al.，1999）则将数量弹性契约扩展到多需求阶段、多库存地点、延迟交货和需求更新的情况，发现单阶段中因随机需求而导致的期望收益减少在多阶段供应链中可以得到一定的改善。熊华春等（Xiong H C et al.，2011）将回购契约和数量弹性契约有机结合起来，为两级供应链引入复合契约，并证明了其在供应链协调、利润分配方面更优。梁樑等（Liang L et al.，2012）基于数量柔性契约中的期权契约构建了一个应急物资采购模型，给出实现双方合作共赢时采购价格的取值范围。钟文明等（Chung et al.，2014）设计一种结合数量弹性机制和价格折扣激励的 QFi 契约，该契约能有效平衡买方和供应商的库存风险。张琳等（2016）基于数量柔性契约建立了政府主导下的应急物资采购定价模型，在给出企业参与合作条件的基础上，得到了政府的最优定价决策。刘浪等（2016）研究突发事件发生导致多种因素干扰的情景下，数量弹性契约是否能实现二级供应链协调，并寻找供应链协调时最优订货与定价策略。扈衷权等（2019）设计了一个政府主导的基于数量柔性契约的双源应急物资采购定价模型。李建斌等（Li J B et al.，2021）提出了产能保留契约和数量弹性契约两种契约类型作为风险分担机制，以鼓励制造商扩大产能，提高供应链整体绩效。刘阳等（2020）将突发灾害状态转移过程视为一个有限次的齐次 Markov 链，构建了基于数量柔性契约的应急物资采购模型，分析了政企达成合作的条件与双方最优决策策略。

　　除了上述四种协调契约外，成本分担契约也是学者们研究较多的一种供应链协调机制。如艾哈迈迪·贾维德等（Ahmadi-Javid et al.，2012）研究了促销成本分担问题，证明了在斯塔克伯格博弈和纳什静态博弈中通过促销费用的分担可以使供应链成员的收益实现改进。高希等（Ghosh et al.，2015）考虑消费者为绿色敏感型，研究了零售商主导型供应链中成本分担契约对产品定价、绿色水平及系统利润的影响机理。彭鸿广等（2015）探讨了研发和制造成本不确定时不同成本分担系数对研发努力激励程度的影响。周艳菊等（2015）分析了成本分担契约对低碳供应链成员的订货量与利润的促进作用。周艳菊等（Zhou Y J et al.，2016）和李涛等（Li T et al.，2019）讨论了以碳减排成本作为分担对象对低碳供应链最优决策与协调的影响。杨惠霄等（Yang H X et al.，2017）分析了消费者环境偏好意识与碳税约束下成本分担契约对零售商主导低碳供应链的协调问题。周艳菊等（2017）分析了单制造商—单零售商两级供应链中广告合作契约及广告合作—减排成本分担契约对供应链最优决策及协调性的影响，并探索了零售商考虑公平关切前后，低碳供应链最优决策及渠道协调有何变化。谢家平等（Xie J P et al.，2018）研究了双渠道闭环供应链中产品定价与服务中的成本分担，结果表明成本分担契约可以促进零售商提高服务水平。范建昌等（2020）研究了不同渠道权力结构下责任成本分担对制造商产品质量决策，以及渠道权力结构对供应链均衡结果及契约协调的影响。许格妮等（2020）考虑零售商与制造商共同分担绿色成本的竞争供应链，研究了三种不同绿色成本分担模式的定价策略问题。肖迪等（2021）考虑了平台数据赋能的电商供应链成本分担策略选择问题。闵杰等（2021）考虑市场需求受产品的绿色水平、宣传力度和价格等因素影响，采用Stackelberg博弈方法，研究制造商的绿色水平投入成本和零售商的宣传成本相互分担契约下的绿色供应链运营策略。

　　数量折扣契约是管理实践中应用广泛、学术研究中颇受关注的一种供应链契约形式（赵正佳等，2015）。数量折扣是销售方根据购买方所购商品数量的多少，给予不同的减价优惠，购买方购买的数量越多，供应方给予的减价幅度就越大。从表面上看，这种策略似乎降低了企业的利润，其实不然。购买者的购买数量越大，企业产品的销售速度就越快，从而使企业的资金周转速度加快、流通费用减少，不但不会降低利润，而且还会迅速收回投资，降低企业的经营风险。因此数量折扣合同在实践中应用非常广泛，理论研究成果也较多。莫纳汉（Monahan，1982）首次探讨了数量折扣契约在供应链协调中的应用。班纳吉（Banerjee，1986）结合库存管理成本，对莫纳汉（1982）的模型进行拓展。翁凯文（Weng，1995）考虑了最终需求受价格影响、零售商同质条件下的供应商定价及数量折扣决策。考白特等（Corbett et al.，2000）研究了供应商—零售商双方力量不对称下基于数量折扣激励的供应链库存协调控制。申和荣等（Shin et al.，2004）发现数量折扣的效果会受到需求波动、供销双方存货成本结构等环境因素的影响。孙会君等（2004）用双层规划模型描述了供应链管理中供应商与销售商合作情况下确定数量折扣及订货量问题。罗世贤等（Lau et al.，2007）分析了制造商成本信息不对称时数量折扣策略在零售商主导的供应链中的作用。张钦红等（2007）研究了易变质品两级供应链的最优数量折扣合同机制，给出了关于零售商的库存持有成本信息对称及不对称时供应商的最优数量折扣合同。张国庆（Zhang G Q，2010）建立存在资源约束和供应商提供数量折扣的多产品报童模型。许甜甜等（2013）探讨了基于数量折扣的时滞变质物品库存协调模型。赵正佳（2015）针对生产周期长销售周期短的易逝品、需求不确定且依赖于价格，研究了利率平价理论下的全球供应链数量折扣契约。张钦红等（Zhang Q H et al.，2016）在有限生产速率和确定性需求下，应用数量折扣策略对具有固定生命寿命产品的集成生产—库存系统进行协调研究。聂腾飞等（Nie T F et al.，2017）研究了由一个供应商和两个零售商组成的并进供应链中的数量折扣契约。刘浪等（2018）通过显示原理分别构建生产成本和销售成本信息不对称时应急供应链的数量折扣契约模型。张国庆等（Zhang G Q et al.，2019）研究了零售商面对不确定的产品需求，供应商提供全单位数量折扣的多时期多产品采购问题。贾迪迪等（Jadidi et al.，2021）假设供应商的供应和（或）买方的仓库容量有限，研究了买方从一组提供数量折扣的供应商手中购买产品的联合定价与采购决策问题。

3. 供应链横向协调研究综述

本书讨论的供应链横向协调指改良品供应链中各位零售商为享受供应商提供的数量折扣优惠和分担订货成本而开展的合作，因此本章主要对联合补货问题的研究进行综述。李波等（2003）基于合作对策理论建立行业联合补货的费用分摊模型。梅卡等（Meca et al.，2003，2004）对零售商只分摊订货成本与分摊所有成本、持续补货情况下的联合补货等问题进行讨论。波拉斯等（Porras et al.，2005）研究了存在最小订货数量约束的联合补货模型及获取最优解的算法。霍克（Hoque，2006）构建了采购资金、运输能力及储存能力受限情形下的联合订货模型并设计相应的求解算法。汪漩等（2006）探讨了零售商单独补货与合作补货时最佳数量折扣方案的设计问题。文晓巍等（2006，

2007）分析了不同订货策略下的多产品库存模型，结果表明联合补货使各零售商的总成本减少。也有学者考虑了易腐品的联合库存问题，指出易腐品更需要采取合作行动（Lin Cet al.，2007）。张家伟（Zhang J W，2009）研究了多零售商共用一个中心仓库时的补货策略，定义了多零售商联合补货博弈并证明了该博弈的核心非空。陈欣（Chen X，2009）考虑了需求依赖价格的多零售商补货问题，并定义了相关的库存集中化博弈。冯海荣等（2011，2013）分析了易腐品联合补货的成本分摊问题。孟丽君等（2012）研究了存在客户退货和产品间替代的两产品联合最优订货决策问题；李军等（2012）研究了易腐品的联合补货问题。王林等（Wang L et al.，2015）提出一种改进的果蝇优化算法，并将之应用于联合补充问题。翁库纳勒等（Ongkunaruk et al.，2016）和陈宇等（Chen Y et al.，2016）分别建立产品有一定比例缺陷且存在资金和运输容量约束时的联合补货模型。肖旦等（2017）考虑需求随机到达情景，采用逆推归纳法对库存技术共享零售商联合采购联盟的竞合博弈策略进行研究，发现库存技术共享可降低联盟总成本。郑琪等（Zheng Q et al.，2019）研究了单供应商多零售商组成的生鲜农产品供应链在独立采购与联合采购情况下的数量折扣契约，结果表明，当总利润能够在零售商之间合理分配时，零售商就会有形成大联盟的动机。焦薇等（2020）针对汽车主机厂标准件采购模式选择问题，分别分析独立采购和联合采购时的最优订货周期、最优订货批量和最低单位时间成本，提出联合采购优于独立采购的条件，构建基于满意度的不对称纳什补偿金额分配模型。饶卫振等（2021）提出采用Shapley 值法同时分摊联合购买成本与配送成本。杨洁等（2021）考虑联盟结构的联合采购合作剩余分配博弈分析，研究表明，考虑联盟结构的联合采购合作剩余分配相对于不考虑联盟结构得到的分配方案更具公平性和合理性。石雪飞等（2021）在最小订货量和库存容量约束下建立产品选择和采购的联合决策模型及库存共享的联合采购决策模型，并基于合作博弈理论设计相应的利润分配方案。

1.3　研究框架与研究内容

1.3.1　研究框架

在对改良品运营管理和供应链协调的国内外相关文献进行综述的基础

上，为了进一步研究改良品供应链库存决策及其协调与契约设计，本书讨论"单供应商—单零售商""单供应商—多零售商"两种改良品供应链结构，从纵向协调和横向协调两个维度，考虑制造商的补货速率、是否允许零售商缺货、交易信用状况等约束条件，分别建立非合作策略（独立补货）与合作策略（联合补货）下的单位时间利润函数，并根据比较分析结果设计相应协调契约，实现改良品供应链状态的帕累托最优。图1-1给出了本书的研究框架。

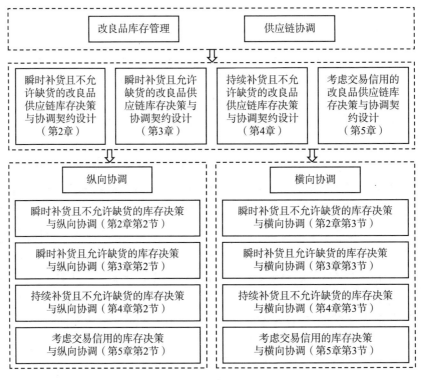

图1-1　本书研究框架

1.3.2　研究内容

本书各章的主要内容如下。

第1章分析了研究的背景，提出研究问题，对改良品运营管理和供应链协调进行文献综述，介绍本书的研究框架与研究内容。

第2章研究了在瞬时补货且不允许缺货条件下，"单供应商—单零售商"

组成的改良品供应链的库存决策与纵向协调，以及"单供应商—多零售商"组成的改良品供应链的库存决策与横向协调。对"单供应商—单零售商"组成的改良品供应链，分析了供应商和零售商分别采取非合作策略与合作策略时的供应链主要决策变量的均衡解，通过设计收益共享契约对供应链进行协调，找到供应链最优契约参数的取值范围。对"单供应商—多零售商"组成的改良品供应链，分析了多位零售商分别采取独立补货与联合补货时的供应链主要决策变量的均衡解，将多零售商联合补货问题转化为多人合作博弈，借助沙普利值法（Shapley Value Method）对采购联盟的总收益进行分配，确保各零售商的利润状态得到帕累托改善。

第 3 章研究了在瞬时补货且允许缺货条件下，"单供应商—单零售商"组成的改良品供应链的库存决策与纵向协调，以及"单供应商—多零售商"组成的改良品供应链的库存决策与横向协调。对"单供应商—单零售商"组成的改良品供应链，分析了供应商、零售商及改良品供应链系统在非合作策略和合作策略下的最优订货周期、最佳订货量与单位时间利润并进行比较，设计收益共享契约协调改良品供应链，确保实现合作策略下的系统高效率。对"单供应商—多零售商"组成的改良品供应链，分析了多零售商各自独立补货与组建采购联盟联合补货的单位时间利润水平，将多零售商联合补货问题转化为多人合作博弈，运用简化的 MCRS 法分配采购联盟的总收益，实现改良品供应链的横向协调。

第 4 章研究了在持续补货且不允许缺货条件下，"单供应商—单零售商"组成的改良品供应链的库存决策与纵向协调，以及"单供应商—多零售商"组成的改良品供应链的库存决策与横向协调。对"单供应商—单零售商"组成的改良品供应链，将瞬时补货情形拓展到持续补货情形，分析了合作策略与非合作策略下改良品供应链成员企业及系统的主要决策参数的最优解，引入收益共享契约来协调改良品供应链。对"单供应商—多零售商"组成的改良品供应链，分析了各零售商独立补货与联合补货的单位时间利润状况，将多零售商联合补货问题转化为多人合作博弈，给出最小核心法的收益分配思路。

第 5 章研究了在交易信用条件下，"单供应商—单零售商"组成的改良品供应链的库存决策与纵向协调，以及"单供应商—多零售商"组成的改良品供应链的库存决策与横向协调。对"单供应商—单零售商"组成的改良品供应链，分析了零售商的补货周期与供应商的生产周期同步情况。在此基础上，考虑供应商向零售商提供交易信用条款，设计数量折扣与交易信用组合契约对改良品供应链进行协调。对"单供应商—多零售商"组成的改良品供应链，分析了供应商提供延迟支付条约对零售商补货决策的影响，将改良品联合补货看作多人合作博弈，证明了改良品联合补货具备的几点性质，并设计属于联合博弈核心且易于计算的单值利润分配方案。

第 2 章
瞬时补货且不允许缺货的改良品供应链库存决策与协调契约设计

2.1 本章概述

本章先从最基本的模型开始着手。沿着哈里斯（Harris，1913）建立的经济订货批量（经典 EOQ）模型研究思路，笔者首先讨论改良品持有期间发生常系数改良，且补货瞬时完成和不允许缺货时的基本库存模型。与同等约束条件下的普通物品库存模型相比，改良品持有期间的改良作用使得订货批量并不等于市场需求量，同时，改良品持有期间因维持改良而产生的改良费用，也导致零售商的成本结构发生变动。这些特点是改良品与普通物品库存决策的不同之处。

本章遵循瞬时补货且不允许缺货的约束条件，分别建立"单供应商—单零售商"和"单供应商—多零售商"两种供应链结构下的改良品库存决策模型，以单位时间利润最大化作为决策目标。在"单供应商—单零售商"改良品供应链中，分析改良品供应链成员选择不同合作策略下的最优订货周期、最佳订货批量以及单位时间利润水平，针对供应商和零售商存在各自占优策略并导致"双重边际化效应"出现的情况，设计收益共享契约来协调利益双方的选择，确保为实现供应链系统利益最大化而遭受损失的一方获得的单位时间利润不少于协调前的利润水平，并最终达到帕累托最优状态。

在"单供应商—多零售商"改良品供应链中，讨论了多位零售商独立订货与组建采购联盟联合订货的最优决策，结合联合补货的订货成本函数和数量折扣模型，比较两种订货模式的各自占优条件，设计联合补货的利润分配原则和方法，以达到保证各位零售商参与联合补货时获得的利润不小于各自独立补货时所获利润的目的。

2.2 瞬时补货且不允许缺货的库存决策与纵向协调

2.2.1 基本假设与符号说明

本节运用下列基本假设以便于建立库存决策与纵向协调模型：
（1）改良品供应链由单个供应商和单个零售商组成；
（2）零售商在改良品供应链中处于领导者地位，供应商是追随者；
（3）讨论供应商供给一种改良品时的订货决策；
（4）供货模式为批量对批量，供应商无库存成本；
（5）考虑无限个订货周期，提前期忽略不计；
（6）不允许零售商缺货，补货速率无穷大；
（7）需求率已知且均匀稳定；
（8）改良品在库存持有期间的净改良率为恒定常数；
（9）库存持有期间因发生改良而增加的部分占用库存。

本节定义下列符号参数以便于建立库存决策与纵向协调模型：

D：零售商面临的市场需求率是一个确定的常数；

Q：零售商每个周期的订货量，决策变量；

T：零售商的订货周期，决策变量；

K_1：零售商的单次订货成本；

K_2：供应商的单次订单处理成本；

p：零售商销售单位改良品的市场价格；

w：供应商供给单位改良品的批发价格；

c：供应商订购单位改良品的支付成本；

λ：改良品的净改良率；

H：改良品的单位库存成本；

C_a：改良品的单位改良成本；

TR_R：零售商的销售收入；

$\Pi_{R/M/SC}^{IN-D/I/RS}$：瞬时补货且不允许缺货模型中零售商、供应商、供应链系统在非合作策略、合作策略、收入分享契约下的单位时间利润，下标 R、M、SC 分别表示零售商、供应商和供应链系统，上标中的 D、I、RS 分别表示非合作策略、合作策略和收益共享契约，上标加"$*$"表示对应的最优解。

其他未尽符号参数定义可见文中具体说明。

2.2.2 改良品供应链库存决策

1. 模型描述

如图 2-1 所示，在改良品供应链库存系统中，每个订货周期初始时刻 $t=0$ 的库存水平为改良品的订货量 Q，然后随着时间的推移，改良品在市场需求与改良的共同作用下，库存水平逐渐减少，直至时刻 $t=T$ 库存水平降为零。随后，下一个订货周期开始。

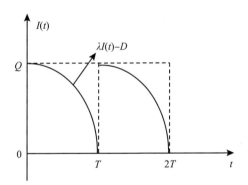

图 2-1 改良品库存水平变化

每个订货周期内任意时刻 t 的库存水平 $I(t)$ 由微分方程表示为：

$$\frac{dI(t)}{dt} = \lambda I(t) - D \tag{2-1}$$

式中，初始条件为 $I(T)=0$。

解微分方程式（2-1），得到：

$$I(t) = \frac{D}{\lambda}(1 - e^{\lambda(t-T)}), \ 0 \leqslant t \leqslant T \tag{2-2}$$

因此，零售商每个订货周期的订货量为：

$$Q = I(0) = \frac{D}{\lambda}(1 - e^{-\lambda T}) \tag{2-3}$$

已知当 $0 \leqslant |-\lambda T| \ll 1$ 时，有 $e^{-\lambda T} \approx 1 - \lambda T + \frac{1}{2}\lambda^2 T^2$ 成立。对式（2-3）中的指数函数进行泰勒展开，取其前三项，则式（2-3）转化为：

$$Q = DT\left(1 - \frac{1}{2}\lambda T\right) \tag{2-4}$$

2. 非合作策略

在"单供应商—单零售商"改良品供应链的瞬时补货且不允许缺货模型中，如果供应商和零售商之间采取非合作策略，那么零售商作为改良品供应链的领导者，拥有优先决策权。遵循"经济人"的基本假设，零售商将决策目标定为单位时间利润最大化，并根据经济订货批量模型来确定最佳订货量。零售商在一个订货周期内的成本包括订货成本 TC_1、采购成本 TC_2、库存成本 TC_3、改良成本 TC_4 四个部分。其中：

$$TC_1 = K_1$$

$$TC_2 = wQ = wDT\left(1 - \frac{1}{2}\lambda T\right)$$

$$TC_3 = H\int_0^T I(t)\,dt = H\int_0^T \frac{D}{\lambda}(1 - e^{\lambda(t-T)})\,dt = \frac{DH}{\lambda^2}(e^{-\lambda T} + \lambda T - 1) \approx \frac{1}{2}DHT^2$$

$$TC_4 = C_a(DT - Q) = C_a\left(DT - DT\left(1 - \frac{1}{2}\lambda T\right)\right) = \frac{1}{2}\lambda DC_a T^2$$

从而，零售商的单位时间利润函数为

$$\Pi_R^{IN-D}(T) = \frac{1}{T}(TR_R - TC_1 - TC_2 - TC_3 - TC_4)$$

$$= (p-w)D - \frac{1}{2}DT(H + \lambda C_a - \lambda w) - \frac{K_1}{T} \tag{2-5}$$

假设满足 $H + \lambda C_a - \lambda w > 0$，下同。根据式（2-5）得到命题2-1的结论。

命题2-1 在"单供应商—单零售商"改良品供应链的瞬时补货且不允许缺货模型中，如果双方采取非合作策略，则零售商的最优订货周期 T^{IN-D*}、最佳订货量 Q^{IN-D*} 和单位时间利润 Π_R^{IN-D*} 分别为：

$$T^{IN-D*} = \sqrt{\frac{2K_1}{D(H + \lambda C_a - \lambda w)}},$$

$$Q^{IN-D*} = \sqrt{\frac{2DK_1}{H + \lambda C_a - \lambda w}} - \frac{\lambda K_1}{H + \lambda C_a - \lambda w},$$

$$\Pi_R^{IN-D*} = (p-w)D - \sqrt{2DK_1(H + \lambda C_a - \lambda w)}。$$

证明 已知零售商的单位时间利润函数 $\Pi_R^{IN-D}(T)$ 关于订货周期 T 的二阶导数 $\dfrac{d^2\Pi_R^{IN-D}(T)}{dT^2} = -\dfrac{K_1}{T^3} < 0$，因此，$\Pi_R^{IN-D}(T)$ 是关于 T 的凹函数，即 $\Pi_R^{IN-D}(T)$ 存在极大值。

以 $\Pi_R^{IN-D}(T)$ 对 T 求一阶导数并令其等于零，有 $\dfrac{d\Pi_R^{IN-D}(T)}{dT} = -\dfrac{1}{2}D(H + \lambda C_a - \lambda w) + \dfrac{K_1}{T^2} = 0$，解得 $T^{IN-D*} = \sqrt{\dfrac{2K_1}{D(H + \lambda C_a - \lambda w)}}$。

将 T^{IN-D*} 分别代入式（2-4）和式（2-5），可得 $Q^{IN-D*} = \sqrt{\dfrac{2DK_1}{H + \lambda C_a - \lambda w}} - \dfrac{\lambda K_1}{H + \lambda C_a - \lambda w}$，$\Pi_R^{IN-D*} = (p - w)D - \sqrt{2DK_1(H + \lambda C_a - \lambda w)}$。

命题 2-1 得证。

对于供应商而言，考虑到其对零售商的供应模式为"批量对批量"，故供应商处不会产生库存成本和改良成本。在非合作策略中，供应商一个订货周期内的总成本包括订货成本 cDT 和订单处理成本 K_2。因此，供应商的单位时间利润函数表示为：

$$\Pi_M^{IN-D}(T) = \frac{wDT - (cDT + K_2)}{T} = (w - c)D - \frac{K_2}{T} \tag{2-6}$$

显然，从供应商的角度来看，零售商的订货周期 T 越大，供应商分摊到单位时间的订单处理成本就越低，从而获得的单位时间利润水平越高。需要说明的是，这里在计算供应商的销售收入时，进行了简化处理。实际上，供应商的订货量为 $Q = DT(1 - \lambda T/2)$，考虑到一般情况下 $0 \leqslant \lambda T \ll 1$，因此这里取 $Q \approx DT$。

考虑到零售商在改良品供应链中的主导地位，显然，在非合作策略下，零售商会按照自己的最优订货周期 T^{IN-D*} 向供应商订货，供应商只能被动接受零售商的最优订货周期 T^{IN-D*}，此时，供应商的单位时间利润为：

$$\Pi_M^{IN-D*} = (w - c)D - K_2\sqrt{\frac{D(H + \lambda C_a - \lambda w)}{2K_1}} \tag{2-7}$$

易知，在瞬时补货且不允许缺货模型中，如果供应商和零售商采取非合作策略，则改良品供应链的单位时间利润为：

$$\Pi_{SC}^{IN-D*} = \Pi_R^{IN-D*} + \Pi_M^{IN-D*}$$
$$= [(p - w)D - \sqrt{2DK_1(H + \lambda C_a - \lambda w)}]$$

$$+ \left[(w - c)D - K_2 \sqrt{\frac{D(H + \lambda C_a - \lambda w)}{2K_1}} \right]$$

$$= (p - c)D - \sqrt{2D(H + \lambda C_a - \lambda w)} \left[\sqrt{K_1} + \frac{K_2}{2\sqrt{K_1}} \right] \qquad (2-8)$$

结合命题 2 - 1、式 (2 - 7) 和式 (2 - 8),有下列结论成立。

推论 2 - 1 在瞬时补货且不允许缺货模型中,当供应商和零售商采取非合作策略时,有:

(1) 若 $w > C_a$,则 $\dfrac{dT^{IN-D*}}{d\lambda} > 0$,$\dfrac{d\Pi_R^{IN-D*}}{d\lambda} > 0$,$\dfrac{d\Pi_M^{IN-D*}}{d\lambda} > 0$,$\dfrac{d\Pi_{SC}^{IN-D*}}{d\lambda} > 0$;

(2) 若 $w < C_a$,则 $\dfrac{dT^{IN-D*}}{d\lambda} < 0$,$\dfrac{d\Pi_R^{IN-D*}}{d\lambda} < 0$,$\dfrac{d\Pi_M^{IN-D*}}{d\lambda} < 0$,$\dfrac{d\Pi_{SC}^{IN-D*}}{d\lambda} < 0$。

证明 分别以 T^{IN-D*}、Π_R^{IN-D*}、Π_M^{IN-D*} 和 Π_{SC}^{IN-D*} 对 λ 求一阶导数,得到:

$$\frac{dT^{IN-D*}}{d\lambda} = -\sqrt{\frac{K_1}{2D}}(C_a - w)(H + \lambda C_a - \lambda w)^{-\frac{3}{2}}$$

$$\frac{d\Pi_R^{IN-D*}}{d\lambda} = -\sqrt{\frac{DK_1}{2}}(C_a - w)(H + \lambda C_a - \lambda w)^{-\frac{1}{2}}$$

$$\frac{d\Pi_M^{IN-D*}}{d\lambda} = -\frac{K_2}{2}\sqrt{\frac{D}{2K_1}}(C_a - w)(H + \lambda C_a - \lambda w)^{-\frac{1}{2}}$$

$$\frac{d\Pi_{SC}^{IN-D*}}{d\lambda} = -\sqrt{\frac{D}{2}}\left[\sqrt{K_1} + \frac{K_2}{2\sqrt{K_1}}\right](C_a - w)(H + \lambda C_a - \lambda w)^{-\frac{1}{2}}$$

即当 $w > C_a$ 时,有 $\dfrac{dT^{IN-D*}}{d\lambda} > 0$、$\dfrac{d\Pi_R^{IN-D*}}{d\lambda} > 0$、$\dfrac{d\Pi_M^{IN-D*}}{d\lambda} > 0$、$\dfrac{d\Pi_{SC}^{IN-D*}}{d\lambda} > 0$;

当 $w < C_a$ 时,有 $\dfrac{dT^{IN-D*}}{d\lambda} < 0$、$\dfrac{d\Pi_R^{IN-D*}}{d\lambda} < 0$、$\dfrac{d\Pi_M^{IN-D*}}{d\lambda} < 0$、$\dfrac{d\Pi_{SC}^{IN-D*}}{d\lambda} < 0$。

推论 2 - 1 得证。

推论 2 - 1 表明,在非合作策略下,当改良品的单位批发价格大于单位改良成本时,最优订货周期、供应链系统和各位成员的单位时间利润都随着净改良率的增大而增大(增加);当改良品的单位批发价格小于单位改良成本时,最优订货周期、供应链系统和各位成员的单位时间利润则随着净改良率的增大而减小(减少)。对于零售商而言,单位批发价格大于单位改良成本,意味着通过改良的方式获得单位改良品要比向供应商订购付出的代价小,净改良率增大使得单位时间内因改良作用而增加的改良品增多,延长订货周期可以获得更多因改良而增加的改良品,从而降低单位时间成本,增加单位时间利润。对供应商来说，若单位批发价格大于单位改良成本，净改良率增大使得订货周期延长，分摊至单位时间的订单处理成本降低，因此单位时间利润增加。

推论 2-2 在瞬时补货且不允许缺货模型中，当供应商和零售商采取非合作策略时，有：

$$\frac{dT^{IN-D^*}}{dC_a} < 0,\ \frac{d\Pi_R^{IN-D^*}}{dC_a} < 0,\ \frac{d\Pi_M^{IN-D^*}}{dC_a} < 0,\ \frac{d\Pi_{SC}^{IN-D^*}}{dC_a} < 0\ 。$$

证明 分别以 T^{IN-D^*}、$\Pi_R^{IN-D^*}$、$\Pi_M^{IN-D^*}$ 和 $\Pi_{SC}^{IN-D^*}$ 对 C_a 求一阶导数，得到：

$$\frac{dT^{IN-D^*}}{dC_a} = -\sqrt{\frac{K_1}{2D}}\lambda\left(H + \lambda C_a - \lambda w\right)^{-\frac{3}{2}}$$

$$\frac{d\Pi_R^{IN-D^*}}{dC_a} = -\sqrt{\frac{DK_1}{2}}\lambda\left(H + \lambda C_a - \lambda w\right)^{-\frac{1}{2}}$$

$$\frac{d\Pi_M^{IN-D^*}}{dC_a} = -\frac{K_2}{2}\sqrt{\frac{D}{2K_1}}\lambda\left(H + \lambda C_a - \lambda w\right)^{-\frac{1}{2}}$$

$$\frac{d\Pi_{SC}^{IN-D^*}}{dC_a} = -\sqrt{\frac{D}{2}}\left[\sqrt{K_1} + \frac{K_2}{2\sqrt{K_1}}\right]\lambda\left(H + \lambda C_a - \lambda w\right)^{-\frac{1}{2}}$$

即 $\dfrac{dT^{IN-D^*}}{dC_a} < 0$、$\dfrac{d\Pi_R^{IN-D^*}}{dC_a} < 0$、$\dfrac{d\Pi_M^{IN-D^*}}{dC_a} < 0$、$\dfrac{d\Pi_{SC}^{IN-D^*}}{dC_a} < 0$。

推论 2-2 得证。

推论 2-2 表明，在非合作策略下，当单位改良成本增大时，最优订货周期、供应链系统和各位成员的单位时间利润都随之减小（减少）。在其他参数保持不变条件下，单位改良成本增大意味着因物品改良产生的成本增加，零售商会通过缩短订货周期来减少改良成本。单位改良成本的增大引起零售商单位时间改良成本增加，从而导致零售商单位时间利润减少，同时供应商的单位时间利润也因单位时间订单处理成本的增加而减少。

令 T^{IN-D^*}、Q^{IN-D^*}、$\Pi_R^{IN-D^*}$、$\Pi_M^{IN-D^*}$ 和 $\Pi_{SC}^{IN-D^*}$ 表达式中 $\lambda\to0$，分别得到 T^{D^*}、Q^{D^*}、$\Pi_R^{D^*}$、$\Pi_M^{D^*}$ 和 $\Pi_{SC}^{D^*}$，即有：

$$T^{D^*} = \lim_{\lambda\to0}T^{IN-D^*} = \sqrt{\frac{2K_1}{DH}}$$

$$Q^{D^*} = \lim_{\lambda\to0}Q^{IN-D^*} = \sqrt{\frac{2DK_1}{H}}$$

$$\Pi_R^{D^*} = \lim_{\lambda\to0}\Pi_R^{IN-D^*} = (p - w)D - \sqrt{2DK_1H}$$

$$\Pi_M^{D^*} = \lim_{\lambda\to0}\Pi_M^{IN-D^*} = (w - c)D - K_2\sqrt{\frac{DH}{2K_1}}$$

$$\Pi_{SC}^{D*} = \lim_{\lambda \to 0}\Pi_{SC}^{IN-D*} = (p-c)D - \sqrt{2DH}\left[\sqrt{K_1} + \frac{K_2}{2\sqrt{K_1}}\right]$$

在"单供应商—单零售商"构成的改良品与普通物品供应链中，给定瞬时补货且不允许缺货情形，将双方采取非合作策略得到的订货及利润参数进行逐一比较，形成如下结论。

推论 2 - 3

（1）若 $w < C_a$，则 $T^{IN-D*} < T^{D*}$，$Q^{IN-D*} < Q^{D*}$，$\Pi_R^{IN-D*} < \Pi_R^{D*}$，$\Pi_M^{IN-D*} < \Pi_M^{D*}$，$\Pi_{SC}^{IN-D*} < \Pi_{SC}^{D*}$；

（2）若 $w > C_a$，则 $T^{IN-D*} > T^{D*}$，$\Pi_R^{IN-D*} > \Pi_R^{D*}$，$\Pi_M^{IN-D*} > \Pi_M^{D*}$，$\Pi_{SC}^{IN-D*} > \Pi_{SC}^{D*}$；

（3）若 $w > C_a$ 且 $\dfrac{1}{\sqrt{H + \lambda C_a - \lambda w}} - \dfrac{1}{\sqrt{H}} > \left(\dfrac{\lambda}{H + \lambda C_a - \lambda w}\right)\sqrt{\dfrac{K_1}{2D}}$，则 $Q^{IN-D*} > Q^{D*}$。

证明 将瞬时补货且不允许缺货情形下的改良品与普通物品供应链的订货及利润参数分别作差并化简，得到：

$$T^{IN-D*} - T^{D*} = \sqrt{\frac{2K_1}{D(H + \lambda C_a - \lambda w)}} - \sqrt{\frac{2K_1}{DH}} = \sqrt{\frac{2K_1}{D}}\left(\frac{1}{\sqrt{H + \lambda C_a - \lambda w}} - \frac{1}{\sqrt{H}}\right)$$

$$Q^{IN-D*} - Q^{D*} = \sqrt{\frac{2DK_1}{H + \lambda C_a - \lambda w}} - \frac{\lambda K_1}{H + \lambda C_a - \lambda w} - \sqrt{\frac{2DK_1}{H}}$$

$$= \sqrt{2DK_1}\left(\frac{1}{\sqrt{H + \lambda C_a - \lambda w}} - \frac{1}{\sqrt{H}}\right) - \frac{\lambda K_1}{H + \lambda C_a - \lambda w}$$

$$\Pi_R^{IN-D*} - \Pi_R^{D*} = \left[(p-w)D - \sqrt{2DK_1(H + \lambda C_a - \lambda w)}\right]$$
$$- \left[(p-w)D - \sqrt{2DK_1 H}\right]$$
$$= \sqrt{2DK_1}\left(\sqrt{H} - \sqrt{H + \lambda C_a - \lambda w}\right)$$

$$\Pi_M^{IN-D*} - \Pi_M^{D*} = \left[(w-c)D - K_2\sqrt{\frac{D(H + \lambda C_a - \lambda w)}{2K_1}}\right]$$
$$- \left[(w-c)D - K_2\sqrt{\frac{DH}{2K_1}}\right]$$
$$= K_2\sqrt{\frac{D}{2K_1}}\left(\sqrt{H} - \sqrt{H + \lambda C_a - \lambda w}\right)$$

$$\Pi_{SC}^{IN-D*} - \Pi_{SC}^{D*} = \left[(p-c)D - \sqrt{2D(H + \lambda C_a - \lambda w)}\left(\sqrt{K_1} + \frac{K_2}{2\sqrt{K_1}}\right)\right]$$

$$-\left[(p-c)D - \sqrt{2DH}\left(\sqrt{K_1} + \frac{K_2}{2\sqrt{K_1}}\right)\right]$$

$$= \sqrt{2D}\left(\sqrt{K_1} + \frac{K_2}{2\sqrt{K_1}}\right)\left[\sqrt{H} - \sqrt{H + \lambda C_a - \lambda w}\right]$$

显然，当 $w < C_a$ 时，有 $\dfrac{1}{\sqrt{H + \lambda C_a - \lambda w}} < \dfrac{1}{\sqrt{H}}$ 和 $\sqrt{H} < \sqrt{H + \lambda C_a - \lambda w}$，可知

$T^{IN-D*} < T^{D*}$、$Q^{IN-D*} < Q^{D*}$、$\Pi_R^{IN-D*} < \Pi_R^{D*}$、$\Pi_M^{IN-D*} < \Pi_M^{D*}$ 及 $\Pi_{SC}^{IN-D*} < \Pi_{SC}^{D*}$。

当 $w > C_a$ 且满足 $\sqrt{2DK_1}\left[\dfrac{1}{\sqrt{H + \lambda C_a - \lambda w}} - \dfrac{1}{\sqrt{H}}\right] - \dfrac{\lambda K_1}{H + \lambda C_a - \lambda w} > 0$ 即

$\dfrac{1}{\sqrt{H + \lambda C_a - \lambda w}} - \dfrac{1}{\sqrt{H}} > \sqrt{\dfrac{K_1}{2DH}}\dfrac{\lambda}{\lambda C_a - \lambda w}$ 时，有 $Q^{IN-D*} > Q^{D*}$。

当 $w > C_a$ 时，$T^{IN-D*} > T^{D*}$，$\Pi_R^{IN-D*} > \Pi_R^{D*}$，$\Pi_M^{IN-D*} > \Pi_M^{D*}$，$\Pi_{SC}^{IN-D*} > \Pi_{SC}^{D*}$。

推论 2-3 得证。

推论 2-3 表明，当改良品的单位批发价格小于单位改良成本时，改良品供应链系统的订货及利润参数比普通物品供应链小；当改良品的单位批发价格大于单位改良成本且满足特定约束时，改良品的订货量大于普通物品的订货量，否则，改良品的订货量更小。

3. 合作策略

在"单供应商—单零售商"改良品供应链的瞬时补货且不允许缺货模型中，如果供应商和零售商之间采取合作策略，以供应链系统的整体利润作为决策目标，得到改良品供应链系统的利润函数：

$$\Pi_{SC}^{IN-I}(T) = \Pi_R^{IN-D}(T) + \Pi_M^{IN-D}(T)$$

$$= (p-c)D - \frac{1}{2}DT(H + \lambda C_a - \lambda w) - \frac{K_1 + K_2}{T} \qquad (2-9)$$

根据式（2-9）得到命题 2-2 的结论。

命题 2-2 在"单供应商—单零售商"改良品供应链的瞬时补货且不允许缺货模型中，如果双方采取合作策略，则供应链系统的最优订货周期 T^{IN-I*}、最佳订货量 Q^{IN-I*} 和单位时间利润 Π_{SC}^{IN-I*} 分别为：

$$T^{IN-I*} = \sqrt{\frac{2(K_1 + K_2)}{D(H + \lambda C_a - \lambda w)}}$$

$$Q^{IN-I*} = \sqrt{\frac{2D(K_1 + K_2)}{H + \lambda C_a - \lambda w}} - \frac{\lambda(K_1 + K_2)}{H + \lambda C_a - \lambda w}$$

$$\Pi_{SC}^{IN-I*} = (p-c)D - \sqrt{2D(K_1+K_2)(H+\lambda C_a - \lambda w)}$$

证明 已知改良品供应链系统的单位时间利润函数 $\Pi_{SC}^{IN-I}(T)$ 关于订货周期 T 的二阶导数 $\dfrac{d^2\Pi_{SC}^{IN-I}(T)}{dT^2} = -\dfrac{K_1+K_2}{T^3} < 0$，因此，$\Pi_{SC}^{IN-I}(T)$ 是关于 T 的凹函数，即 $\Pi_{SC}^{IN-I}(T)$ 存在极大值。

以 $\Pi_{SC}^{IN-I}(T)$ 对 T 求一阶导数并令其等于零，有 $\dfrac{d\Pi_{SC}^{IN-I}(T)}{dT} = -\dfrac{1}{2}D(H + \lambda C_a - \lambda w) + \dfrac{K_1+K_2}{T^2} = 0$，解得 $T^{IN-I*} = \sqrt{\dfrac{2(K_1+K_2)}{D(H+\lambda C_a - \lambda w)}}$。

将 T^{IN-I*} 分别代入式 (2-4) 和式 (2-9)，可得 $Q^{IN-I*} = \sqrt{\dfrac{2D(K_1+K_2)}{H+\lambda C_a - \lambda w}} - \dfrac{\lambda(K_1+K_2)}{H+\lambda C_a - \lambda w}$，$\Pi_{SC}^{IN-I*} = (p-c)D - \sqrt{2D(K_1+K_2)(H+\lambda C_a - \lambda w)}$。

命题 2-2 得证。

结合命题 2-2 可知下列结论成立。

推论 2-4 在瞬时补货且不允许缺货模型中，当供应商和零售商采取合作策略时，有：(1) 若 $w > C_a$，则 $\dfrac{dT^{IN-I*}}{d\lambda} > 0$，$\dfrac{d\Pi_{SC}^{IN-I*}}{d\lambda} > 0$；(2) 若 $w < C_a$，则 $\dfrac{dT^{IN-I*}}{d\lambda} < 0$，$\dfrac{d\Pi_{SC}^{IN-I*}}{d\lambda} < 0$。

证明 分别以 T^{IN-I*} 和 Π_{SC}^{IN-I*} 对 λ 求一阶导数，得到：

$$\frac{dT^{IN-I*}}{d\lambda} = -\sqrt{\frac{K_1+K_2}{2D}}(C_a - w)(H+\lambda C_a - \lambda w)^{-\frac{3}{2}}$$

$$\frac{d\Pi_{SC}^{IN-I*}}{d\lambda} = -\sqrt{\frac{D(K_1+K_2)}{2}}(C_a - w)(H+\lambda C_a - \lambda w)^{-\frac{1}{2}}$$

即当 $w > C_a$ 时，有 $\dfrac{dT^{IN-I*}}{d\lambda} > 0$、$\dfrac{d\Pi_{SC}^{IN-I*}}{d\lambda} > 0$；当 $w < C_a$ 时，有 $\dfrac{dT^{IN-I*}}{d\lambda} < 0$、$\dfrac{d\Pi_{SC}^{IN-I*}}{d\lambda} < 0$。

推论 2-4 得证。

推论 2-4 表明，在合作策略下，当改良品的单位批发价格大于单位改良成本时，改良品供应链系统的最优订货周期和单位时间利润都随着净改良率的增大而增大（增加）；当改良品的单位批发价格小于单位改良成本时，改良品供应链系统的最优订货周期和单位时间利润都随着净改良率的增大而减小（减少）。对改良品供应链系统来说，当单位改良成本小于单位批发价格时，改良一个单位物品的成本要小于直接订货成本，净改良率增大情形下延长订货周期可以增加更多的改良物品，从而节约单位改良品的获得费用，减少单位时间成本，增加供应链系统的单位时间利润。

推论 2 - 5 在瞬时补货且不允许缺货模型中，当供应商和零售商采取合作策略时，有：

$$\frac{dT^{IN-I^*}}{dC_a} < 0 \qquad \frac{d\Pi_{SC}^{IN-I^*}}{dC_a} < 0$$

证明 分别以 T^{IN-I^*} 和 $\Pi_{SC}^{IN-I^*}$ 对 C_a 求一阶导数，得到：

$$\frac{dT^{IN-I^*}}{dC_a} = -\sqrt{\frac{K_1 + K_2}{2D}}\left[\lambda(H + \lambda C_a - \lambda w)^{-\frac{3}{2}}\right]$$

$$\frac{d\Pi_{SC}^{IN-I^*}}{dC_a} = -\sqrt{\frac{D(K_1 + K_2)}{2}}\left[\lambda(H + \lambda C_a - \lambda w)^{-\frac{1}{2}}\right]$$

即 $\dfrac{dT^{IN-I^*}}{dC_a} < 0$、$\dfrac{d\Pi_{SC}^{IN-I^*}}{dC_a} < 0$。

推论 2 - 5 得证。

推论 2 - 5 表明，在合作策略下，当单位改良成本增大时，改良品供应链系统的最优订货周期和单位时间利润都随之减小（减少）。与非合作策略一致，在其他条件不变时，单位改良成本增加会使得系统的改良成本增加，这时可通过缩短订货周期来降低成本。另一方面，单位改良成本的增加引起单位时间分摊的改良成本也增加，从而导致系统的单位时间利润下降。

令 T^{IN-I^*}、Q^{IN-I^*} 和 $\Pi_{SC}^{IN-I^*}$ 表达式中 $\lambda \to 0$，分别得到 T^{I^*}、Q^{I^*} 和 $\Pi_{SC}^{I^*}$，即有：

$$T^{I^*} = \lim_{\lambda \to 0} T^{IN-I^*} = \sqrt{\frac{2(K_1 + K_2)}{DH}}$$

$$Q^{I^*} = \lim_{\lambda \to 0} Q^{IN-I^*} = \sqrt{\frac{2D(K_1 + K_2)}{H}}$$

$$\Pi_{SC}^{I^*} = \lim_{\lambda \to 0} \Pi_{SC}^{IN-I^*} = (p - c)D - \sqrt{2DH(K_1 + K_2)}$$

在"单供应商—单零售商"构成的改良品与普通物品供应链中，给定瞬时补货且不允许缺货情形，将双方采取合作策略得到的订货及利润参数进行逐一比较，形成如下结论。

推论 2 - 6

（1）若 $w < C_a$，则 $T^{IN-I*} < T^{I*}$，$Q^{IN-I*} < Q^{I*}$，$\Pi_{SC}^{IN-I*} < \Pi_{SC}^{I*}$；

（2）若 $w > C_a$，则 $T^{IN-I*} > T^{I*}$，$\Pi_{SC}^{IN-I*} > \Pi_{SC}^{I*}$；

（3）若 $w > C_a$ 且 $\dfrac{1}{\sqrt{H + \lambda C_a - \lambda w}} - \dfrac{1}{\sqrt{H}} > \sqrt{\dfrac{K_1 + K_2}{2D} \dfrac{\lambda}{H + \lambda C_a - \lambda w}}$，则 $Q^{IN-I*} > Q^{I*}$。

证明 将瞬时补货且不允许缺货情形下的改良品与普通物品供应链的订货及利润参数分别作差并化简，得到：

$$T^{IN-I*} - T^{I*} = \sqrt{\frac{2(K_1 + K_2)}{D(H + \lambda C_a - \lambda w)}} - \sqrt{\frac{2(K_1 + K_2)}{DH}}$$

$$= \sqrt{\frac{2(K_1 + K_2)}{D}}\left[\frac{1}{\sqrt{H + \lambda C_a - \lambda w}} - \frac{1}{\sqrt{H}}\right]$$

$$Q^{IN-I*} - Q^{I*} = \sqrt{\frac{2D(K_1 + K_2)}{H + \lambda C_a - \lambda w}} - \frac{\lambda(K_1 + K_2)}{H + \lambda C_a - \lambda w} - \sqrt{\frac{2D(K_1 + K_2)}{H}}$$

$$= \sqrt{2D(K_1 + K_2)}\left[\frac{1}{\sqrt{H + \lambda C_a - \lambda w}} - \frac{1}{\sqrt{H}}\right] - \frac{\lambda(K_1 + K_2)}{H + \lambda C_a - \lambda w}$$

$$\Pi_{SC}^{IN-I*} - \Pi_{SC}^{I*} = \left[(p - c)D - \sqrt{2D(K_1 + K_2)(H + \lambda C_a - \lambda w)}\right]$$

$$- \left[(p - c)D - \sqrt{2D(K_1 + K_2)H}\right]$$

$$= \sqrt{2D(K_1 + K_2)}\left[\sqrt{H} - \sqrt{H + \lambda C_a - \lambda w}\right]$$

显然，当 $w < C_a$ 时，有 $\dfrac{1}{\sqrt{H + \lambda C_a - \lambda w}} < \dfrac{1}{\sqrt{H}}$ 和 $\sqrt{H} < \sqrt{H + \lambda C_a - \lambda w}$，可知 $T^{IN-I*} < T^{I*}$、$Q^{IN-I*} < Q^{I*}$ 及 $\Pi_{SC}^{IN-I*} < \Pi_{SC}^{I*}$。

当 $w > C_a$ 且满足 $\sqrt{2D(K_1 + K_2)}\left[\dfrac{1}{\sqrt{H + \lambda C_a - \lambda w}} - \dfrac{1}{\sqrt{H}}\right] - \dfrac{\lambda(K_1 + K_2)}{H + \lambda C_a - \lambda w} > 0$，即 $\dfrac{1}{\sqrt{H + \lambda C_a - \lambda w}} - \dfrac{1}{\sqrt{H}} > \sqrt{\dfrac{K_1 + K_2}{2D} \dfrac{\lambda}{H + \lambda C_a - \lambda w}}$ 时，有 $Q^{IN-I*} > Q^{I*}$。

此外，当 $w > C_a$ 时，$T^{IN-I*} > T^{I*}$，$\Pi_{SC}^{IN-I*} > \Pi_{SC}^{I*}$。

推论 2 - 6 得证。

推论 2 - 6 表明，当改良品的单位批发价格小于单位改良成本时，改良品供应链系统的最优订货周期及单位时间利润小于普通物品供应链；当改良品的单位批发价格大于单位改良成本且满足特定约束条件时，改良品的订货量要比普通物品的订货量大；其他情形下，普通物品的订货量更大。

4. 库存策略比较

在"单供应商—单零售商"改良品供应链的瞬时补货且不允许缺货模型中,通过比较非合作策略和合作策略下的最优订货周期和单位时间利润,得到命题 2-3 的结论。

命题 2-3 对改良品供应链,有:(1)$T^{IN-I*} > T^{IN-D*}$;(2)$\Pi_{SC}^{IN-I*} > \Pi_{SC}^{IN-D*}$。

证明 将合作策略和非合作策略下的最优订货周期作差并化简,可得:

$$T^{IN-I*} - T^{IN-D*} = \sqrt{\frac{2(K_1 + K_2)}{D(H + \lambda C_a - \lambda w)}} - \sqrt{\frac{2K_1}{D(H + \lambda C_a - \lambda w)}}$$

$$= \left[\sqrt{K_1 + K_2} - \sqrt{K_1} \right] \sqrt{\frac{2}{D(H + \lambda C_a - \lambda w)}} > 0$$

将合作策略和非合作策略下的单位时间利润作差并化简,可得:

$$\Pi_{SC}^{IN-I*} - \Pi_{SC}^{IN-D*} = \sqrt{2D(H + \lambda C_a - \lambda w)} \left[\sqrt{K_1} + \frac{K_2}{2\sqrt{K_1}} - \sqrt{K_1 + K_2} \right]$$

由于 $\left[\sqrt{K_1} + \frac{K_2}{2\sqrt{K_1}} \right]^2 - \left[\sqrt{K_1 + K_2} \right]^2 = \frac{K_2^2}{4K_1} > 0$,故 $\Pi_{SC}^{IN-I*} - \Pi_{SC}^{IN-D*} > 0$。命题 2-3 得证。

根据命题 2-3 可知,合作策略的改良品供应链系统利润要高于非合作策略。因此,对于整个系统来说,合作策略是占优策略。然而,当零售商按照合作策略下的最优订货周期向供应商订货时,其获得的利润 $\Pi_R^{IN-I*} = (p-w)D -$

$$\sqrt{2D(H + \lambda C_a - \lambda w)} \left[\frac{\sqrt{K_1 + K_2}}{2} + \frac{K_1}{2\sqrt{K_1 + K_2}} \right]$$ 却比零售商在非合作策略下

获得的利润 $\Pi_R^{IN-D*} = (p-w)D - \sqrt{2DK_1(H + \lambda C_a - \lambda w)}$ 要小,所以零售商不会主动采取合作策略。

2.2.3 收益共享契约

1. 参与约束

为了促使零售商以合作策略下的最优订货周期 T^{IN-I*} 订货,供应商考虑向零售商提供收益共享契约,即将从零售商处得到的收益按一定比例返还给零售商，且订货量越大，返还的收益也越多。设供应商向零售商分享的收益比例为 θ^{IN}，则在收益共享契约下供应商和零售商的单位时间利润分别表示为：

$$\Pi_M^{IN-RS} = \left[\,(1-\theta^{IN})w-c\,\right]D - \frac{K_2}{T^{IN-I*}} \qquad (2-10)$$

$$\Pi_R^{IN-RS} = \left[\,p-(1-\theta^{IN})w\,\right]D - \frac{1}{2}DT^{IN-I*}(H+\lambda C_a-\lambda w) - \frac{K_1}{T^{IN-I*}}$$

$$(2-11)$$

零售商愿意按合作策略下的最优订货周期 T^{IN-I*} 订货的条件是供应商提供的收益共享契约能保证其获得的利润不低于在非合作策略下的利润水平，即需满足：

$$\Pi_R^{IN-RS} \geqslant \Pi_R^{IN-D*} \qquad (2-12)$$

同时，供应商提供收益共享契约的前提是其自身的保留收益不能少于在非合作策略下的利润值，即需满足：

$$\Pi_M^{IN-RS} \geqslant \Pi_M^{IN-D*} \qquad (2-13)$$

基于上述分析，得到命题 2-4 的结论。

命题 2-4 在收益共享契约中，供应商分享的收益比例 θ^{IN} 满足

$$\frac{\left[\sqrt{K_1+K_2}-\sqrt{K_1}\,\right]^2}{2wD\sqrt{K_1+K_2}}\;\sqrt{2D(H+\lambda C_a-\lambda w)} \leqslant \theta^{IN}$$

$$\leqslant \frac{K_2\sqrt{2D(H+\lambda C_a-\lambda w)}}{2wD}\left[\frac{1}{\sqrt{K_1}}-\frac{1}{\sqrt{K_1+K_2}}\right]$$

时，收益共享契约能够实现改良品供应链的有效且完美协调。

证明 将 Π_R^{IN-D*} 和式（2-11）代入式（2-12），以及将式（2-7）和式（2-10）代入式（2-13），得到不等式方程组：

$$\begin{cases} \left[\,p-(1-\theta^{IN})w\,\right]D - \frac{1}{2}DT^{IN-I*}(H+\lambda C_a-\lambda w) - \frac{K_1}{T^{IN-I*}} \\ \qquad \geqslant (p-w)D - \sqrt{2DK_1(H+\lambda C_a-\lambda w)} \\ \left[\,(1-\theta^{IN})w-c\,\right]D - \frac{K_2}{T^{IN-I*}} \geqslant (w-c)D - K_2\sqrt{\dfrac{D(H+\lambda C_a-\lambda w)}{2K_1}} \end{cases}$$

再将不等式方程组中 T^{IN-I*} 替换为 $\sqrt{\dfrac{2(K_1+K_2)}{D(H+\lambda C_a-\lambda w)}}$，解得：

$$\begin{cases} \theta^{IN} \geqslant \dfrac{\left[\sqrt{K_1 + K_2} - \sqrt{K_1}\right]^2 \sqrt{2D(H + \lambda C_a - \lambda w)}}{2wD\sqrt{K_1 + K_2}} \\[4mm] \theta^{IN} \leqslant \dfrac{K_2 \sqrt{2D(H + \lambda C_a - \lambda w)}}{2wD}\left[\dfrac{1}{\sqrt{K_1}} - \dfrac{1}{\sqrt{K_1 + K_2}}\right] \end{cases}$$

命题 2 – 4 得证。

2. 纳什讨价还价均衡解

上节内容只给出了收益共享系数的取值范围以保证供应商和零售商愿意参与收益共享契约协调，并没有具体确定双方的最终利润水平，以下通过求解纳什讨价还价均衡解的方式来合理分配合作策略下的利润增量。令双方的效用是各自利润水平的函数，为使后面计算简化，设 $U_R^{IN} = \Pi_R^{IN-RS}$、$U_M^{IN} = \Pi_M^{IN-RS}$。对于"两人讨价还价"问题，在纳什公理下，存在满足纳什公理的唯一讨价还价解，即使得纳什积 $U_R^{IN} \times U_M^{IN}$ 达到最大的解。因此，将 $U_R^{IN} = \Pi_R^{IN-RS}$ 和 $U_M^{IN} = \Pi_M^{IN-RS}$ 代入纳什积，就形成一般的"讨价还价"问题的目标函数：

$$\max U^{IN} = U_R^{IN} \times U_M^{IN} = \Pi_R^{IN-RS} \times \Pi_M^{IN-RS}$$

由命题 2 – 3 可知 $\Pi_{SC}^{IN-I^*} - \Pi_{SC}^{IN-D^*} = \sqrt{2D(H + \lambda C_a - \lambda w)}\left[\sqrt{K_1} + \dfrac{K_2}{2\sqrt{K_1}} - \sqrt{K_1 + K_2}\right]$，在此设供应商分配的利润增量为 X^{IN}（$X^{IN} \geqslant 0$），则零售商分配的利润增量为：

$$\sqrt{2D(H + \lambda C_a - \lambda w)}\left[\sqrt{K_1} + \dfrac{K_2}{2\sqrt{K_1}} - \sqrt{K_1 + K_2}\right] - X^{IN}$$

目标函数转化为：

$$\max U^{IN} = \left\{(p - w)D - \sqrt{K_1}A + \left[\sqrt{K_1} + \dfrac{K_2}{2\sqrt{K_1}} - \sqrt{K_1 + K_2}\right]A - X^{IN}\right\}$$

$$\times \left[(w - c)D - \dfrac{K_2}{2\sqrt{K_1}}A + X^{IN}\right]$$

$$s.t. \quad 0 \leqslant X^{IN} \leqslant \left[\sqrt{K_1} + \dfrac{K_2}{2\sqrt{K_1}} - \sqrt{K_1 + K_2}\right]A$$

其中，$A = \sqrt{2D(H + \lambda C_a - \lambda w)}$。

在无约束条件下，以目标函数 U^{IN} 对供应商分配的利润增量 X^{IN} 求二阶导数，有 $\dfrac{d^2 U^{IN}}{dX^2} = -2 < 0$，可知 U^{IN} 是关于 X^{IN} 的凹函数，U^{IN} 存在极大值。求 U^{IN}

关于 X^{IN} 的一阶导数并令其等于零, 解得:

$$X^{IN*} = \frac{(p+c-2w)D + \left[\dfrac{K_2}{\sqrt{K_1}} - \sqrt{K_1+K_2}\right]A}{2}$$

若 $X^{IN*} < 0$, 即 $(p+c-2w)D + \left[\dfrac{K_2}{\sqrt{K_1}} - \sqrt{K_1+K_2}\right]A < 0$ 时, 取 $X^{IN*}=0$;

另当 $X^{IN*} > \left[\sqrt{K_1} + \dfrac{K_2}{2\sqrt{K_1}} - \sqrt{K_1+K_2}\right]A$ 时, 即 $(p+c-2w)D - (2\sqrt{K_1} - \sqrt{K_1+K_2})A < 0$, 亦取 $X^{IN*}=0$。

如此, 可根据纳什讨价还价均衡解给出收益共享契约下零售商和供应商的利润表达式:

$$
\begin{cases}
\Pi_R^{IN-RS} = (p-w)D + \left[\dfrac{K_2}{2\sqrt{K_1}} - \sqrt{K_1+K_2}\right]A, \quad \Pi_M^{IN-RS} = (w-c)D - \dfrac{K_2}{2\sqrt{K_1}}A \\[2mm]
if(p+c-2w)D + \left[\dfrac{K_2}{\sqrt{K_1}} - \sqrt{K_1+K_2}\right]A < 0 \\[2mm]
\Pi_R^{IN-RS} = \dfrac{(p-c)D - \sqrt{K_1+K_2}A}{2}, \quad \Pi_M^{IN-RS} = \dfrac{(p-c)D - \sqrt{K_1+K_2}A}{2} \\[2mm]
if(p+c-2w)D - (2\sqrt{K_1} - \sqrt{K_1+K_2})A \leqslant 0 \\[2mm]
\Pi_R^{IN-RS} = (p-w)D - \sqrt{K_1}A, \quad \Pi_M^{IN-RS} = (w-c)D + \left[\sqrt{K_1} - \sqrt{K_1+K_2}\right]A \\[2mm]
if(p+c-2w)D - (2\sqrt{K_1} - \sqrt{K_1+K_2})A > 0
\end{cases}
$$

2.2.4　数值算例

1. 算例参数设置与求解

假设在单个供应商和单个零售商组成的二级改良品供应链中, 相关参数如下: $D=2000$ 千克/年, $c=8$ 元/千克, $w=10$ 元/千克, $p=13$ 元/千克, $K_1=300$ 元/次, $K_2=500$ 元/次, $\lambda=0.20$, $H=6$ 元/千克·年, $C_a=8$ 元/千克。

将上述参数值分别代入非合作策略、合作策略及收益共享契约下的均衡解表达式, 得到供应商、零售商、改良品供应链系统在不同策略下的订货及利润数据, 并将之与普通物品 ($\lambda=0$) 的订货及利润数据进行比较, 详见表 2 - 1。

表 2 – 1　　　　　　　　　不同策略下的订货及利润数据

策略类型	非合作策略		合作策略		收益共享契约	
	改良品	普通品	改良品	普通品	改良品	普通品
T^{IN-D*}	0.231	0.224	0.378	0.365	0.378	0.365
Q^{IN-D*}	452.20	447.21	727.36	730.30	727.36	730.30
Π_R^{IN-D*}	3407.71	3316.72	3089.68	2987.53	3407.71	3316.72
Π_M^{IN-D*}	1839.75	1763.93	2677.12	2630.69	2359.09	2301.50
Π_{SC}^{IN-D*}	5247.46	5080.65	5766.80	5618.22	5766.80	5618.22
θ^{IN}	—	—	—	—	1.59%~4.19%	1.65%~4.33%

下面从两个维度对表 2 – 1 的算例数值模拟结果进行比较。

（1）不同策略下改良品的订货及利润参数比较。

合作策略下的最优订货周期、最佳订货量及改良品供应链系统单位时间利润大于非合作策略，但零售商获得的单位时间利润却小于其在非合作策略下所得。通过收益共享契约，供应商补偿零售商部分利润，使得合作策略下的利润水平能够实现，且确保双方的单位时间利润都不小于非合作策略下所得，整个改良品供应链系统的单位时间利润得到提升。

（2）相同策略下不同类别物品比较。

相对于普通品，改良品的订货周期、订货量、零售商单位时间利润、供应商单位时间利润、供应链系统单位时间利润更大。对零售商而言，当单位改良成本小于单位批发价格时，延长订货周期可以增加因改良而获得的改良品，从而节约采购成本，增加单位时间利润。对供应商而言，订货周期延长，降低了单位时间订货成本，所以单位时间利润也随之增加。由于零售商和供应商的单位时间利润都有所增加，因此，改良品供应链系统的单位时间利润较之普通品供应链系统则必然增加。

2. 敏感性分析

（1）净改良率的敏感性分析。

首先考察单位批发价格大于单位改良成本情形下，净改良率变动对瞬时补货且不允许缺货模型中订货及利润参数的影响，分别如图 2 – 2 至图 2 – 5 所示。

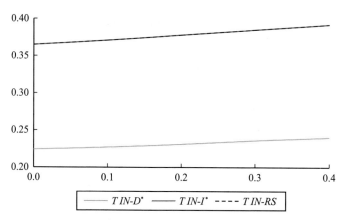

图 2 - 2　净改良率变动对最优订货周期的影响

注：$T IN - I^*$ 曲线与 $T IN - RS$ 曲线重合。

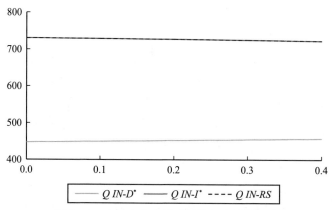

图 2 - 3　净改良率变动对最佳订货量的影响

注：$Q IN - I^*$ 曲线与 $Q IN - RS$ 曲线重合。

　　由图 2 - 2[①] 可知，无论是非合作策略还是合作策略，最优订货周期随着净改良率的增长而增大，收益共享契约下的最优订货周期与合作策略相同。由图 2 - 3 可知，随着净改良率的增长，非合作策略下的最佳订货量有增加趋势，但合作策略和收益共享契约下的最佳订货量却略有下降。即便如此，合作策略和收益共享契约下的最佳订货量还是远大于非合作策略下的最佳订货量。

---

　　① 图 2 - 2 至图 2 - 9 中，"T" 表示订货周期，"Q" 表示订货量，"Π" 表示供应链系统利润，"IN" 表示瞬时补货且不允许缺货，"D^*" 表示非合作策略下的最优解，"I^*" 表示合作策略下的最优解，"RS" 表示收益共享策略，"θ_{min}" 表示供应商分享的收益比例下限值，"θ_{min}" 表示供应商分享的收益比例上限值。

由图 2-4 可知，随着净改良率的增长，非合作策略、合作策略及收益共享契约下的改良品供应链系统利润都随之增加，但非合作策略下的单位时间利润始终低于合作策略及收益共享契约下。由图 2-5 可知，在收益共享契约中，供应商需要向零售商分享的收益比例上下限值，都随着净改良率的增长而缓慢降低。

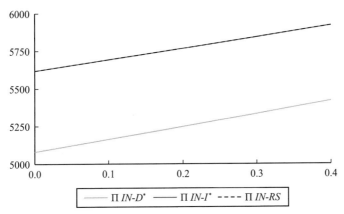

图 2-4　净改良率变动对供应链系统利润的影响

注：$\Pi IN-I^*$ 曲线与 $\Pi IN-RS$ 曲线重合。

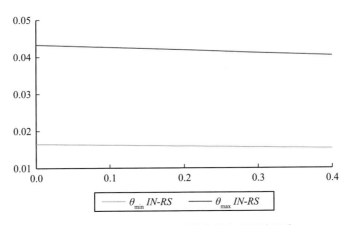

图 2-5　净改良率变动对收益分享比例的影响

（2）单位改良成本的敏感性分析。

接下来考察单位改良成本变动对瞬时补货且不允许缺货模型中订货及利润参数的影响，如图 2-6 至图 2-9 所示。

由图 2−6 可知，单位改良成本增加会致使不同策略下的最优订货周期都缩短，原因在于单位改良成本增加会导致周期内总的改良成本增加，而缩短订货周期有助于减少改良成本，且减少的改良成本大于缩短订货周期引起的订货成本增加量。由图 2−7 可知，随着单位改良成本的增加，非合作策略、合作策略及收益共享契约下的最佳订货量持续下降。受最优订货周期不断缩短的影响，不同策略下的最佳订货量自然呈现持续下降的特征。

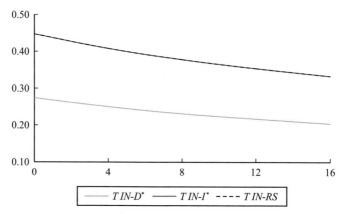

图 2−6　单位改良成本变动对最优订货周期的影响

注：$T\,IN-I^*$ 曲线与 $T\,IN-RS$ 曲线重合。

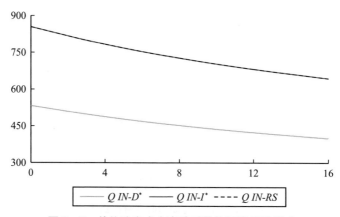

图 2−7　单位改良成本变动对最佳订货量的影响

注：$Q\,IN-I^*$ 曲线与 $Q\,IN-RS$ 曲线重合。

由图 2−8 可知，随着单位改良成本的增长，非合作策略、合作策略及收益共享契约下的改良品供应链系统利润都随之以较快速度下降，主要是单位改良成本增加导致零售商改良成本增加从而降低了改良品供应链系统的单位时间利润。由图 2 - 9 可知，在收益共享契约中，随着单位改良成本的增长，供应商需要向零售商分享的收益比例上下限值都随之上升。

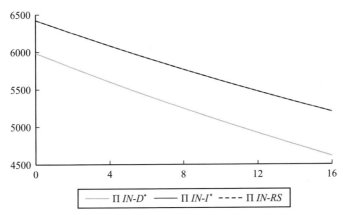

图 2 - 8 单位改良成本变动对供应链系统利润的影响

注：Π $IN - I^*$ 曲线与 Π $IN - RS$ 曲线重合。

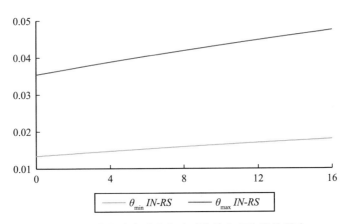

图 2 - 9 单位改良成本变动对收益分享比例的影响

2.3 瞬时补货且不允许缺货的库存决策与横向协调

2.3.1 基本假设与符号说明

本节运用下列基本假设以便于建立库存决策与横向协调模型：

（1）改良品供应链由单个供应商和 n 个零售商组成；

（2）只讨论一种改良品的订货决策；

（3）考虑只订货一次的情形，提前期忽略不计；

（4）不允许零售商缺货，补货速率无穷大；

（5）需求率已知且均匀稳定；

（6）改良品在库存期间的净改良率为恒定常数；

（7）库存期间因发生改良而增加的部分占用库存；

（8）各个零售商独立补货时具有相同的订货成本；

（9）供应商提供数量折扣策略。

本节定义下列符号参数以便于建立库存决策与横向协调模型：

D_i：零售商 i 面临的市场需求率，$i=1,2,\cdots,n$；

K：零售商独立补货时的订货成本；

K_J：n 个零售商联合补货的订货成本 $K_J > K$；

H_i：零售商 i 的单位库存成本；

C_{ai}：零售商 i 的单位改良成本；

λ：改良品的净改良率；

p：改良品的单位销售价格；

w_i：零售商 i 独立补货时的单位批发价格；

w_J：n 个零售商联合补货时的单位批发价格；

T_i：零售商 i 独立补货时的订货周期；

T_N：n 个零售商联合补货时的订货周期；

Q_i：零售商 i 独立补货时的订货量；

Q_N：n 个零售商联合补货时的订货量；

$TR_{i/N}$：零售商 i/采购联盟 N 的销售收入；

$\Pi_{i/N}^{IN-C/J}$：瞬时补货且不允许缺货模型中零售商 i、采购联盟 N 在独立补货或联合补货时的单位时间利润，下标 i、N 分别表示零售商 i 和采购联盟 N，上标中的 C、J 分别表示独立补货、联合补货，上标加 "$*$" 表示对应的最优解。

其他未尽符号参数定义可见文中具体说明。

2.3.2 改良品供应链库存决策

1. 模型描述

如图 2-10 所示，在改良品供应链库存系统中，零售商 i 在订货周期初

始时刻的库存水平 $I_i(0)$ 为订货量 Q_i。随后，由于市场需求和改良的共同作用，改良品的库存水平逐渐下降。在 $t = T_i$ 时刻，库存水平降低为零，即 $I_i(T_i) = 0$。

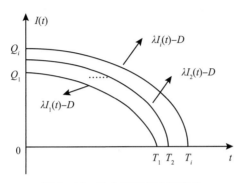

图 2 – 10　改良品库存水平变化

零售商 i 在订货周期内任意时刻 t 的库存水平 $I_i(t)$ 由微分方程表示为：

$$\frac{dI_i(t)}{dt} = \lambda I_i(t) - D \tag{2 – 14}$$

其中，初始条件为 $I_i(T_i) = 0$。

求解式（2 – 14），得到：

$$I_i(t) = \frac{D_i}{\lambda}(1 - e^{\lambda(t - T_i)}), \ 0 \leqslant t \leqslant T_i \tag{2 – 15}$$

因此，零售商 i 每个订货周期的订货量为：

$$Q_i = I_i(0) = \frac{D_i}{\lambda}(1 - e^{-\lambda T_i}) \tag{2 – 16}$$

已知当 $0 \leqslant |-\lambda T_i| \ll 1$ 时，有 $e^{-\lambda T_i} \approx 1 - \lambda T_i + \frac{1}{2}\lambda^2 T_i^2$ 成立。对式（2 – 16）中的指数函数进行泰勒展开，取其前三项，则式（2 – 16）转化为：

$$Q_i = D_i T_i \left(1 - \frac{1}{2}\lambda T_i\right) \tag{2 – 17}$$

2. 零售商独立补货

在"单供应商—多零售商"改良品供应链的瞬时补货且不允许缺货模型中，每位零售商若选择独立补货，则将根据单位时间利润最大化目标决策订货周期和订货量。以零售商 i 为例，其在订货周期 T_i 内的成本由订货成本 TC_{1i}、

采购成本 TC_{2i}、库存成本 TC_{3i}、改良成本 TC_{4i} 四个部分组成。其中：

$$TC_{1i} = K$$

$$TC_{2i} = w_i Q_i = w_i D_i T_i \left(1 - \frac{1}{2}\lambda T_i\right)$$

$$TC_{3i} = H_i \int_0^{T_i} I_i(t)\,dt = H_i \int_0^{T_i} \frac{D_i}{\lambda}(1 - e^{\lambda(t-T_i)})\,dt = \frac{D_i H_i}{\lambda^2}(e^{-\lambda T_i} + \lambda T_i - 1)$$

$$\approx \frac{1}{2}D_i H_i T_i^2$$

$$TC_{4i} = C_{ai}(D_i T_i - Q_i) = C_{ai}\left(D_i T_i - D_i T_i\left(1 - \frac{1}{2}\lambda T_i\right)\right) = \frac{1}{2}\lambda D_i C_{ai} T_i^2$$

从而，零售商 i 的单位时间利润函数为：

$$\Pi_i^{IN-C}(T_i) = \frac{TR_i - TC_{1i} - TC_{2i} - TC_{3i} - TC_{4i}}{T_i}$$

$$= \frac{pD_i T_i - K - wD_i T_i\left(1 - \frac{1}{2}\lambda T_i\right) - \frac{1}{2}D_i H_i T_i^2 - \frac{1}{2}\lambda D_i C_{ai} T_i^2}{T_i}$$

$$= (p - w_i)D_i - \frac{1}{2}DT_i(H_i + \lambda C_{ai} - \lambda w_i) - \frac{K}{T_i} \qquad (2-18)$$

根据式（2-18）得到命题 2-5。

命题 2-5 在"单供应商—多零售商"改良品供应链的瞬时补货且不允许缺货模型中，零售商 i 采用独立补货策略时的最优订货周期 $T_i^{IN-C^*}$、最佳订货量 $Q_i^{IN-C^*}$ 和单位时间利润 $\Pi_i^{IN-C^*}$ 分别为：

$$T_i^{IN-C^*} = \sqrt{\frac{2K}{D_i(H_i + \lambda C_{ai} - \lambda w_i)}}$$

$$Q_i^{IN-C^*} = \sqrt{\frac{2D_i K}{H_i + \lambda C_{ai} - \lambda w_i}} - \frac{\lambda K}{H_i + \lambda C_{ai} - \lambda w_i}$$

$$\Pi_i^{IN-C^*} = (p - w_i)D_i - \sqrt{2D_i K(H_i + \lambda C_{ai} - \lambda w_i)}$$

证明 已知零售商 i 的单位时间利润函数 $\Pi_i^{IN-C}(T_i)$ 关于订货周期 T_i 的二阶导数 $\dfrac{d^2 \Pi_i^{IN-D}(T_i)}{dT_i^2} = -\dfrac{K}{T_i^3} < 0$，因此，$\Pi_i^{IN-C}(T_i)$ 是关于 T_i 的凹函数，即 $\Pi_i^{IN-C}(T_i)$ 存在极大值。

以 $\Pi_i^{IN-C}(T_i)$ 对 T_i 求一阶导数并令其等于零，有 $\dfrac{d\Pi_i^{IN-C}(T_i)}{dT_i} = -\dfrac{1}{2}D_i(H_i + \lambda C_{ai} - \lambda w_i) + \dfrac{K}{T_i^2} = 0$，解得 $T_i^{IN-C^*} = \sqrt{\dfrac{2K}{D_i(H_i + \lambda C_{ai} - \lambda w_i)}}$。

将 T_i^{IN-C*} 分别代入式 (2-4) 和式 (2-5)，可得 $Q_i^{IN-C*} = \sqrt{\dfrac{2D_iK}{H_i + \lambda C_{ai} - \lambda w_i}} -$

$\dfrac{\lambda K}{H_i + \lambda C_{ai} - \lambda w_i}$，$\Pi_i^{IN-C*} = (p - w_i)D_i - \sqrt{2D_iK(H_i + \lambda C_{ai} - \lambda w_i)}$。

命题 2-5 得证。

令 T_i^{IN-C*}、Q_i^{IN-C*} 和 Π_i^{IN-C*} 表达式中 $\lambda \to 0$，分别得到 T_i^{C*}、Q_i^{C*} 和 Π_i^{C*}，即有：

$$T_i^{D*} = \lim_{\lambda \to 0} T_i^{IN-C*} = \sqrt{\frac{2K}{D_iH_i}}$$

$$Q_i^{D*} = \lim_{\lambda \to 0} Q_i^{IN-C*} = \sqrt{\frac{2D_iK}{H_i}}$$

$$\Pi_i^{D*} = \lim_{\lambda \to 0} \Pi_i^{IN-C*} = (p - w_i)D_i - \sqrt{2D_iKH_i}$$

上述 T_i^{C*}、Q_i^{C*} 和 Π_i^{C*} 便是零售商 i 独立订购普通物品时的最优订货周期、最佳订货量和单位时间利润。

在"单供应商—多零售商"改良品供应链的瞬时补货且不允许缺货模型中，n 位零售商采用独立补货策略时的单位时间利润之和为：

$$\Pi^{IN-C*} = \sum_{i=1}^{n} (p - w_i)D_i - \sum_{i=1}^{n} \sqrt{2D_iK(H_i + \lambda C_{ai} - \lambda w_i)} \quad (2-19)$$

3. 零售商联合补货

在"单供应商—多零售商"改良品供应链的瞬时补货且不允许缺货模型中，各位零售商基于分摊订货成本与获得更大幅度数量折扣的考虑，拟组建采购联盟 N 来实施统一补货。采购联盟 N 需要协调每个零售商的补货计划，并由此产生相应的协调成本。张家伟（2009）指出，协调成本通常随着采购联盟中成员数量的增长而增加。本书将采购联盟对每位成员的协调成本看成是订货成本的一部分。假设采购联盟 N 的订货成本与联盟规模大小之间满足函数关系 $K_J = Kn^{\varphi}$，其中，φ 表示订货协调成本系数且 $\varphi > 0$，n 表示采购联盟 N 中成员的数量。采购联盟 N 以订货周期 T_N 完成一次补货的总成本包括订货成本 TC_{1J}、采购成本 TC_{2J}、存储成本 TC_{3J}、改良成本 TC_{4J} 四个部分。其中：

$TC_{1J} = K_J = Kn^{\varphi}$

$TC_{2J} = w_J \sum\limits_{i=1}^{n} Q_i = w_J \sum\limits_{i=1}^{n} D_i T_J \left(1 - \dfrac{1}{2}\lambda T_J\right)$

$$TC_{3J} = \sum_{i=1}^{n} H_i \int_0^{T_J} I_i(t) \, dt = \sum_{i=1}^{n} H_i \int_0^{T_J} \frac{D_i}{\lambda} (1 - e)^{\lambda(t-T_J)} dt$$

$$= \sum_{i=1}^{n} \frac{D_i H_i}{\lambda^2} (e^{-\lambda T_J} + \lambda T_J - 1) \approx \frac{1}{2} \sum_{i=1}^{n} D_i H_i T_J^2$$

$$TC_{4J} = \sum_{i=1}^{n} C_{ai} (D_i T_J - Q_i) = \sum_{i=1}^{n} C_{ai} \left[D_i T_J - D_i T_J \left(1 - \frac{1}{2} \lambda T_J \right) \right]$$

$$= \frac{1}{2} \sum_{i=1}^{n} \lambda D_i C_{ai} T_J^2$$

从而，采购联盟 N 的单位时间利润函数为：

$$\Pi_N^{IN-J}(T_N) = \frac{TR_N - TC_{1J} - TC_{2J} - TC_{3J} - TC_{4J}}{T_J}$$

$$= \frac{p \sum_{i=1}^{n} D_i T_N - Kn^\varphi - w_J \sum_{i=1}^{n} D_i T_N \left(1 - \frac{1}{2} \lambda T_N \right) - \frac{1}{2} \sum_{i=1}^{n} D_i H_i T_N^2 - \frac{1}{2} \sum_{i=1}^{n} \lambda D_i C_{ai} T_N^2}{T_N}$$

$$= \sum_{i=1}^{n} (p - w_J) D_i - \frac{\sum_{i=1}^{n} D_i (H_i + \lambda C_{ai} - \lambda w_J) T_N^2 + 2Kn^\varphi}{2T_N} \quad (2-20)$$

根据式（2-20）得到命题 2-6。

命题 2-6 在"单供应商—多零售商"改良品供应链的瞬时补货且不允许缺货模型中，采购联盟 N 进行联合补货时的最优订货周期 T_N^{IN-J*}、最佳订货量 Q_N^{IN-J*} 和单位时间利润 Π_N^{IN-J*} 分别为：

$$T_N^{IN-J*} = \sqrt{\frac{2Kn^\varphi}{\sum_{i=1}^{n} D_i (H_i + \lambda C_{ai} - \lambda w_J)}}$$

$$Q_N^{IN-J*} = \sum_{i=1}^{n} D_i \left[\sqrt{\frac{2Kn^\varphi}{\sum_{i=1}^{n} D_i (H_i + \lambda C_{ai} - \lambda w_J)}} - \frac{\lambda Kn^\varphi}{\sum_{i=1}^{n} D_i (H_i + \lambda C_{ai} - \lambda w_J)} \right]$$

$$\Pi_N^{IN-J*} = \sum_{i=1}^{n} (p - w_J) D_i - \sqrt{2Kn^\varphi \sum_{i=1}^{n} D_i (H_i + \lambda C_{ai} - \lambda w_i)}$$

证明 已知采购联盟 N 的单位时间利润函数 $\Pi_N^{IN-J}(T_N)$ 关于订货周期 T_N 的二阶导数 $\dfrac{d^2 \Pi_N^{IN-J}(T_N)}{dT_N^2} = -\dfrac{Kn^\varphi}{T_N^3} < 0$，因此，$\Pi_N^{IN-J}(T_N)$ 是关于 T_N 的凹函数，

即 $\Pi_N^{IN-J}(T_N)$ 存在极大值。

以 $\Pi_N^{IN-J}(T_N)$ 对 T_N 求一阶导数并令其等于零，有 $\dfrac{d\Pi_N^{IN-J}(T_N)}{dT_N}=$
$-\dfrac{1}{2}\sum_{i=1}^{n}D_i(H_i+\lambda C_{ai}-\lambda w_J)+\dfrac{Kn^\varphi}{T_N^2}=0$，解得 $T_N^{IN-J*}=\sqrt{\dfrac{2Kn^\varphi}{\sum\limits_{i=1}^{n}D_i(H_i+\lambda C_{ai}-\lambda w_J)}}$。

将采购联盟 N 的最优订货周期 T_N^{IN-J*} 代入 $Q_N^{IN-J*}=\sum\limits_{i=1}^{n}Q_i=$
$\sum\limits_{i=1}^{n}D_iT_N\left(1-\dfrac{1}{2}\lambda T_N\right)$，得到采购联盟 N 的最佳订货量 $Q_N^{IN-J*}=$
$\sum\limits_{i=1}^{n}D_i\left[\sqrt{\dfrac{2Kn^\varphi}{\sum\limits_{i=1}^{n}D_i(H_i+\lambda C_{ai}-\lambda w_J)}}-\dfrac{\lambda Kn^\varphi}{\sum\limits_{i=1}^{n}D_i(H_i+\lambda C_{ai}-\lambda w_J)}\right]$。

再将采购联盟 N 的最优订货周期 T_N^{IN-J*} 代入式（2-20），可得 $\Pi_N^{IN-J*}=$
$\sum\limits_{i=1}^{n}(p-w_J)D_i-\sqrt{2Kn^\varphi\sum\limits_{i=1}^{n}D_i(H_i+\lambda C_{ai}-\lambda w_i)}$。

命题 2-6 得证。

令 T_N^{IN-J*}、Q_N^{IN-J*} 和 Π_N^{IN-J*} 表达式中 $\lambda\to 0$，分别得到 T_N^{J*}、Q_N^{J*} 和 Π_N^{J*}，即有：

$$T_N^{J*}=\lim_{\lambda\to 0}T_N^{IN-J*}=\sqrt{\dfrac{2Kn^\varphi}{\sum\limits_{i=1}^{n}D_iH_i}}$$

$$Q_N^{J*}=\lim_{\lambda\to 0}Q_N^{IN-J*}=\sum_{i=1}^{n}D_i\sqrt{\dfrac{2Kn^\varphi}{\sum\limits_{i=1}^{n}D_iH_i}}$$

$$\Pi_N^{J*}=\lim_{\lambda\to 0}\Pi_N^{IN-J*}=\sum_{i=1}^{n}(p-w_J)D_i-\sqrt{2Kn^\varphi\sum_{i=1}^{n}D_iH_i}$$

上述 T_N^{J*}、Q_N^{J*} 和 Π_N^{J*} 便是采购联盟 N 订购普通物品时的最优订货周期、最佳订货量和单位时间利润。

4. 独立补货与联合补货比较

在"单供应商—多零售商"改良品供应链的瞬时补货且不允许缺货模型中，通过对 n 位零售商独立补货与组建采购联盟 N 联合补货时的单位时间利润进行作差比较，得到下列表达式：

$$\Delta\Pi^{IN} = \Pi^{IN-C\,*} - \Pi_N^{IN-J\,*}$$

$$= \Big[\sum_{i=1}^n (p - w_i)D_i - \sum_{i=1}^n \sqrt{2KD_i(H_i + \lambda C_{ai} - \lambda w_i)}\,\Big]$$

$$- \Big[\sum_{i=1}^n (p - w_J)D_i - \sqrt{2Kn^\varphi \sum_{i=1}^n D_i(H_i + \lambda C_{ai} - \lambda w_J)}\,\Big] \qquad (2-21)$$

根据式（2-21）得到命题 2-7。

命题 2-7 在"单供应商—多零售商"改良品供应链的瞬时补货且不允许缺货模型中，采购联盟 N 联合补货优于各位零售商独立补货的充要条件是订货协调成本系数 φ 需满足：

$$\varphi < \log_n \frac{\Big[\sum_{i=1}^n \sqrt{2KD_i(H_i + \lambda C_{ai} - \lambda w_i)} + \sum_{i=1}^n (w_i - w_J)D_i\Big]^2}{2K\sum_{i=1}^n D_i(H_i + \lambda C_{ai} - \lambda w_J)}$$

证明 当 $\Delta\Pi^{IN} < 0$ 时，采购联盟 N 联合补货优于各位零售商独立补货，即：

$$\Big[\sum_{i=1}^n (p - w_i)D_i - \sum_{i=1}^n \sqrt{2D_iK(H_i + \lambda C_{ai} - \lambda w_i)}\,\Big] < \Big[\sum_{i=1}^n (p - w_J)D_i$$

$$- \sqrt{2Kn^\varphi \sum_{i=1}^n D_i(H_i + \lambda C_{ai} - \lambda w_J)}\,\Big]$$

$$\Leftrightarrow \sqrt{2Kn^\varphi \sum_{i=1}^n D_i(H_i + \lambda C_{ai} - \lambda w_J)} < \sum_{i=1}^n \sqrt{2D_iK(H_i + \lambda C_{ai} - \lambda w_i)} + \sum_{i=1}^n (w_i - w_J)D_i$$

$$\Leftrightarrow n^\varphi < \frac{\Big[\sum_{i=1}^n \sqrt{2KD_i(H_i + \lambda C_{ai} - \lambda w_i)} + \sum_{i=1}^n (w_i - w_J)D_i\Big]^2}{2K\sum_{i=1}^n D_i(H_i + \lambda C_{ai} - \lambda w_J)}$$

$$\Leftrightarrow \varphi < \log_n \frac{\Big[\sum_{i=1}^n \sqrt{2KD_i(H_i + \lambda C_{ai} - \lambda w_i)} + \sum_{i=1}^n (w_i - w_J)D_i\Big]^2}{2K\sum_{i=1}^n D_i(H_i + \lambda C_{ai} - \lambda w_J)} 。$$

命题 2-7 得证。

各位零售商在决策补货方式时，需要先判断命题 2-7 是否满足。如果命题 2-7 的条件得到满足，则表明 n 位零售商组建采购联盟进行联合补货是占优的。在供应商提供的等级数量折扣函数已知时，对命题 2-7 的判断关键是计算各位零售商独立补货与联合补货时的最优批发价格 ω_i 与 ω_J，此处可采用试错法来确定。设供应商提供的 m 个等级数量折扣函数为：

$$\omega(Q) = \begin{cases} \omega_1, & 0 < Q < Q_1; \\ \omega_2, & Q_1 < Q < Q_2; \\ \cdots & \cdots \\ \omega_j, & Q_{j-1} < Q < Q_j; \\ \cdots & \cdots \\ \omega_m, & Q_{m-1} < Q < +\infty。 \end{cases}$$

试错法的基本步骤如下：

（1）设独立补货/联合补货时享受的折扣价格为 ω_j，将折扣价格 ω_j 代入最佳订货周期表达式，计算得到 T_i^{IN-C*}/T_N^{IN-J*}；

（2）将最佳订货周期 T_i^{IN-C*}/T_N^{IN-J*} 代入最优订货数量表达式，计算得到 Q_i^{IN-C*}/Q_N^{IN-J*}；

（3）若 $Q_i^{IN-C*}/Q_N^{IN-J*} \in [Q_{j-1}, Q_j)$，则 ω_j 为最优批发价格，计算停止，否则，令 $j = j+1$，重复步骤（1）和步骤（2），直至满足 $Q_i^{IN-C*}/Q_N^{IN-J*} \in [Q_{j-1}, Q_j)$ 时计算停止。

2.3.3 联合补货利润分配模型

1. 联合补货利润分配原则

设 $N = \{1, 2, \cdots, n\}$ 表示 n 位零售商组建的采购联盟；$S = \{1, 2, \cdots, s\}(\subseteq N)$ 表示采购联盟 N 的子联盟，所有子联盟的全体记为 $\Theta(N)$；$i(\in N)$ 表示采购联盟中的任意一位零售商；Π_S^{IN-J*} 表示采购子联盟 S 联合补货时的单位时间利润。如果计算出所有采购子联盟 S 联合补货时的单位时间利润 Π_S^{IN-J*}，就可以得到联合补货下 n 位零售商合作对策 (N, Π_S^{IN-J*})，而根据对策 (N, Π_S^{IN-J*}) 的解就能够把联合补货下的单位时间利润分配给 n 位零售商。一旦零售商 i 从联合补货中分配到的单位时间利润小于其选择独立补货下的单位时间利润，则零售商 i 退出采购联盟。所以，零售商 i 加入采购联盟的参与约束条件为：

$$\Pi_i^{IN-C*} \leqslant \Pi_i^{IN-J*}, \quad \forall i \in N \qquad (2-22)$$

式中，Π_i^{IN-C*}、Π_i^{IN-J*} 分别表示零售商 i 在独立补货与联合补货时的单位时间利润。式（2-22）称为 n 位零售商合作对策的个体合理性条件。

另外，联合补货时 n 位零售商分配的单位时间利润之和应等于采购联盟 N

的单位时间利润，即 n 位零售商合作对策应满足整体合理性条件为：

$$\sum_{i=1}^{n} \Pi_i^{IN-J^*} = \Pi_N^{IN-J^*} \qquad (2-23)$$

同时，在 n 位零售商合作对策中还需要考虑采购联盟的合理性条件为：

$$\sum_{i=1}^{s} \Pi_i^{IN-J^*} \geqslant \Pi_S^{IN-J^*}, \quad \forall S \subseteq N, \ s > 1 \qquad (2-24)$$

式（2-24）表明，采购联盟 N 分配给任意 s 位零售商的单位时间利润之和都不能小于采购子联盟 S 的单位时间利润。否则，零售商不接受分配方案。

2. 联合补货利润分配算法

n 人合作对策的利润分配问题有多种解法，如 Shapley 值法、简化的 MCRS（Minimum Costs-Remaining Savings）法、二次规划（Quadratic Programming）法、最小核心（Minimum Nucleolus）法等。其中，基于 Shapley 值的分配方法是一种比较公平、合理的分配方法。因此，本书采用 Shapley 值法来分配各位零售商在采购联盟 N 中应获得的单位时间利润。基于 Shapley 值法的联合补货单位时间利润分配公式表示为：

$$\Pi_i^{IN-J^*} = \sum_{i \in S, S \subseteq N} \frac{(s-1)!(n-s)!}{n!} [\Pi_S^{IN-J^*} - \Pi_{S-i}^{IN-J^*}] \qquad (2-25)$$

式（2-25）中，n 表示采购联盟 N 中零售商数量；s 表示采购联盟 S 中零售商数量；$\Pi_{S-i}^{IN-J^*}$ 表示零售商 i 没有加入采购联盟 S 时的单位时间利润；$\Pi_S^{IN-J^*} - \Pi_{S-i}^{IN-J^*}$ 表示零售商 i 的边际利润，即零售商 i 加入采购联盟 S 时至少应分配的单位时间利润。

2.3.4 数值算例

1. 算例参数设置与求解

假设在单个供应商和三位零售商组成的二级供应链中，相关参数如下：三位零售商面临的市场需求率分别为 $D_1 = 2000$ 千克/年、$D_2 = 2200$ 千克/年、$D_3 = 2400$ 千克/年，三位零售商的存储成本分别为 $H_1 = H_2 = H_3 = 6.0$ 元/（千克·年），三位零售商的改良成本满足 $C_{a1} = C_{a2} = C_{a3} = 5.0$ 元/千克，各位零售商独立补货的单次订货成本相同且为 $K = 500$ 元，改良品在持有期间的净改良率 $\lambda = 0.10$，采购联盟对零售商的订货协调成本系数 $\varphi = 0.80$，改良品的市场

销售价格 $p = 12$ 元/千克，供应商提供的等级数量折扣模型为：

$$w(Q) = \begin{cases} 9.0, & 0 < Q < 1000 \\ 8.5, & 1000 \leqslant Q < 1500 \\ 8.0, & 1500 \leqslant Q < +\infty \end{cases}$$

零售商组建的采购联盟为 $N = \{1, 2, 3\}$，采购联盟的全体为 $\Theta(N) = \{\{1\}, \{2\}, \{3\}, \{1, 2\}, \{1, 3\}, \{2, 3\}, \{1, 2, 3\}\}$。经检验，任意两位及以上的零售商组建采购联盟都能满足命题 2－7，因此零售商联合补货优于独立补货。对每一个采购子联盟 $S \subseteq \Theta(N)$，求得其批发价格、最佳订货周期、最优订货数量及单位时间利润等补货参数如表 2－2 所示。

表 2－2　　　　　　　　　　采购联盟补货参数

联盟类型	批发价格	最优订货周期	最佳订货量	单位时间利润
{1}	9.0	0.299	588.7	2653.4
{2}	9.0	0.285	617.9	3090.0
{3}	9.0	0.273	645.7	3533.9
{1, 2}	8.5	0.271	1122.3	8272.2
{1, 3}	8.5	0.265	1149.0	8821.0
{2, 3}	8.5	0.259	1175.2	9373.1
{1, 2, 3}	8.0	0.253	1648.8	16881.7

由表 2－2 可知，三位零售商组建采购联盟 N 实施联合补货的单位时间利润大于三位零售商分别独立补货所获得单位时间利润之和；同时，也大于任意两位零售商联合补货的单位时间利润与第三位零售商独立补货的单位时间利润之和。因此，三位零售商组建采购联盟开展联合补货是最佳补货策略。结合表 2－2 数据，运用 Shapley 值法计算各位零售商在联合补货中所分配单位时间利润的过程如表 2－3 至表 2－5 所示。

由表 2－3 至表 2－5 可知，三位零售商从联合补货中分配的单位时间利润分别为 5132.3 元、5626.6 元、6122.9 元。比较独立补货与联合补货中的单位时间利润可知，每位零售商在联合补货中的单位时间利润都获得了大幅度增长。

表 2 - 3   联合补货中零售商 1 分配的单位时间利润

采购联盟 S	$\{1\}$	$\{1, 2\}$	$\{1, 3\}$	$\{1, 2, 3\}$
Π_S^{IN-J*}	2653.4	8272.2	8821.0	16881.7
$\Pi_{S-\{1\}}^{IN-J*}$	0	3090.0	3533.9	9373.1
$\Pi_S^{IN-J*} - \Pi_{S-\{1\}}^{IN-J*}$	2653.4	5182.2	5287.1	7508.6
s	1	2	2	3
$\omega(s)$	1/3	1/6	1/6	1/3
$\omega(s)[\Pi_S^{IN-J*} - \Pi_{S-\{1\}}^{IN-J*}]$	884.5	863.7	881.2	2502.9
Π_1^{IN-J*}	5132.3			

注：$\omega(s) = \dfrac{(s-1)!\,(n-s)!}{n!}$ 表示加权因子。表 2 - 4、表 2 - 5 同。

表 2 - 4   联合补货中零售商 2 分配的单位时间利润

采购联盟 S	$\{2\}$	$\{1, 2\}$	$\{2, 3\}$	$\{1, 2, 3\}$
Π_S^{IN-J*}	3090.0	8272.2	9373.1	16881.7
$\Pi_{S-\{2\}}^{IN-J*}$	0	2653.4	3533.9	8821.0
$\Pi_S^{IN-J*} - \Pi_{S-\{2\}}^{IN-J*}$	3090.0	5618.8	5839.2	8060.7
s	1	2	2	3
$\omega(s)$	1/3	1/6	1/6	1/3
$\omega(s)[\Pi_S^{IN-J*} - \Pi_{S-\{2\}}^{IN-J*}]$	1030.0	936.5	973.2	2686.9
Π_2^{IN-J*}	5626.6			

表 2 - 5   联合补货中零售商 3 分配的单位时间利润

采购联盟 S	$\{3\}$	$\{1, 3\}$	$\{2, 3\}$	$\{1, 2, 3\}$
Π_S^{IN-J*}	3533.9	8821.0	9373.1	16881.7
$\Pi_{S-\{3\}}^{IN-J*}$	0	2653.4	3090.0	8272.2
$\Pi_S^{IN-J*} - \Pi_{S-\{3\}}^{IN-J*}$	3533.9	6167.6	6283.1	8609.5
s	1	2	2	3
$\omega(s)$	1/3	1/6	1/6	1/3
$\omega(s)[\Pi_S^{IN-J*} - \Pi_{S-\{3\}}^{IN-J*}]$	1178.0	1027.9	1047.2	2869.8
Π_3^{IN-J*}	6122.9			

2. 敏感性分析

（1）净改良率的敏感性分析。

先考察三位零售商的单位批发价格分别大于单位改良成本情形下，净改良率变动对瞬时补货且不允许缺货模型中三位零售商订货及利润参数的影响，分别如图 2 – 11 至图 2 – 13 所示。

由图 2 – 11① 可知，随着净改良率的增长，三位零售商无论是各自独立补货还是组建采购联盟实施联合补货，最优订货周期都随之延长，且联合补货的最优订货周期受订货协调成本系数影响较大。当订货协调成本系数较小时，联合补货的最优补货周期一般较独立补货更短。由于三位零售商联合补货的最优订货周期小于各自独立补货的最优订货周期，从图 2 – 12 中可以看出，联合补货时每位零售商的最佳订货量要比独立补货时更少。对于每位零售商来说，虽然他们在联合补货时的最佳补货量变少，但采购联盟的每次订货量提升较多，所以更容易获得较低的批发价格，从而获得比各自独立补货时更多的单位时间利润。图 2 – 13 给出了三位零售商各自独立补货与联合补货的单位时间利润情况。

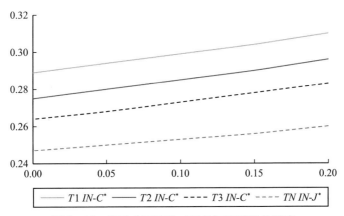

图 2 – 11　净改良率变动对最优订货周期的影响

---

① 图 2 – 11 至图 2 – 16 中，"Ti"表示第 i 个零售商的订货周期，"TN"表示采购联盟 N 的订货周期，"Qi"表示第 i 个零售商的订货量，"Πi"表示第 i 个零售商的单位时间利润，"IN"表示瞬时补货不允许缺货，"C^*"表示独立补货的最优解，"J^*"表示联合补货的最优解，$i = 1$，2，3。

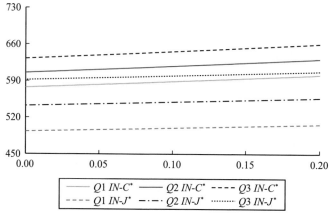

图 2 - 12　净改良率变动对最佳订货量的影响

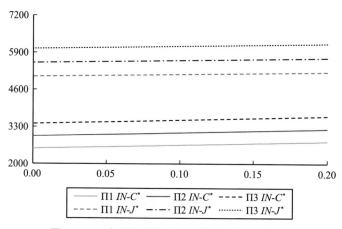

图 2 - 13　净改良率变动对单位时间利润的影响

（2）订货协调成本系数的敏感性分析。

接下来考察订货协调成本系数对瞬时补货且不允许缺货模型中三位零售商订货及利润参数的影响，如图 2 - 14 至图 2 - 16 所示。

订货协调成本发生于多位零售商联合补货过程，因此订货协调成本系数的变动对三位零售商各自独立补货的最优订货周期、最佳订货量和单位时间利润不产生影响，具体见图 2 - 14 至图 2 - 16 中对应曲线。随着订货协调成本系数的增加，联合补货的订货成本迅速增加，进而导致联合补货的最优订货周期快速延长，并引起采购联盟最佳订货量的增大，如图 2 - 14 至图 2 - 15 所示。订货协调成本系数增加导致采购联盟订货成本增加，每位零售商分摊的单位时间

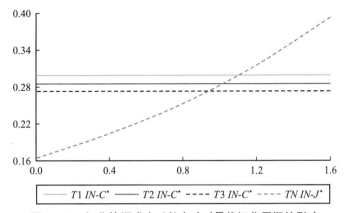

图 2 – 14　订货协调成本系数变动对最优订货周期的影响

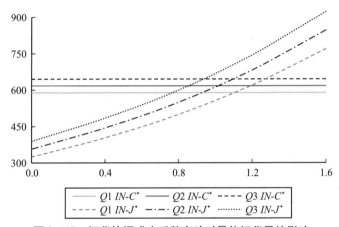

图 2 – 15　订货协调成本系数变动对最佳订货量的影响

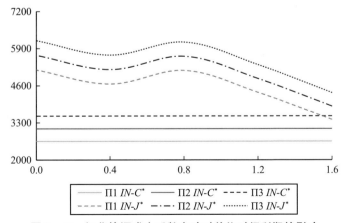

图 2 – 16　订货协调成本系数变动对单位时间利润的影响

订货成本随之上升，因此订货协调成本系数通常会对三位零售商的单位时间利润产生负作用。然而，由于订货协调成本系数增加过程中伴随着联合补货最优订货周期的延长，并导致采购联盟最优订货量的增大，可能出现享受到更低单位批发价格的情形出现。此时，零售商的单位时间利润会出现反弹。随后，随着订货协调成本系数的增加，各位零售商的单位时间利润又开始下降。

2.4 本章小结

本章主要讨论了瞬时补货且不允许缺货条件下的改良品库存决策与供应链协调问题，具体内容如下。

（1）"单供应商—单零售商"改良品供应链的库存决策与纵向协调研究。在瞬时补货且不允许缺货条件下，讨论供应商和零售商分别采取非合作策略与合作策略时的最优订货周期、最佳订货量、各自单位时间利润及改良品供应链系统单位时间利润。分析结果表明，合作策略能够实现系统整体利益最大化，但有损零售商的个体利益。为了实现系统最优状态，供应商设计收益共享契约，向零售商分享部分收益，弥补其选择合作策略的单位时间利润损失。在收益共享契约下，双方实现帕累托改善，改良品供应链效率达到最大。

（2）"单供应商—多零售商"改良品供应链的库存决策与横向协调研究。在瞬时补货且不允许缺货条件下，讨论多位零售商分别采取独立补货与联合补货时的最优订货周期、最佳订货量及单位时间利润。推导联合补货优于独立补货的充要条件，并在假设此条件得到满足的基础上，运用多人合作博弈理论来刻画多位零售商联合补货的单位时间利润分配问题，并借助 Shapley 值法对采购联盟的总收益进行具体分配，确保每位零售商参与联合补货获得的单位时间利润不低于各自独立补货时，实现改良品供应链中各位零售商之间的横向协调。

第 3 章
瞬时补货且允许缺货的改良品供应链库存决策与协调契约设计

3.1 本章概述

本章在上一章的基础上，继续保留瞬时补货作为约束条件，同时将不允许缺货拓宽到允许缺货情形。缺货会使零售商失去出售产品、获得利润的机会，而且存在丢失客户的潜在风险。然而，缺货也存在有利的一面，因为缺货能延长补货周期、降低库存数量，从而节约部分订货成本和库存成本。所以，当缺货代价较低而库存成本较大时，缺货对有些零售商来说实则为明智之举。研究缺货对改良品库存决策的影响具有重要的现实价值。

本章假设补货瞬时完成且允许零售商缺货，分别建立"单供应商—单零售商"和"单供应商—多零售商"两种供应链结构下的改良品库存决策模型及设计改良品供应链的"纵向"和"横向"协调契约。在"单供应商—单零售商"组成的改良品供应链中，考察零售商和供应商分别选择非合作策略和合作策略下的最优订货周期、最佳订货量和单位时间利润。通过对比两种策略发现，相比于非合作策略，合作策略下的供应链系统单位时间利润更大，但零售商在合作策略中的单位时间利润不及非合作策略。为了实现合作策略下较高的利润水平，文中设计收益共享契约来协调双方的利润水平，保证协调后双方的单位时间利润都不少于非合作策略下的单位时间利润，实现改良品供应链系统的帕累托改善。

在"单供应商—多零售商"组成的改良品供应链中，分别研究多位零售商在独立补货与联合补货下的订货与利润参数最优状态，对联合补货下采购联盟的订货协调成本进行分析，比较多位零售商独立补货与联合补货的单位时间利润，获取不同占优策略的充要条件，设计联合补货的利润分配基本原则，选择采购联盟单位时间利润的分配方法，实现改良品供应链多零售商之间的横向协调。

3.2 瞬时补货且允许缺货的库存决策与纵向协调

3.2.1 基本假设与符号说明

本节运用下列基本假设以便于建立库存决策与纵向协调模型：
（1）改良品供应链由单个供应商和单个零售商组成；
（2）改良品供应链中零售商处于领导者地位，供应商是追随者；
（3）讨论供应商供给一种改良品时的订货决策；
（4）供货模式为批量对批量，供应商无库存成本；
（5）考虑无限个订货周期，提前期忽略不计；
（6）允许零售商缺货，且短缺量全部延后供给；
（7）需求率已知且均匀稳定，补货瞬时完成；
（8）改良品在库存持有期间的净改良率为恒定常数；
（9）库存持有期间因发生改良而增加的部分占用库存。
本节定义下列符号参数以便于建立库存决策与纵向协调模型：
D：零售商面临的市场需求率，是一个确定的常数；
Q：零售商每个周期的订货量，决策变量；
T：零售商的订货周期，决策变量；
K_1：零售商的单次订货成本；
K_2：供应商的单次订单处理成本；
p：零售商销售单位改良品的市场价格；
w：供应商供给单位改良品的批发价格；
c：供应商订购单位改良品的支付成本；
λ：改良品的净改良率；
H：改良品的单位库存成本；
C_a：改良品的单位改良成本；
C_s：改良品的单位缺货成本；

TR_R：零售商的销售收入；

$\Pi_{R/M/SC}^{IS-D/I/RS}$：瞬时补货且允许缺货模型中零售商、供应商、供应链系统在非合作策略、合作策略下的单位时间利润，下标 R、M、SC 分别表示零售商、供应商和供应链系统，上标中的 D、I、RS 分别表示非合作策略、合作策略和收益共享契约，上标中加 " $*$ " 表示对应的最优解。

其他未尽符号参数定义可见文中具体说明。

3.2.2　改良品供应链库存决策

1. 模型描述

如图 3-1 所示，在改良品供应链库存系统中，每个订货周期初始时刻的库存水平为改良品的订货量 Q，把在满足全部缺货后剩余的数量 $S(S>0)$ 作为初始库存。在 $0 \leqslant t \leqslant t_1$ 期间，改良品受到市场需求与改良的共同作用，库存水平逐渐减少。在 $t = t_1$ 时刻，库存水平降为零，随后进入缺货状态。在 $t_1 \leqslant t \leqslant T$ 期间，缺货数量以速率 D 增加，并在 $t = T$ 时刻达到最大缺货量 B。

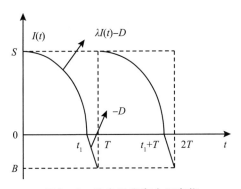

图 3-1　改良品库存水平变化

每个订货周期内任意时刻 t 的库存水平 $I(t)$ 由微分方程表示为：

$$\begin{cases} \dfrac{dI(t)}{dt} = \lambda I(t) - D, \ 0 \leqslant t \leqslant t_1 \\ \dfrac{dI(t)}{dt} = -D, \ t_1 \leqslant t \leqslant T \end{cases} \tag{3-1}$$

其中，初始条件为 $I(0) = S$，$I(t_1) = 0$，$I(T) = B$。

解微分方程（3-1），得到：

$$\begin{cases} I(t) = \dfrac{D}{\lambda}(1 - e^{\lambda(t-t_1)}) , & 0 \leqslant t \leqslant t_1 \\ I(t) = -D(t - t_1) , & t_1 \leqslant t \leqslant T \end{cases} \quad (3-2)$$

代入初始条件，可得：

$$S = I(0) = \frac{D}{\lambda}(1 - e^{-\lambda t_1}) \quad (3-3)$$

$$B = I(T) = D(T - t_1) \quad (3-4)$$

因此，零售商每个订货周期的订货量为：

$$Q = S + B = \frac{D}{\lambda}(1 - e^{-\lambda t_1}) + D(T - t_1) \quad (3-5)$$

对式（3-5）中的指数函数进行泰勒展开，并取前三项，则原式转化为：

$$Q = D\left(T - \frac{1}{2}\lambda t_1^2\right) \quad (3-6)$$

2. 非合作策略

在"单供应商—单零售商"改良品供应链的瞬时补货且允许缺货模型中，如果改良品供应链中成员之间采取非合作策略，各自以利益最大化进行独立决策时，则作为供应链领导者的零售商根据经济订货批量模型来确定自己的最优订货周期和最佳订货量，以便获得最多的单位时间利润。零售商在一个订货周期内的成本包括订货成本 TC_1、采购成本 TC_2、库存成本 TC_3、改良成本 TC_4、缺货成本 TC_5 五个部分。其中：

$$TC_1 = K_1$$

$$TC_2 = wQ = wD\left(T - \frac{1}{2}\lambda t_1^2\right)$$

$$TC_3 = H\int_0^{t_1} I(t)dt = H\int_0^{t_1} \frac{D}{\lambda}(1 - e^{\lambda(t-t_1)})dt = \frac{DH}{\lambda^2}(e^{-\lambda t_1} + \lambda t_1 - 1) \approx \frac{1}{2}DHt_1^2$$

$$TC_4 = C_a(DT - Q) = C_a\left(DT - D\left(T - \frac{1}{2}\lambda t_1^2\right)\right) = \frac{1}{2}DC_a\lambda t_1^2$$

$$TC_5 = C_s\int_{t_1}^T - I(t)dt = C_s\int_{t_1}^T D(t - t_1)dt = \frac{1}{2}DC_s(T - t_1)^2$$

从而，零售商的单位时间利润函数为：

$$\begin{aligned} \Pi_R^{IS-D}(t_1, T) &= \frac{TR_R - TC_1 - TC_2 - TC_3 - TC_4 - TC_5}{T} \\ &= (p - w)D - \frac{D(H + \lambda C_a - \lambda w)t_1^2 + DC_s(T - t_1)^2 + 2K_1}{2T} \end{aligned} \quad (3-7)$$

根据式（3-7）得到命题 3-1 的结论。

命题 3-1 在"单供应商—单零售商"改良品供应链的瞬时补货且允许缺货模型中，如果双方采取非合作策略，则零售商的最优订货周期 T^{IS-D*}、最佳订货量 Q^{IS-D*} 和单位时间利润 Π_R^{IS-D*} 分别为：

$$T^{IS-D*} = \sqrt{\frac{2K_1(H+C_s+\lambda C_a-\lambda w)}{DC_s(H+\lambda C_a-\lambda w)}}$$

$$Q^{IS-D*} = \sqrt{\frac{2DK_1(H+C_s+\lambda C_a-\lambda w)}{C_s(H+\lambda C_a-\lambda w)}} - \frac{\lambda K_1 C_s}{(H+C_s+\lambda C_a-\lambda w)(H+\lambda C_a-\lambda w)}$$

$$\Pi_R^{IS-D*} = (p-w)D - \sqrt{\frac{2DK_1 C_s(H+\lambda C_a-\lambda w)}{H+C_s+\lambda C_a-\lambda w}}$$

证明 由于零售商的单位时间利润函数 $\Pi_R^{IS-D}(t_1,T)$ 中存在两个变量 t_1 和 T，因此需要利用多元函数求极值的方法来求解，式（3-7）的海塞矩阵为：

$$\mathbf{H} = \begin{vmatrix} \dfrac{\partial^2 \Pi_R^{IS-D}(t_1,T)}{\partial t_1^2} & \dfrac{\partial^2 \Pi_R^{IS-D}(t_1,T)}{\partial t_1 \partial T} \\ \dfrac{\partial^2 \Pi_R^{IS-D}(t_1,T)}{\partial T \partial t_1} & \dfrac{\partial^2 \Pi_R^{IS-D}(t_1,T)}{\partial T^2} \end{vmatrix}$$

$$= \begin{vmatrix} -\dfrac{D(H+C_s+\lambda C_a-\lambda w)}{T} & \dfrac{Dt_1(H+C_s+\lambda C_a-\lambda w)}{T^2} \\ \dfrac{Dt_1(H+C_s+\lambda C_a-\lambda w)}{T^2} & -\dfrac{2K_1+Dt_1^2(H+C_s+\lambda C_a-\lambda w)}{T^3} \end{vmatrix}$$

不妨令：

$$X = \frac{\partial^2 \Pi_R^{IS-D}(t_1,T)}{\partial t_1^2} = -\frac{D(H+C_s+\lambda C_a-\lambda\omega)}{T}$$

$$Y = \frac{\partial^2 \Pi_R^{IS-D}(t_1,T)}{\partial T \partial t_1} = \frac{\partial^2 \Pi_R^{IS-D}(t_1,T)}{\partial t_1 \partial T} = \frac{Dt_1(H+C_s+\lambda C_a-\lambda\omega)}{T^2}$$

$$Z = \frac{\partial^2 \Pi_R^{IS-D}(t_1,T)}{\partial T^2} = -\frac{2K_1+Dt_1^2(H+C_s+\lambda C_a-\lambda\omega)}{T^3}$$

则有 $XZ-Y^2 = \dfrac{2DK_1(H+C_s+\lambda C_a-\lambda w)}{T^4} > 0$，且 $X<0$ 及 $Y<0$。因此 $\Pi_R^{IS-D}(t_1,T)$ 是关于 t_1 和 T 的凹函数，即 $\Pi_R^{IS-D}(t_1,T)$ 存在极大值。分别以 $\Pi_R^{IS-D}(t_1,T)$ 对 t_1 和 T 求一阶偏导数，同时令其等于零，并联立求解下列方程组：

$$\begin{cases} \dfrac{\partial \Pi_R^{IS-D}(t_1, T)}{\partial t_1} = \dfrac{Dt_1(H + C_s + \lambda C_a - \lambda w)}{T} - DC_s = 0 \\[3mm] \dfrac{\partial \Pi_R^{IS-D}(t_1, T)}{\partial T} = \dfrac{2K_1 + Dt_1^2(H + C_s + \lambda C_a - \lambda w)}{T^2} - DC_s = 0 \end{cases}$$

得到：

$$t_1^{IS-D*} = \sqrt{\dfrac{2K_1 C_s}{D(H + C_s + \lambda C_a - \lambda \omega)(H + \lambda C_a - \lambda \omega)}}$$

$$T^{IS-D*} = \sqrt{\dfrac{2K_1(H + C_s + \lambda C_a - \lambda \omega)}{DC_s(H + \lambda C_a - \lambda \omega)}}$$

将 T^{IS-D*} 和 t_1^{IS-D*} 代入式（3 - 6）、式（3 - 7），得到零售商在非合作策略下的最佳订货量 Q^{IS-D*} 和单位时间利润 Π_R^{IS-D*} 为：

$$Q^{IS-D*} = \sqrt{\dfrac{2DK_1(H + C_s + \lambda C_a - \lambda w)}{C_s(H + \lambda C_a - \lambda w)}} - \dfrac{\lambda K_1 C_s}{(H + C_s + \lambda C_a - \lambda w)(H + \lambda C_a - \lambda w)}$$

$$\Pi_R^{IS-D*} = (p - w)D - \sqrt{\dfrac{2DK_1 C_s(H + \lambda C_a - \lambda w)}{H + C_s + \lambda C_a - \lambda w}}$$

命题 3 - 1 得证。

对于供应商而言，由于供应模式为批量对批量，所以改良品在供应商处不发生库存和改良，不产生库存成本和改良成本。供应商在一个订货周期内的总成本包括订货成本 cDT 和订单处理成本 K_2。将供应商的一次供货收益减去周期总成本后再除以周期时间便得到供应商的单位时间利润：

$$\Pi_M^{IS-D}(T) = \dfrac{wDT - (cDT + K_2)}{T} = (w - c)D - \dfrac{K_2}{T} \qquad (3-8)$$

由式（3 -8）容易看出，订货周期 T 越大，供应商单位时间分摊的订单处理成本就越低，从而单位时间利润越高。此处对供应商销售收入的处理方式与第 2 章类似。

考虑到零售商在改良品供应链中的领导者地位，在非合作策略下，显然零售商会按照自己的最优订货周期 T^{IS-D*} 向供应商订货，供应商只能被动接受零售商的最优订货周期 T^{IS-D*}。此时，供应商的单位时间利润为：

$$\Pi_M^{IS-D*} = (w - c)D - K_2\sqrt{\dfrac{DC_s(H + \lambda C_a - \lambda w)}{2K_1(H + C_s + \lambda C_a - \lambda w)}} \qquad (3-9)$$

在瞬时补货且允许缺货模型中，若供应商和零售商采取非合作策略，则改良品供应链的单位时间利润为：

$$\Pi_{SC}^{IS-D*} = \Pi_{R}^{IS-D*} + \Pi_{M}^{IS-D*}$$

$$= \left[(p-w)D - \sqrt{\frac{2DK_1 C_S(H+\lambda C_a - \lambda w)}{H+C_s+\lambda C_a - \lambda w}} \right]$$

$$+ \left[(w-c)D - K_2 \sqrt{\frac{DC_s(H+\lambda C_a - \lambda w)}{2K_1(H+C_s+\lambda C_a - \lambda w)}} \right]$$

$$= (p-c)D - \sqrt{\frac{2DC_s(H+\lambda C_a - \lambda w)}{H+C_s+\lambda C_a - \lambda w}} \left[\sqrt{K_1} + \frac{K_2}{2\sqrt{K_1}} \right] \quad (3-10)$$

结合命题 3-1、式 (3-9) 和式 (3-10) 可知有下列推论成立。

推论 3-1 在瞬时补货且允许缺货模型中,当供应商和零售商采取非合作策略时,有:

(1) 若 $w>C_a$,则 $\dfrac{dT^{IS-D*}}{d\lambda}>0$, $\dfrac{d\Pi_R^{IS-D*}}{d\lambda}>0$, $\dfrac{d\Pi_M^{IS-D*}}{d\lambda}>0$, $\dfrac{d\Pi_{SC}^{IS-D*}}{d\lambda}>0$;

(2) 若 $w<C_a$,则 $\dfrac{dT^{IS-D*}}{d\lambda}<0$, $\dfrac{d\Pi_R^{IS-D*}}{d\lambda}<0$, $\dfrac{d\Pi_M^{IS-D*}}{d\lambda}<0$, $\dfrac{d\Pi_{SC}^{IS-D*}}{d\lambda}<0$。

证明 分别以 T^{IS-D*}、Π_R^{IS-D*}、Π_M^{IS-D*} 和 Π_{SC}^{IS-D*} 对 λ 求一阶导数,得到:

$$\frac{dT^{IS-D*}}{d\lambda} = \sqrt{\frac{K_1}{2D}}(w-C_a)(H+\lambda C_a - \lambda w)^{-\frac{3}{2}}\left[\frac{C_s}{H+C_s+\lambda C_a - \lambda w}\right]^{\frac{1}{2}}$$

$$\frac{d\Pi_R^{IS-D*}}{d\lambda} = \sqrt{\frac{DK_1}{2}}(w-C_a)(H+\lambda C_a - \lambda w)^{-\frac{1}{2}}\left[\frac{C_s}{H+C_s+\lambda C_a - \lambda w}\right]^{\frac{3}{2}}$$

$$\frac{d\Pi_M^{IS-D*}}{d\lambda} = \frac{K_2}{2}\sqrt{\frac{D}{2K_1}}(w-C_a)(H+\lambda C_a - \lambda w)^{-\frac{1}{2}}\left[\frac{C_s}{H+C_s+\lambda C_a - \lambda w}\right]^{\frac{3}{2}}$$

$$\frac{d\Pi_{SC}^{IS-D*}}{d\lambda} = \sqrt{\frac{D}{2}}\left[\sqrt{K_1}+\frac{K_2}{2\sqrt{K_1}}\right](w-C_a)(H+\lambda C_a - \lambda w)^{-\frac{1}{2}}$$

$$\left[\frac{C_s}{H+C_s+\lambda C_a - \lambda w}\right]^{\frac{3}{2}}$$

即当 $w>C_a$ 时,有 $\dfrac{dT^{IS-D*}}{d\lambda}>0$、$\dfrac{d\Pi_R^{IS-D*}}{d\lambda}>0$、$\dfrac{d\Pi_M^{IS-D*}}{d\lambda}>0$、$\dfrac{d\Pi_{SC}^{IS-D*}}{d\lambda}>0$;

当 $w<C_a$ 时,有 $\dfrac{dT^{IS-D*}}{d\lambda}<0$、$\dfrac{d\Pi_R^{IS-D*}}{d\lambda}<0$、$\dfrac{d\Pi_M^{IS-D*}}{d\lambda}<0$、$\dfrac{d\Pi_{SC}^{IS-D*}}{d\lambda}<0$。

推论 3-1 得证。

推论 3-1 表明,在非合作策略下,当改良品的单位批发价格大于单位改良成本时,随着净改良率的增大,零售商的最优订货周期、供应链各成员及系统的单位时间利润也随之增大（增加）；当改良品的单位批发价格小于单位改良成本时，随着净改良率的增大，零售商的最优订货周期、供应链各成员及系统的单位时间利润则随之减小（减少）。单位批发价格大于单位改良成本，则零售商宁愿通过改良而不是向供应商订购的方式来获取改良品。净改良率增大时，延长订货周期将会增加更多因改良作用而产生的改良品。当延长订货周期造成的单位时间成本增量小于单位时间利润增量时，零售商便会延长订货周期。结合供应商的单位时间利润函数可知，净改良率增大促使订货周期延长，直接降低了供应商的订单处理成本，提高了单位时间利润。

推论 3 – 2 在瞬时补货且允许缺货模型中，当供应商和零售商采取非合作策略时，有 $\dfrac{dT^{IS-D*}}{dC_a} < 0$，$\dfrac{d\Pi_R^{IS-D*}}{dC_a} < 0$，$\dfrac{d\Pi_M^{IS-D*}}{dC_a} < 0$，$\dfrac{d\Pi_{SC}^{IS-D*}}{dC_a} < 0$。

证明 分别以 T^{IS-D*}、Π_R^{IS-D*}、Π_M^{IS-D*} 和 Π_{SC}^{IS-D*} 对 C_a 求一阶导数，得到：

$$\frac{dT^{IS-D*}}{dC_a} = -\sqrt{\frac{K_1}{2D}}\lambda(H + \lambda C_a - \lambda w)^{-\frac{3}{2}}\left[\frac{C_s}{H + C_s + \lambda C_a - \lambda w}\right]^{\frac{1}{2}}$$

$$\frac{d\Pi_R^{IS-D*}}{dC_a} = -\sqrt{\frac{DK_1}{2}}\lambda(H + \lambda C_a - \lambda w)^{-\frac{1}{2}}\left[\frac{C_s}{H + C_s + \lambda C_a - \lambda w}\right]^{\frac{3}{2}}$$

$$\frac{d\Pi_M^{IS-D*}}{dC_a} = -\frac{K_2}{2}\sqrt{\frac{D}{2K_1}}\lambda(H + \lambda C_a - \lambda w)^{-\frac{1}{2}}\left[\frac{C_s}{H + C_s + \lambda C_a - \lambda w}\right]^{\frac{3}{2}}$$

$$\frac{d\Pi_{SC}^{IS-D*}}{dC_a} = -\sqrt{\frac{D}{2}}\left[\sqrt{K_1} + \frac{K_2}{2\sqrt{K_1}}\right]\lambda(H + \lambda C_a - \lambda w)^{-\frac{1}{2}}\left[\frac{C_s}{H + C_s + \lambda C_a - \lambda w}\right]^{\frac{3}{2}}$$

即 $\dfrac{dT^{IS-D*}}{dC_a} < 0$，$\dfrac{d\Pi_R^{IS-D*}}{dC_a} < 0$，$\dfrac{d\Pi_M^{IS-D*}}{dC_a} < 0$，$\dfrac{d\Pi_{SC}^{IS-D*}}{dC_a} < 0$。

推论 3 – 2 得证。

推论 3 – 2 表明，在非合作策略下，改良品供应链系统的最优订货周期、单位时间利润以及各位成员的单位时间利润都随着单位改良成本的增大而减小（减少）。若模型中其他参数不发生变动，单位改良成本增大则表明订货周期内总改良成本增加，缩短订货周期有助于降低总改良成本。单位改良成本的增大引起零售商单位时间改良成本增加，从而导致零售商单位时间利润减少，同时供应商的单位时间利润也因单位时间订单处理成本的增加而减少。当各位成员的单位时间利润都下降时，改良品供应链系统的单位时间利润也必然会发生下降。

令 T^{IS-D*}、Q^{IS-D*}、Π_R^{IS-D*}、Π_M^{IS-D*} 和 Π_{SC}^{IS-D*} 表达式中 $C_s \to +\infty$，分别得到

T^{IN-D*}、Q^{IN-D*}、Π_R^{IN-D*}、Π_M^{IN-D*} 和 Π_{SC}^{IN-D*} ，即有：

$$T^{IN-D*} = \lim_{C_s \to +\infty} T^{IS-D*} = \sqrt{\frac{2K_1}{D(H + \lambda C_a - \lambda w)}}$$

$$Q^{IN-D*} = \lim_{C_s \to +\infty} Q^{IS-D*} = \sqrt{\frac{2DK_1}{(H + \lambda C_a - \lambda w)}} - \frac{\lambda K_1}{(H + \lambda C_a - \lambda w)}$$

$$\Pi_R^{IN-D*} = \lim_{C_s \to +\infty} \Pi_R^{IS-D*} = (p - w)D - \sqrt{2DK_1(H + \lambda C_a - \lambda w)}$$

$$\Pi_M^{IN-D*} = \lim_{C_s \to +\infty} \Pi_M^{IS-D*} = (w - c)D - K_2\sqrt{\frac{D(H + \lambda C_a - \lambda w)}{2K_1}}$$

$$\Pi_{SC}^{IN-D*} = \lim_{C_s \to +\infty} \Pi_{SC}^{IS-D*} = (p - c)D - \sqrt{2D(H + \lambda C_a - \lambda w)}\left[\sqrt{K_1} + \frac{K_2}{2\sqrt{K_1}}\right]$$

在"单供应商—单零售商"构成的改良品供应链中，当双方采取非合作策略时，将瞬时补货且不允许缺货与瞬时补货且允许缺货两种情形得到的订货及利润参数进行逐一比较，形成如下推论。

推论 3 - 3 （1）$T^{IN-D*} < T^{IS-D*}$，$Q^{IN-D*} < Q^{IS-D*}$；（2）$\Pi_R^{IN-D*} < \Pi_R^{IS-D*}$，$\Pi_M^{IN-D*} < \Pi_M^{IS-D*}$，$\Pi_{SC}^{IN-D*} < \Pi_{SC}^{IS-D*}$。

证明 将瞬时补货且不允许缺货与瞬时补货且允许缺货两种情形得到的订货及利润参数分别作差并化简，得到：

$$T^{IN-D*} - T^{IS-D*} = \sqrt{\frac{2K_1}{D(H + \lambda C_a - \lambda w)}} - \sqrt{\frac{2K_1(H + C_s + \lambda C_a - \lambda w)}{DC_s(H + \lambda C_a - \lambda w)}}$$

$$= \sqrt{\frac{2K_1}{D(H + \lambda C_a - \lambda w)}}\left[1 - \sqrt{\frac{H + C_s + \lambda C_a - \lambda w}{C_s}}\right] < 0$$

$$Q^{IN-D*} - Q^{IS-D*} = \left[\sqrt{\frac{2DK_1}{H + \lambda C_a - \lambda w}} - \frac{\lambda K_1}{H + \lambda C_a - \lambda w}\right]$$

$$- \left[\sqrt{\frac{2DK_1(H + C_s + \lambda C_a - \lambda w)}{C_s(H + \lambda C_a - \lambda w)}}\right.$$

$$\left. - \frac{\lambda K_1 C_s}{(H + C_s + \lambda C_a - \lambda w)(H + \lambda C_a - \lambda w)}\right]$$

$$= \sqrt{\frac{2DK_1}{H + \lambda C_a - \lambda w}}\left[1 - \sqrt{\frac{H + C_s + \lambda C_a - \lambda w}{C_s}}\right.$$

$$- \frac{\lambda K_1}{H + C_s + \lambda C_a - \lambda w} < 0$$

$$\Pi_R^{IN-D*} - \Pi_R^{IS-D*} = \left[(p - w)D - \sqrt{2DK_1(H + \lambda C_a - \lambda w)}\right]$$

$$-\left[(p-w)D-\sqrt{\frac{2DK_1C_s(H+\lambda C_a-\lambda w)}{H+C_s+\lambda C_a-\lambda w}}\right]$$

$$=\sqrt{2DK_1(H+\lambda C_a-\lambda w)}\left[\sqrt{\frac{C_s}{H+C_s+\lambda C_a-\lambda w}}-1\right]<0$$

$$\Pi_M^{IN-D*}-\Pi_M^{IS-D*}=\left[(w-c)D-K_2\sqrt{\frac{D(H+\lambda C_a-\lambda w)}{2K_1}}\right]$$

$$-\left[(w-c)D-K_2\sqrt{\frac{DC_s(H+\lambda C_a-\lambda w)}{2K_1(H+C_s+\lambda C_a-\lambda w)}}\right]$$

$$=K_2\sqrt{\frac{D(H+\lambda C_a-\lambda w)}{2K_1}}\left[\sqrt{\frac{C_s}{H+C_s+\lambda C_a-\lambda w}}-1\right]<0$$

$$\Pi_{SC}^{IN-D*}-\Pi_{SC}^{IS-D*}=\left[(p-c)D-\sqrt{2D(H+\lambda C_a-\lambda w)}\left[\sqrt{K_1}+\frac{K_2}{2\sqrt{K_1}}\right]\right]$$

$$-\left[(p-c)D-\sqrt{\frac{2DC_s(H+\lambda C_a-\lambda w)}{(H+C_s+\lambda C_a-\lambda w)}}\left[\sqrt{K_1}+\frac{K_2}{2\sqrt{K_1}}\right]\right]$$

$$=\sqrt{2D(H+\lambda C_a-\lambda w)}\left[\sqrt{K_1}+\frac{K_2}{2\sqrt{K_1}}\right]$$

$$\left[\sqrt{\frac{C_s}{H+C_s+\lambda C_a-\lambda w}}-1\right]<0$$

推论 3-3 得证。

推论 3-3 表明，在改良品供应链的非合作策略中，供应商提供瞬时补货时，允许缺货比不允许缺货的最优订货周期更长，最佳订货量更大，零售商单位时间最大利润、供应商单位时间最大利润及供应链系统单位时间最大利润水平更高。

3. 合作策略

在"单供应商—单零售商"改良品供应链的瞬时补货且允许缺货模型中，如果供应链成员之间采取合作策略，以供应链系统的整体利润作为决策目标，得到改良品供应链系统的利润函数为：

$$\Pi_{SC}^{IS-I}(t_1,T)=\Pi_R^{IS-D}(t_1,T)+\Pi_M^{IS-D}(T)$$

$$=(p-c)D-\frac{D(H+\lambda C_a-\lambda w)t_1^2+DC_s(T-t_1)^2+2(K_1+K_2)}{2T}$$

$$(3-11)$$

根据式（3-11）得到命题 3-2 的结论。

命题 3-2 在"单供应商—单零售商"改良品供应链的瞬时补货且允许缺货模型中，如果双方采取合作策略，则供应链系统的最优订货周期 T^{IS-1*}、最佳订货量 Q^{IS-1*} 和单位时间最大利润 Π_{SC}^{IS-1*} 分别为：

$$T^{IS-1*} = \sqrt{\frac{2(K_1 + K_2)(H + C_s + \lambda C_a - \lambda w)}{DC_s(H + \lambda C_a - \lambda w)}}$$

$$Q^{IS-1*} = \sqrt{\frac{2D(K_1 + K_2)(H + C_s + \lambda C_a - \lambda w)}{C_s(H + \lambda C_a - \lambda w)}}$$
$$- \frac{\lambda(K_1 + K_2)C_s}{(H + C_s + \lambda C_a - \lambda w)(H + \lambda C_a - \lambda w)}$$

$$\Pi_{SC}^{IS-1*} = (p - c)D - \sqrt{\frac{2D(K_1 + K_2)C_s(H + \lambda C_a - \lambda w)}{H + C_s + \lambda C_a - \lambda w}}$$

证明 采用与命题 3-1 相同的处理方式，先求式（3-11）的海塞矩阵，容易判断 $\Pi_{SC}^{IS-1*}(t_1, T)$ 具有极大值，对 t_1 和 T 分别求一阶导数并联立求解，可知：

$$t_1^{IS-1*} = \sqrt{\frac{2(K_1 + K_2)C_s}{D(H + C_s + \lambda C_a - \lambda w)(H + \lambda C_a - \lambda w)}}$$

$$T^{IS-1*} = \sqrt{\frac{2(K_1 + K_2)(H + C_s + \lambda C_a - \lambda w)}{DC_s(H + \lambda C_a - \lambda w)}}$$

将 t_1^{IS-1*} 和 T_1^{IS-1*} 分别代入式（3-6）、式（3-11），依次得到 Q^{IS-1*} 和 Π_{SC}^{IS-1*} 表达式。详细过程可参考命题 3-1 证明。

结合命题 3-2 可知有下列推论成立。

推论 3-4 在瞬时补货且允许缺货模型中，当供应商和零售商采取合作策略时，有：

（1）若 $w > C_a$，则 $\dfrac{dT^{IS-1*}}{d\lambda} > 0$，$\dfrac{d\Pi_{SC}^{IS-1*}}{d\lambda} > 0$；

（2）若 $w < C_a$，则 $\dfrac{dT^{IS-1*}}{d\lambda} < 0$，$\dfrac{d\Pi_{SC}^{IS-1*}}{d\lambda} < 0$。

证明 分别以 T^{IS-1*} 和 Π_{SC}^{IS-1*} 对 λ 求一阶导数，得到：

$$\frac{dT^{IS-1*}}{d\lambda} = \sqrt{\frac{K_1 + K_2}{2D}}(w - C_a)(H + \lambda C_a - \lambda w)^{-\frac{3}{2}}\left[\frac{C_s}{H + C_s + \lambda C_a - \lambda w}\right]^{\frac{1}{2}}$$

$$\frac{d\Pi_{SC}^{IS-1*}}{d\lambda} = \sqrt{\frac{D(K_1 + K_2)}{2}}(w - C_a)(H + \lambda C_a - \lambda w)^{-\frac{1}{2}}\left[\frac{C_s}{H + C_s + \lambda C_a - \lambda w}\right]^{\frac{3}{2}}$$

即当 $w > C_a$ 时，有 $\dfrac{dT^{IS-I^*}}{d\lambda} > 0$，$\dfrac{d\Pi_{SC}^{IS-I^*}}{d\lambda} > 0$；当 $w < C_a$ 时，有 $\dfrac{dT^{IS-I^*}}{d\lambda} < 0$，

$\dfrac{d\Pi_{SC}^{IS-I^*}}{d\lambda} < 0$。

推论 3 - 4 得证。

推论 3 - 4 表明，在合作策略下，若改良品的单位改良成本小于单位批发价格，则净改良率增大时供应链系统的最优订货周期和单位时间利润也随之增大（增加）；若改良品的单位改良成本大于单位批发价格，则净改良率增大会引起供应链系统的最优订货周期和单位时间利润减小（减少）。当单位改良成本小于单位批发价格时，改良相对于直接订购更具有成本优势。随着净改良率的增大，延长订货周期可以获得更多改良的物品，从而节约单位改良品的获得费用，减少单位时间成本，增加供应链系统的单位时间利润。

推论 3 - 5 在瞬时补货且允许缺货模型中，当供应商和零售商采取合作策略时，有 $\dfrac{dT^{IS-I^*}}{dC_a} < 0$，$\dfrac{d\Pi_{SC}^{IS-I^*}}{dC_a} < 0$。

证明 分别以 T^{IS-I^*} 和 $\Pi_{SC}^{IS-I^*}$ 对 C_a 求一阶导数，得到：

$$\frac{dT^{IS-I^*}}{dC_a} = -\sqrt{\frac{K_1 + K_2}{2D}}\lambda\left(H + \lambda C_a - \lambda w\right)^{-\frac{3}{2}}\left[\frac{C_s}{H + C_s + \lambda C_a - \lambda w}\right]^{\frac{1}{2}}$$

$$\frac{d\Pi_{SC}^{IS-I^*}}{dC_a} = -\sqrt{\frac{D(K_1 + K_2)}{2}}\lambda\left(H + \lambda C_a - \lambda w\right)^{-\frac{1}{2}}\left[\frac{C_s}{H + C_s + \lambda C_a - \lambda w}\right]^{\frac{3}{2}}$$

即 $\dfrac{dT^{IS-I^*}}{dC_a} < 0$，$\dfrac{d\Pi_{SC}^{IS-I^*}}{dC_a} < 0$。

推论 3 - 5 得证。

推论 3 - 5 表明，在合作策略下，当单位改良成本增大时，改良品供应链系统的最优订货周期和单位时间利润都随之减小（减少）。与非合作策略一致，在其他条件不变时，单位改良成本增加会使得系统的改良成本增加，这时可通过缩短订货周期来降低系统的改良成本。另一方面，单位改良成本的增加引起单位时间分摊的改良成本也增加，从而导致系统的单位时间利润下降。

令 T^{IS-I^*}、Q^{IS-I^*} 和 $\Pi_{SC}^{IS-I^*}$ 表达式中 $C_s \to +\infty$，分别得到 T^{IN-I^*}、Q^{IN-I^*} 和 $\Pi_{SC}^{IN-I^*}$，即有：

$$T^{IN-I^*} = \lim_{C_s \to +\infty} T^{IS-I^*} = \sqrt{\frac{2(K_1 + K_2)}{D(H + \lambda C_a - \lambda w)}}$$

$$Q^{IN-1*} = \lim_{C_s \to +\infty} Q^{IS-1*} = \sqrt{\frac{2D(K_1 + K_2)}{(H + \lambda C_a - \lambda w)} - \frac{\lambda(K_1 + K_2)}{(H + \lambda C_a - \lambda w)}}$$

$$\Pi_{SC}^{IN-1*} = \lim_{C_s \to +\infty} \Pi_{SC}^{IS-1*} = (p - c)D - \sqrt{2D(K_1 + K_2)(H + \lambda C_a - \lambda w)}$$

在"单供应商—单零售商"构成的改良品供应链中,当供应商和零售商采取合作策略时,将瞬时补货且不允许缺货与瞬时补货且允许缺货两种情形得到的订货及利润参数进行逐一比较,形成如下推论。

推论 3 – 6 (1) $T^{IN-1*} < T^{IS-1*}$,$Q^{IN-1*} < Q^{IS-1*}$;(2) $\Pi_{SC}^{IN-1*} < \Pi_{SC}^{IS-1*}$。

证明 将瞬时补货且不允许缺货与瞬时补货且允许缺货两种情形得到的订货及利润参数作差并化简,得到:

$$T^{IN-1*} - T^{IS-1*} = \sqrt{\frac{2(K_1 + K_2)}{D(H + \lambda C_a - \lambda w)}} - \sqrt{\frac{2(K_1 + K_2)(H + C_s + \lambda C_a - \lambda w)}{DC_s(H + \lambda C_a - \lambda w)}}$$

$$= \sqrt{\frac{2(K_1 + K_2)}{D(H + \lambda C_a - \lambda w)}} \left[1 - \sqrt{\frac{H + C_s + \lambda C_a - \lambda w}{C_s}} \right] < 0$$

$$Q^{IN-1*} - Q^{IS-1*} = \left[\sqrt{\frac{2D(K_1 + K_2)}{H + \lambda C_a - \lambda w}} - \frac{\lambda(K_1 + K_2)}{H + \lambda C_a - \lambda w} \right]$$

$$- \left[\sqrt{\frac{2D(K_1 + K_2)(H + C_s + \lambda C_a - \lambda w)}{C_s(H + \lambda C_a - \lambda w)}} \right.$$

$$\left. - \frac{\lambda(K_1 + K_2)C_s}{(H + C_s + \lambda C_a - \lambda w)(H + \lambda C_a - \lambda w)} \right]$$

$$= \sqrt{\frac{2D(K_1 + K_2)}{H + \lambda C_a - \lambda w}} \left[1 - \sqrt{\frac{H + C_s + \lambda C_a - \lambda w}{C_s}} \right] - \frac{\lambda(K_1 + K_2)}{H + C_s + \lambda C_a - \lambda w}$$

$$< 0$$

$$\Pi_{SC}^{IN-1*} - \Pi_{SC}^{IS-1*} = \left[(p - c)D - \sqrt{2D(K_1 + K_2)(H + \lambda C_a - \lambda w)} \right]$$

$$- \left[(p - c)D - \sqrt{\frac{2D(K_1 + K_2)C_s(H + \lambda C_a - \lambda w)}{H + C_s + \lambda C_a - \lambda w}} \right]$$

$$= \sqrt{2D(K_1 + K_2)(H + \lambda C_a - \lambda w)} \left[\sqrt{\frac{C_s}{H + C_s + \lambda C_a - \lambda w}} - 1 \right]$$

$$< 0$$

推论 3 – 6 得证。

推论 3 – 6 表明,在合作策略下,瞬时补货且允许缺货模型相较于瞬时补货且不允许缺货模型,改良品供应链系统的最优订货周期更长且最佳订货量更大,同时单位时间利润水平更高。

4. 库存策略比较

在"单供应商—单零售商"改良品供应链的瞬时补货且允许缺货模型中，通过比较非合作策略和合作策略下的最优订货周期和单位时间最大利润，得到命题 3 – 3 的结论。

命题 3 – 3 对于改良品供应链，有：（1）$T^{IS-I*} > T^{IS-D*}$；（2）$\Pi_{SC}^{IS-I*} > \Pi_{SC}^{IS-D*}$。

证明 将合作策略和非合作策略下的最优订货周期作差，可得：

$$T^{IS-I*} - T^{IS-D*} = \sqrt{\frac{2(K_1 + K_2)(H + C_s + \lambda C_a - \lambda w)}{DC_s(H + \lambda C_a - \lambda w)}} - \sqrt{\frac{2K_1(H + C_s + \lambda C_a - \lambda w)}{DC_s(H + \lambda C_a - \lambda w)}}$$

$$= \left[\sqrt{K_1 + K_2} - \sqrt{K_1}\right]\sqrt{\frac{2(H + C_s + \lambda C_a - \lambda w)}{DC_s(H + \lambda C_a - \lambda w)}} > 0$$

将合作策略和非合作策略下的单位时间最大利润作差并化简，可得：

$$\Pi_{SC}^{IS-I*} - \Pi_{SC}^{IS-D*} = \sqrt{\frac{2DC_s(H + \lambda C_a - \lambda w)}{H + C_s + \lambda C_a - \lambda w}}\left[\sqrt{K_1} + \frac{K_2}{2\sqrt{K_1}} - \sqrt{K_1 + K_2}\right]$$

由于 $\left[\sqrt{K_1} + \dfrac{K_2}{2\sqrt{K_1}}\right]^2 - \left[\sqrt{K_1 + K_2}\right]^2 = \dfrac{K_2^2}{4K_1} > 0$，故 $\Pi_{SC}^{IS-I*} - \Pi_{SC}^{IS-D*} > 0$。

命题 3 – 3 得证。

根据命题 3 – 3 结论可知，在瞬时补货且允许缺货模型中，合作策略下的改良品供应链系统单位时间利润要高于非合作策略下的单位时间利润。因此对于改良品供应链系统来说，相对于非合作策略，合作策略是占优策略。然而，当零售商按照合作策略下的最优订货周期向供应商订货时，获得的单位时间利润为：

$$\Pi_R^{IS-I*} = (p - w)D - \frac{2K_1 + K_2}{2\sqrt{K_1 + K_2}}\sqrt{\frac{2DC_s(H + \lambda C_a - \lambda w)}{H + C_s + \lambda C_a - \lambda w}}$$

而零售商在非合作策略下的单位时间利润为：

$$\Pi_R^{IS-D*} = (p - w)D - \sqrt{\frac{2DK_1C_s(H + \lambda C_a - \lambda w)}{H + C_s + \lambda C_a - \lambda w}}$$

相较而言，零售商在合作策略下的单位时间利润更小，所以零售商不会主动采取合作策略。

3.2.3 收益共享契约

1. 参与约束

为了促使零售商以合作策略下的最优订货周期 T^{IS-1^*} 订货，供应商考虑向零售商提供收益共享契约，即将从供应商处得到的收益按一定比例返还给零售商，且订货量越大，返还的收益也越多。设供应商向零售商分享的收益比例为 θ^{IS}，则在收益共享契约下供应商和零售商的单位时间利润函数分别表示为：

$$\Pi_M^{IS-RS} = \left[(1 - \theta^{IS}) w - c \right] D - \frac{K_2}{T^{IS-1^*}} \tag{3-12}$$

$$\Pi_R^{IS-RS} = \left[p - (1 - \theta^{IS}) w \right] D$$
$$- \frac{D(H + \lambda C_a - \lambda w)(t_1^{IS-1^*})^2 + DC_s(T^{IS-1^*} - t_1^{IS-1^*})^2 + 2K_1}{2 T^{IS-1^*}} \tag{3-13}$$

零售商愿意按合作策略下的最优订货周期 T^{IS-1^*} 订货的条件是供应商提供的收益共享契约能保证其获得的单位时间利润不低于在非合作策略下的单位时间利润水平，即需满足：

$$\Pi_R^{IS-RS} \geqslant \Pi_R^{IS-D^*} \tag{3-14}$$

同时，供应商提供收益共享契约的前提是其自身的保留收益不能少于在非合作策略下的单位时间利润值，即需满足：

$$\Pi_M^{IS-RS} \geqslant \Pi_M^{IS-D^*} \tag{3-15}$$

基于上述分析，得到命题 3-4 的结论。

命题 3-4 在收益共享契约中，供应商分享的收益比例 θ^{IS} 满足

$$\frac{(\sqrt{K_1 + K_2} - \sqrt{K_1})^2}{2wD \sqrt{K_1 + K_2}} \sqrt{\frac{2DC_s(H + \lambda C_a - \lambda w)}{H + C_s + \lambda C_a - \lambda w}} \leqslant \theta^{IS} \leqslant \frac{K_2}{2wD} \sqrt{\frac{2DC_s(H + \lambda C_a - \lambda w)}{H + C_s + \lambda C_a - \lambda w}}$$

$\left(\dfrac{1}{\sqrt{K_1}} - \dfrac{1}{\sqrt{K_1 + K_2}} \right)$ 时，收益共享契约能够实现改良品供应链的有效且完美协调。

证明 将 $\Pi_R^{IS-D^*}$ 和式（3-13）代入式（3-14），将式（3-9）和式（3-12）代入式（3-15），得到不等式方程组：

$$\begin{cases} \left[p - (1 - \theta^{IS}) w \right] D - \dfrac{D(H + \lambda C_a - \lambda w)(t_1^{IS-I*})^2 + DC_s (T^{IS-I*} - t_1^{IS-I*})^2 + 2K_1}{2T^{IS-I*}} \\ \qquad \geq (p - w) D - \sqrt{\dfrac{2DK_1 C_s (H + \lambda C_a - \lambda w)}{H + C_s + \lambda C_a - \lambda w}} \\ \left[(1 - \theta^{IS}) w - c \right] D - \dfrac{K_2}{T^{IS-I*}} \geq (w - c) D - K_2 \sqrt{\dfrac{DC_s (H + \lambda C_a - \lambda w)}{2K_1 (H + C_s + \lambda C_a - \lambda w)}} \end{cases}$$

再将不等式方程组中的 t_1^{IS-I*}、T^{IS-I*} 进行替换，解得：

$$\begin{cases} \theta^{IS} \geq \dfrac{(\sqrt{K_1 + K_2} - \sqrt{K_1})^2}{2wD \ \sqrt{K_1 + K_2}} \sqrt{\dfrac{2DC_s (H + \lambda C_a - \lambda w)}{H + C_s + \lambda C_a - \lambda w}} \\ \theta^{IS} \leq \dfrac{K_2}{2wD} \sqrt{\dfrac{2DC_s (H + \lambda C_a - \lambda w)}{H + C_s + \lambda C_a - \lambda w}} \left(\dfrac{1}{\sqrt{K_1}} - \dfrac{1}{\sqrt{K_1 + K_2}} \right) \end{cases}$$

命题 3 - 4 得证。

2. 纳什讨价还价均衡解

上节内容只给出了收益共享系数的取值范围以保证供应商和零售商愿意参与收益共享契约协调，并没有具体确定双方的最终单位时间利润。这里通过求纳什讨价还价均衡解的方式来合理分配瞬时补货且允许缺货模型中合作策略下的单位时间利润增量。令双方的效用是各自单位时间利润水平的函数，为使后面的计算过程简化，不妨设 $U_R^{IS} = \Pi_R^{IS-RS}$，$U_M^{IS} = \Pi_M^{IS-RS}$。对于"两人讨价还价"问题，在纳什公理下，存在满足纳什公理的唯一讨价还价解，即使得纳什积 $U_R^{IS} \times U_M^{IS}$ 达到最大的解。因此，将 $U_R^{IS} = \Pi_R^{IS-RS}$ 和 $U_M^{IS} = \Pi_M^{IS-RS}$ 代入纳什积，就形成一般的"讨价还价"问题的目标函数：

$$\max U^{IS} = U_R^{IS} \times U_M^{IS} = \Pi_R^{IS-RS} \times \Pi_M^{IS-RS}$$

由命题 3 - 3 可知：

$$\Pi_{SC}^{IS-I*} - \Pi_{SC}^{IS-D*} = \dfrac{(\sqrt{K_1 + K_2} - \sqrt{K_1})^2}{2 \sqrt{K_1}} \sqrt{\dfrac{2DC_s (H + \lambda C_a - \lambda w)}{H + C_s + \lambda C_a - \lambda w}}$$

设供应商分配的单位时间利润增量为 X^{IS}（$X^{IS} \geq 0$），则零售商分配的单位时间利润增量为：

$$\dfrac{(\sqrt{K_1 + K_2} - \sqrt{K_1})^2}{2 \sqrt{K_1}} \sqrt{\dfrac{2DC_s (H + \lambda C_a - \lambda w)}{H + C_s + \lambda C_a - \lambda w}} - X^{IS}$$

目标函数转化为：

$$\max U^{IS} = \left\{ (p-w)D - \sqrt{K_1}B + \frac{(\sqrt{K_1+K_2} - \sqrt{K_1})^2}{2\sqrt{K_1}}B - X^{IS} \right\}$$

$$\times \left[(w-c)D - \frac{K_2}{2\sqrt{K_1}}B + X^{IS} \right]$$

$$s.\,t. \quad 0 \leqslant X^{IS} \leqslant \frac{(\sqrt{K_1+K_2} - \sqrt{K_1})^2}{2\sqrt{K_1}}B$$

其中，$B = \sqrt{\dfrac{2DC_s(H + \lambda C_a - \lambda w)}{H + C_s + \lambda C_a - \lambda w}}$。

在无约束条件下，以目标函数 U^{IS} 对供应商分配的单位时间利润增量 X^{IS} 求二阶导数，有 $\dfrac{d^2 U^{IS}}{dX^{IS2}} = -2 < 0$，可知 U^{IS} 是关于 X^{IS} 的凹函数，U^{IS} 存在极大值。求 U^{IS} 关于 X^{IS} 的一阶导数并令其等于零，解得：

$$X^{IS*} = \frac{(p+c-2w)D}{2} + \left(\frac{K_2}{2\sqrt{K_1}} - \frac{\sqrt{K_1+K_2}}{2} \right)B$$

若 $X^{IS*} < 0$，即 $(p+c-2w)D + \left(\dfrac{K_2}{\sqrt{K_1}} - \sqrt{K_1+K_2} \right)B < 0$ 时，取 $X^{IS*} = 0$；

另当 $X^{IS*} > \dfrac{(\sqrt{K_1+K_2} - \sqrt{K_1})^2}{2\sqrt{K_1}}B$ 时，即 $(p+c-2w)D - (2\sqrt{K_1} - \sqrt{K_1+K_2})$

$B < 0$，亦取 $X^{IS*} = 0$。则根据纳什讨价还价均衡解给出收益共享契约下零售商和供应商的利润表达式：

$$\begin{cases} \Pi_R^{IS-RS} = (p-w)D + \left(\dfrac{K_2}{2\sqrt{K_1}} - \sqrt{K_1+K_2} \right)B, \ \Pi_M^{IS-RS} = (w-c)D - \dfrac{K_2}{2\sqrt{K_1}}B \\[2mm] if(p+c-2w)D + \left(\dfrac{K_2}{\sqrt{K_1}} - \sqrt{K_1+K_2} \right)B < 0 \\[2mm] \Pi_R^{IS-RS} = \dfrac{(p-c)D - \sqrt{K_1+K_2}B}{2}, \ \Pi_M^{IS-RS} = \dfrac{(p-c)D - \sqrt{K_1+K_2}B}{2} \\[2mm] if(p+c-2w)D - (2\sqrt{K_1} - \sqrt{K_1+K_2})B \leqslant 0 \\[2mm] \Pi_R^{IS-RS} = (p-w)D - \sqrt{K_1}B, \ \Pi_M^{IS-RS} = (w-c)D + (\sqrt{K_1} - \sqrt{K_1+K_2})B \\[2mm] if(p+c-2w)D - (2\sqrt{K_1} - \sqrt{K_1+K_2})B > 0 \end{cases}$$

3.2.4 数值算例

1. 算例参数设置与求解

假设在单个供应商和单个零售商组成的二级改良品供应链中，相关参数如下：$D = 2000$ 千克/年，$c = 8$ 元/千克，$w = 10$ 元/千克，$p = 13$ 元/千克，$K_1 = 300$ 元/次，$K_2 = 500$ 元/次，$\lambda = 0.20$，$H = 6$ 元/千克·年，$C_a = 8$ 元/千克，$C_s = 10$ 元/千克·年。

将上述参数值分别代入非合作策略、合作策略及收益共享契约下的均衡解，得到供应商、零售商及改良品供应链系统在不同策略下的订货与利润数据，并将其与不允许缺货的对应数据进行比较，如表 3 – 1 所示。

表 3 – 1 不同策略下的订货及利润数据

策略类型	非合作策略		合作策略		收益共享契约	
	允许缺货	不允许缺货	允许缺货	不允许缺货	允许缺货	不允许缺货
T^{IS-D*}	0.289	0.231	0.472	0.378	0.472	0.378
Q^{IS-D*}	571.31	452.20	925.84	727.36	925.84	727.36
Π_R^{IS-D*}	3924.50	3407.71	3670.04	3089.68	3924.50	3407.71
Π_M^{IS-D*}	2270.42	1839.75	2940.68	2677.12	2686.23	2359.09
Π_{SC}^{IS-D*}	6194.92	5247.46	6610.73	5766.80	6610.73	5766.80
θ^{IS}	—	—	—	—	1.27% ~ 3.35%	1.59% ~ 4.19%

下面从两个维度对表 3 – 1 的算例数值模拟结果进行比较。

（1）不同策略下改良品的订货及利润参数比较。

在瞬时补货且允许缺货模型中，改良品供应链各个成员之间采取合作策略时的最优订货周期、最佳订货量及整个系统的单位时间利润要大于非合作策略。然而，与非合作策略相比，在合作策略下，零售商的单位时间利润发生损失。通过收益共享契约的实施，供应商补偿零售商的利润损失，使单位时间利润不低于协调前的水平，合作策略下的单位时间利润得到实现，提升了改良品供应链系统的整体利润水平。

（2）相同策略下不同缺货状态比较。

无论改良品供应链成员之间选择合作策略还是非合作策略，与不允许缺货相比，允许缺货会促使最优订货周期、最佳订货量、成员单位时间利润及系统单位时间利润增大（增加）。在允许零售商缺货时，延长订货周期可以降低库存成本、分摊订货成本。虽然增加的缺货成本会导致总成本增加，但当增加的缺货成本小于其他成本减少带来的好处时，延长订货周期、增加订货量就会帮助零售商获得更高的利润水平。对供应商而言，订货周期的延长降低了单位时间成本，使单位时间利润增加。改良品供应链各位成员的单位时间利润增加后，整个系统的单位时间利润随之增加。

2. 敏感性分析

（1）净改良率的敏感性分析。

首先考察在单位批发价格大于单位改良成本的情况下，净改良率变动对瞬时补货且允许缺货模型中订货及利润参数的影响，分别如图 3 - 2 至图 3 - 5 所示。

由图 3 - 2① 可知，随着净改良率的增长，对于零售商和供应商的不同策略选择，都会呈现出最优订货周期增大的趋势。类似地，图 3 - 3 中最佳订货量以及图 3 - 4 中改良品供应链系统单位时间利润随净改良率变动而呈现的特征都与最优订货周期一致。同时可以看出，合作策略（收益共享契约）下的最优订货周期、最佳订货量及供应链系统单位时间利润都要明显大于非合作策略下对应的最优值。由图 3 - 5 可知，在收益共享契约中，供应商需要向零售商分享的收益比例的上下限值都随着净改良率的增长而缓慢降低。

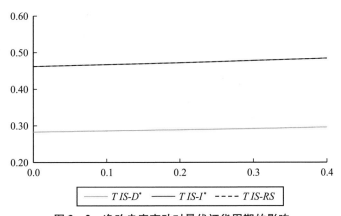

图 3 - 2　净改良率变动对最优订货周期的影响

注：$T_{IS} - I^*$ 曲线与 $T_{IS} - RS$ 曲线重合。

---

① 图 3 - 2 至图 3 - 9、图 3 - 11 至图 3 - 16 中，"IS"表示瞬时补货且允许缺货，其他符号含义与第 2 章相同。

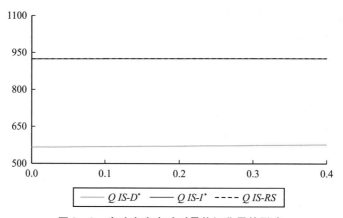

图 3 − 3 净改良率变动对最佳订货量的影响

注：$Q\,IS - I^*$ 曲线与 $Q\,IS - RS$ 曲线重合。

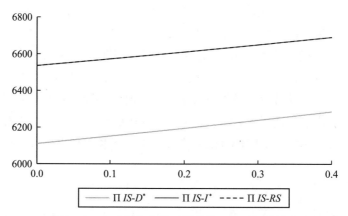

图 3 − 4 净改良率变动对供应链系统利润的影响

注：$\Pi\,IS - I^*$ 曲线与 $\Pi\,IS - RS$ 曲线重合。

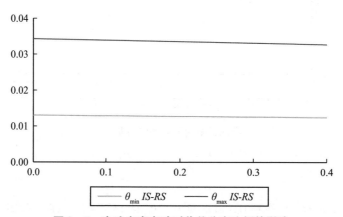

图 3 − 5 净改良率变动对收益分享比例的影响

（2）单位缺货成本的敏感性分析。

接下来考察单位缺货成本变动对瞬时补货且允许缺货模型中订货及利润参数的影响，如图 3 - 6 至图 3 - 9 所示。

由图 3 - 6 可知，单位缺货成本增加会致使不同策略下的最优订货周期均出现缩短，原因在于单位缺货成本增加会导致零售商缺货的代价越来越大，自然就会减少缺货的数量，从而使得订货周期相应缩短。由图 3 - 7 可知，随着单位缺货成本的增加，非合作策略、合作策略及收益共享契约下的最佳订货量持续下降。受最优订货周期不断缩短的影响，不同策略下的最佳订货量必然呈现出持续下降的特征。

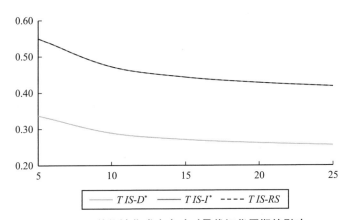

图 3 - 6　单位缺货成本变动对最优订货周期的影响

注：$T\,IS - I^*$ 曲线与 $T\,IS - RS$ 曲线重合。

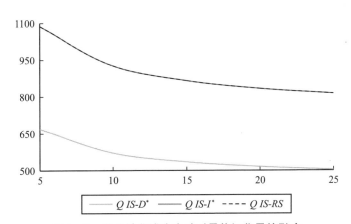

图 3 - 7　单位缺货成本变动对最佳订货量的影响

注：$Q\,IS - I^*$ 曲线与 $Q\,IS - RS$ 曲线重合。

图 3 - 8 表明，当单位缺货成本不断增加时，不同策略下的改良品供应链系统利润都快速下降，而最佳订货量的持续减少以及总缺货成本的增加都是形成如此情形的原因。从图 3 - 9 可以看到，在收益共享契约中，单位缺货成本的增加刺激供应商向零售商分享更高比例的收益，以此来弥补零售商因单位缺货成本增加导致的单位时间利润损失。

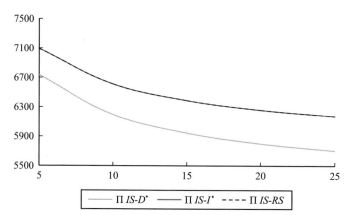

图 3 - 8 单位缺货成本变动对供应链系统利润的影响

注：$\Pi\, IS-I^{*}$ 曲线与 $\Pi\, IS-RS$ 曲线重合。

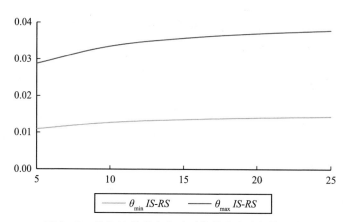

图 3 - 9 单位缺货成本变动对收益分享比例的影响

3.3 瞬时补货且允许缺货的库存决策与横向协调

3.3.1 基本假设与符号说明

本节运用下列基本假设以便于建立库存决策与横向协调模型：
（1）改良品供应链由单个供应商和 n 个零售商组成；
（2）只讨论一种改良品的订货决策；
（3）考虑只订货一次的情形，提前期忽略不计；
（4）允许零售商缺货，且短缺量全部延后供给；
（5）需求率已知且均匀稳定，补货瞬时完成；
（6）改良品在库存期间的净改良率为恒定常数；
（7）库存期间因发生改良而增加的部分占用库存；
（8）各个零售商独立补货时具有相同的订货成本；
（9）供应商提供数量折扣策略；
本节定义下列符号参数以便于建立库存决策与横向协调模型：
D_i：零售商 i 面临的市场需求率，$i=1$，2，$\cdots$，n；
K：零售商独立补货时的订货成本；
K_J：n 个零售商联合补货的订货成本，$K_J > K$；
H_i：零售商 i 的单位库存成本；
C_{ai}：零售商 i 的单位改良成本；
C_{si}：零售商 i 的单位缺货成本；
λ：改良品的净改良率；
p：改良品的单位销售价格；
w_i：零售商 i 独立补货时的单位批发价格；
w_J：n 个零售商联合补货时的单位批发价格；
T_i：零售商 i 独立补货时的订货周期；
T_N：n 个零售商联合补货时的订货周期；
Q_i：零售商 i 独立补货时的订货量；
Q_N：n 个零售商联合补货时的订货量；
$TR_{i/N}$：零售商 i/采购联盟 N 的销售收入；
$\Pi_{i/N}^{IS-C/J}$：瞬时补货且允许缺货模型中零售商 i、采购联盟 N 在独立补货、联合补货时的单位时间利润，下标 i、N 分别表示零售商 i 和采购联盟 N，上标中的 C、J 分别表示独立补货、联合补货，上标中加"$*$"表示对应的最优解。

其他未尽符号定义详见文中说明。

3.3.2 改良品库存决策

1. 模型描述

如图 3 – 10 所示，零售商 i 在订货周期初始时刻的库存水平 $I_i(0)$ 为订货量 Q_i 减去缺货量 B_i，等于 S_i。随后，由于市场需求和改良的共同作用，改良品的库存水平逐渐下降。在 $t = t_i$ 时刻，库存水平降低为零，即 $I_i(t_i) = 0$。接下来，零售商 i 进入到缺货阶段，且由于需求的影响，缺货量不断增加，一直持续到 $t = T_i$ 时刻缺货量达到最大值 B_i。

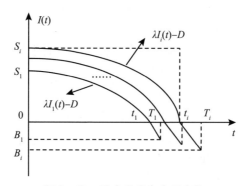

图 3 – 10　改良品库存水平变化

零售商 i 在 $0 \leqslant t \leqslant t_i$ 时间内持有改良品的库存水平 $I_i^1(t)$ 满足微分方程：

$$\frac{dI_i^1(t)}{dt} = -D_i + \lambda I_i^1(t) \tag{3 – 16}$$

零售商 i 在 $t_i \leqslant t \leqslant T_i$ 时间内持有改良品的库存水平 $I_i^2(t)$ 满足微分方程：

$$\frac{dI_i^2(t)}{dt} = -D_i \tag{3 – 17}$$

结合初始条件 $I_i^1(t_i) = I_i^2(t_i) = 0$，解得：

$$I_i^1(t) = \frac{D_i}{\lambda}(1 - e^{\lambda(t - t_i)}), \ 0 \leqslant t \leqslant t_i \tag{3 – 18}$$

$$I_i^1(t) = -D_i(t - t_i), \quad t_i \leqslant t \leqslant T_i \tag{3-19}$$

因此，零售商 i 的初始库存水平（最大库存量）为：

$$S_i = I_i^1(0) = \frac{D_i}{\lambda}(1 - e^{-\lambda t_i}) \tag{3-20}$$

零售商 i 的最大缺货量为：

$$B_i = D_i(T_i - t_i) \tag{3-21}$$

零售商 i 的周期订货量为：

$$Q_i = S_i + B_i = \frac{D_i}{\lambda}(1 - e^{-\lambda t_i}) + D_i(T_i - t_i) \tag{3-22}$$

2. 零售商独立补货

零售商 i 在订货周期 T_i 内的成本由订货成本 TC_{1i}、采购成本 TC_{2i}、库存成本 TC_{3i}、改良成本 TC_{4i}、缺货成本 TC_{5i} 五个部分组成。其中：

$$TC_{1i} = K$$

$$TC_{2i} = w_i Q_i = w_i(S_i + B_i) = w_i\left[\frac{D_i}{\lambda}(1 - e^{-\lambda t_i}) + D_i(T_i - t_i)\right]$$

$$TC_{3i} = H_i\int_0^{t_i} I_i^1(t)\,dt = H_i\int_0^{t_i}\frac{D_i}{\lambda}(1 - e^{\lambda(t - t_i)})\,dt = \frac{H_i D_i}{\lambda^2}(e^{-\lambda t_i} + \lambda t_i - 1)$$

$$TC_{4i} = C_{ai}(D_i T_i - Q_i) = C_{ai}\left[D_i T_i - \frac{D_i}{\lambda}(1 - e^{-\lambda t_i}) - D_i(T_i - t_i)\right]$$

$$TC_{5i} = \frac{C_{si}D_i(T_i - t_i)^2}{2}$$

对上述成本函数表达式中出现的指数函数进行泰勒级数展开，并保留其前三项，即 $e^{-\lambda t_i} \approx 1 - \lambda t_i + \frac{1}{2}\lambda^2 t_i^2$，化简后得到 $TC_{2i} \approx w_i D_i\left(T_i - \frac{1}{2}\lambda t_i^2\right)$、$TC_{3i} \approx \frac{1}{2}D_i H_i t_i^2$、$TC_{4i} \approx \frac{1}{2}D_i C_{ai}\lambda t_i^2$。

从而，零售商 i 的单位时间利润函数为：

$$\Pi_i^{IS-C}(t_i, T_i) = \frac{TR_i - TC_{1i} - TC_{2i} - TC_{3i} - TC_{4i} - TC_{5i}}{T_i}$$

$$= \frac{pD_i T_i - K - w_i D_i\left(T_i - \frac{1}{2}\lambda t_i^2\right) - \frac{1}{2}D_i H_i t_i^2 - \frac{1}{2}D_i C_{ai}\lambda t_i^2 - \dfrac{C_{si}D_i(T_i - t_i)^2}{2}}{T_i}$$

$$= (p - w_i)D_i - \frac{D_i(H_i + \lambda C_{ai} - \lambda w_i)t_i^2 + D_i C_{si}(T_i - t_i)^2 + 2K}{2T_i} \quad (3-23)$$

根据式（3-23）得到命题3-5的结论。

命题3-5 在"单供应商—多零售商"改良品供应链的瞬时补货且允许缺货模型中，零售商 i 采用独立补货策略时的最优订货周期 T_i^{IS-C*}、最佳订货量 Q_i^{IS-C*} 和单位时间利润 Π_i^{IS-C*} 分别为：

$$T_i^{IS-C*} = \sqrt{\frac{2K(H_i + C_{si} + \lambda C_{ai} - \lambda w_i)}{D_i C_{si}(H_i + \lambda C_{ai} - \lambda w_i)}}$$

$$Q_i^{IS-C*} = \sqrt{\frac{2D_i K(H_i + C_{si} + \lambda C_{ai} - \lambda w_i)}{C_{si}(H_i + \lambda C_{ai} - \lambda w_i)}} - \frac{\lambda K C_{si}}{(H_i + C_{si} + \lambda C_{ai} - \lambda w_i)(H_i + \lambda C_{ai} - \lambda w_i)}$$

$$\Pi_i^{IS-C*} = (p - w_i)D_i - \sqrt{\frac{2D_i K C_{si}(H_i + \lambda C_{ai} - \lambda w_i)}{H_i + C_{si} + \lambda C_{ai} - \lambda w_i}}$$

证明 零售商 i 的单位时间利润函数 $\Pi_i^{IS-C}(t_i, T_i)$ 是包含两个变量 t_i 和 T_i 的多元函数，因此，先求式（3-23）的海塞矩阵，有：

$$\mathbf{H} = \begin{vmatrix} \dfrac{\partial^2 \Pi_i^{IS-C}(t_i, T_i)}{\partial t_i^2} & \dfrac{\partial^2 \Pi_i^{IS-C}(t_i, T_i)}{\partial t_i \partial T_i} \\ \dfrac{\partial^2 \Pi_i^{IS-C}(t_i, T_i)}{\partial T_i \partial t_i} & \dfrac{\partial^2 \Pi_i^{IS-C}(t_i, T_i)}{\partial T_i^2} \end{vmatrix}$$

$$= \begin{vmatrix} -\dfrac{D_i(H_i + C_{si} + \lambda C_{ai} - \lambda w_i)}{T_i} & \dfrac{D_i t_i(H_i + C_{si} + \lambda C_{ai} - \lambda w_i)}{T_i^2} \\ \dfrac{D_i t_i(H_i + C_{si} + \lambda C_{ai} - \lambda w_i)}{T_i^2} & -\dfrac{2K + D_i t_i^2(H_i + C_{si} + \lambda C_{ai} - \lambda w_i)}{T_i^3} \end{vmatrix}$$

不妨令：

$$X = \frac{\partial^2 \Pi_i^{IS-C}(t_i, T_i)}{\partial t_i^2} = \frac{D_i(H_i + C_{si} + \lambda C_{ai} - \lambda \omega_i)}{T_i}$$

$$Y = \frac{\partial^2 \Pi_i^{IS-C}(t_i, T_i)}{\partial T \partial t_i} = \frac{\partial^2 \Pi_i^{IS-C}(t_i, T_i)}{\partial t_i \partial T} = \frac{D_i t_i(H_i + C_{si} + \lambda C_{ai} - \lambda \omega_i)}{T_i^2}$$

$$Z = \frac{\partial^2 \Pi_i^{IS-C}(t_i, T_i)}{\partial T_i^2} = -\frac{2K + D_i t_i^2(H_i + C_{si} + \lambda C_{ai} - \lambda \omega_i)}{T_i^3}$$

则有 $XZ - Y^2 = \dfrac{2D_i K(H_i + C_{si} + \lambda C_{ai} - \lambda w_i)}{T_i^4} > 0$，且 $X < 0$ 及 $Y < 0$。因此 $\Pi_i^{IS-C}(t_i, T_i)$ 是关于 t_i 和 T_i 的凹函数，即 $\Pi_i^{IS-C}(t_i, T_i)$ 存在极大值。分别以 $\Pi_i^{IS-C}(t_i, T_i)$ 对 t_i 和 T_i 求一阶偏导数，同时令其等于零，并联立求解下列方程组：

$$\begin{cases} \dfrac{\partial \Pi_i^{IS-C}}{\partial t_i} = \dfrac{D_i t_i (H_i + C_{si} + \lambda C_{ai} - \lambda w_i)}{T_i} - D_i C_{si} = 0 \\[3mm] \dfrac{\partial \Pi_i^{IS-C}}{\partial T_i} = \dfrac{2K + D_i t_i^2 (H_i + C_{si} + \lambda C_{ai} - \lambda w_i)}{T_i^2} - D_i C_{si} = 0 \end{cases}$$

得到：

$$t_i^{IS-C*} = \sqrt{\dfrac{2K C_{si}}{D_i (H_i + C_{si} + \lambda C_{ai} - \lambda \omega_i)(H_i + \lambda C_{ai} - \lambda \omega_i)}}$$

$$T_i^{IS-C*} = \sqrt{\dfrac{2K(H_i + C_{si} + \lambda C_{ai} - \lambda \omega_i)}{D_i C_{si} (H_i + \lambda C_{ai} - \lambda \omega_i)}}$$

将 T_i^{IS-C*} 和 t_i^{IS-C*} 代入式（3-22），得到零售商在非合作策略下的最佳订货量 Q_i^{IS-C*} 为：

$$Q_i^{IS-C*} = D_i \left[T_i^{IS-C*} - \frac{1}{2} \lambda (t_i^{IS-C*})^2 \right]$$

$$= \sqrt{\dfrac{2 D_i K (H_i + C_{si} + \lambda C_{ai} - \lambda w_i)}{C_{si} (H_i + \lambda C_{ai} - \lambda w_i)}} - \dfrac{\lambda K C_{si}}{(H_i + C_{si} + \lambda C_{ai} - \lambda w_i)(H_i + \lambda C_{ai} - \lambda w_i)}$$

将 T_i^{IS-C*} 和 t_i^{IS-C*} 代入式（3-23），得到零售商在非合作策略下的单位时间利润 Π_i^{IS-C*} 为：

$$\Pi_i^{IS-C*} = (p - w_i) D_i$$

$$- \dfrac{D_i (H_i + \lambda C_{ai} - \lambda w_i)(t_i^{IS-C*})^2 + D_i C_{si}(T_i^{IS-C*} - t_i^{IS-C*})^2 + 2K}{2 T_i^{IS-C*}}$$

其中：

$$D_i (H_i + \lambda C_{ai} - \lambda w_i)(t_i^{IS-C*})^2 + D_i C_{si}(T_i^{IS-C*} - t_i^{IS-C*})^2$$

$$= \dfrac{2K C_{si}}{H_i + C_{si} + \lambda C_{ai} - \lambda w_i} + \dfrac{2K C_{si}}{H_i + \lambda C_{ai} - \lambda w_i} \left[\sqrt{\dfrac{H_i + C_{si} + \lambda C_{ai} - \lambda w_i}{C_{si}}} - \sqrt{\dfrac{C_{si}}{H_i + C_{si} + \lambda C_{ai} - \lambda w_i}} \right]^2$$

$$= 2K \left[\dfrac{C_{si}}{H_i + C_{si} + \lambda C_{ai} - \lambda w_i} + \dfrac{H_i + C_{si} + \lambda C_{ai}}{H_i + \lambda C_{ai} - \lambda w_i} \right.$$

$$\left. + \dfrac{C_{si}^2}{(H_i + \lambda C_{ai} - \lambda w_i)(H_i + C_{si} + \lambda C_{ai} - \lambda w_i)} - \dfrac{2 C_{si}}{H_i + \lambda C_{ai} - \lambda w_i} \right]$$

$$= 2K \left[\frac{\dfrac{C_{si}}{H_i + C_{si} + \lambda C_{ai} - \lambda w_i} + \dfrac{H_i + C_{si} + \lambda C_{ai} - \lambda w_i}{H_i + \lambda C_{ai} - \lambda w_i}}{ } + \dfrac{C_{si}}{(H_i + \lambda C_{ai} - \lambda w_i)} - \dfrac{C_{si}}{H_i + C_{si} + \lambda C_{ai} - \lambda w_i} - \dfrac{2C_{si}}{H_i + \lambda C_{ai} - \lambda w_i} \right]$$

$$= 2K \left[\frac{H_i + C_{si} + \lambda C_{ai} - \lambda w_i}{H_i + \lambda C_{ai} - \lambda w_i} - \frac{C_{si}}{H_i + \lambda C_{ai} - \lambda w_i} \right] = 2K$$

因此，$\Pi_i^{IS-C*} = (p - w_i)D_i - \dfrac{2K}{T_i^{IS-C*}} = (p - w_i)D_i - \sqrt{\dfrac{2D_i K C_{si}(H + \lambda C_{ai} - \lambda w_i)}{(H_i + C_{si} + \lambda C_{ai} - \lambda w_i)}}$。

命题 3-5 得证。

令 T_i^{IS-C*}、Q_i^{IS-C*} 和 Π_i^{IS-C*} 表达式中 $C_{si} \to +\infty$，分别得到 T_i^{IN-C*}、Q_i^{IN-C*} 和 Π_i^{IN-C*}，即有：

$$T_i^{IN-C*} = \lim_{C_{si} \to +\infty} T_i^{IS-C*} = \sqrt{\frac{2K}{D_i(H_i + \lambda C_{ai} - \lambda w_i)}}$$

$$Q_i^{IN-C*} = \lim_{C_{si} \to +\infty} Q_i^{IS-C*} = \sqrt{\frac{2D_i K}{H_i + \lambda C_{ai} - \lambda w_i}} - \frac{\lambda K}{H_i + \lambda C_{ai} - \lambda w_i}$$

$$\Pi_i^{IN-C*} = \lim_{C_{si} \to +\infty} \Pi_i^{IS-C*} = (p - w_i)D_i - \sqrt{2D_i K(H_i + \lambda C_{ai} - \lambda w_i)}$$

将零售商 i 独立补货模式下允许缺货与不允许缺货的最优订货周期、最佳订货量和单位时间利润分别作差比较，结果表明允许缺货的最优订货周期、最佳订货量和单位时间利润都要大于不允许缺货，该结论与推论 3-3 相似，详细推导过程可参考推论 3-3 证明过程。

在独立补货模式下，n 位零售商的单位时间利润之和为：

$$\Pi^{IS-C*} = \sum_{i=1}^n (p - w_i)D_i - \sum_{i=1}^n \sqrt{\frac{2KD_i C_{si}(H_i + \lambda C_{ai} - \lambda w_i)}{H_i + C_{si} + \lambda C_{ai} - \lambda w_i}}$$

$$(3-24)$$

3. 零售商联合补货

考虑到联合补货有可能降低每位零售商的订货成本，且更易获得改良品供应商提供的数量等级折扣，因此，n 位零售商拟组建采购联盟 N，以相同的订货周期 T_N 实行统一补货。对任意的 $i \in N$，以 t_{iN} 表示联合补货时零售商 i 的库存降为零的时刻。采购联盟 N 需要协调每个零售商的补货计划，并由此产生相应的协调成本。采购联盟 N 对所属成员的协调成本一般随联盟规模的增大而增长（张家伟，2009）。与瞬时补货且不允许缺货模型中联合补货模式一致，本部分对订货成本函数的设置同样采用 $K_J = Kn^\varphi$ 的形式，其中，φ 表示订货协调成本系数且 $\varphi > 0$，n 表示采购联盟 N 中成员的数量。采购联盟 N 在完成一次补货的总成本包括订货成本 TC_{1J}、采购成本 TC_{2J}、存储成本 TC_{3J}、改良成本 TC_{4J}、缺货成本 TC_{5J} 五个部分。其中：

$$TC_{1J} = K_J = Kn^\varphi$$

$$TC_{2J} = w_J \sum_{i=1}^{n} Q_i = w_J \sum_{i=1}^{n} \left[\frac{D_i}{\lambda}(1 - e^{-\lambda t_{iN}}) + D_i(T_N - t_{iN}) \right]$$

$$TC_{3J} = \sum_{i=1}^{n} H_i \int_0^{t_{iN}} I_i(t)\,dt = \sum_{i=1}^{n} H_i \int_0^{t_{iN}} \frac{D_i}{\lambda}(1 - e)^{\lambda(t - t_{iN})}\,dt$$

$$= \sum_{i=1}^{n} \frac{H_i D_i}{\lambda^2}(e^{-\lambda t_{iN}} + \lambda t_{iN} - 1)$$

$$TC_{4J} = \sum_{i=1}^{n} C_{ai}(D_i T_N - Q_i) = \sum_{i=1}^{n} C_{ai}\left[D_i t_{iN} - \frac{D_i}{\lambda}(1 - e^{-\lambda t_i}) \right]$$

$$TC_{5J} = \sum_{i=1}^{n} \frac{C_{si} D_i(T_N - t_{iN})^2}{2}$$

对上述成本函数表达式中出现的指数函数进行泰勒级数展开，并保留其前三项，化简后得到采购联盟 N 的单位时间利润函数为：

$$\Pi_N^{IS-J}(t_{iN}, T_N) = \frac{TR_N - TC_{1J} - TC_{2J} - TC_{3J} - TC_{4J} - TC_{5J}}{T_N} = \sum_{i=1}^{n}(p - w_J)D_i$$

$$- \frac{\sum_{i=1}^{n} D_i(H_i + \lambda C_{ai} - \lambda w_J)t_{iN}^2 + \sum_{i=1}^{n} D_i C_{si}(T_N - t_{iN})^2 + 2Kn^\varphi}{2T_N}$$

$$(3-25)$$

根据式（3-25）得到命题 3-6 的结论。

命题 3-6 在"单供应商—多零售商"改良品供应链的瞬时补货且允许缺货模型中，n 位零售商组建采购联盟 N 进行联合补货时的最优订货周期 T_N^{IS-J*}、最佳订货量 Q_N^{IS-J*} 和单位时间利润 Π_N^{IS-J*} 分别为：

$$T_N^{IS-J*} = \sqrt{\frac{2Kn^\varphi \sum_{i=1}^{n} D_i(H_i + C_{si} + \lambda C_{ai} - \lambda\omega_J)}{\sum_{i=1}^{n} D_i C_{si} \sum_{i=1}^{n} D_i(H_i + \lambda C_{ai} - \lambda\omega_J)}}$$

$$Q_N^{IS-J*} = \sum_{i=1}^{n} D_i \sqrt{\frac{2Kn^\varphi \sum_{i=1}^{n} D_i(H_i + C_{si} + \lambda C_{ai} - \lambda w_J)}{\sum_{i=1}^{n} D_i C_{si} \sum_{i=1}^{n} D_i(H_i + \lambda C_{ai} - \lambda w_J)}}$$

$$- \frac{\lambda K n^{\varphi} \sum_{i=1}^{n} D_i \sum_{i=1}^{n} D_i C_{si}}{\sum_{i=1}^{n} D_i (H_i + \lambda C_{ai} - \lambda w_J) \sum_{i=1}^{n} D_i (H_i + C_{si} + \lambda C_{ai} - \lambda w_J)}$$

$$\Pi_N^{IS-J*} = \sum_{i=1}^{n} (p - w_J) D_i - \sqrt{\frac{2 K n^{\varphi} \sum_{i=1}^{n} D_i C_{si} \sum_{i=1}^{n} D_i (H_i + \lambda C_{ai} - \lambda w_J)}{\sum_{i=1}^{n} D_i (H_i + C_{si} + \lambda C_{ai} - \lambda w_J)}}$$

证明　采购联盟 N 的单位时间利润函数 $\Pi_N^{IS-J}(t_{iN}, T_N)$ 是包含两个变量 t_{iN} 和 T_N 的多元函数，因此，先求式（3-25）的海塞矩阵，有：

$$
\mathbf{H} = \begin{vmatrix} \dfrac{\partial^2 \Pi_N^{IS-J}(t_{iN}, T_N)}{\partial t_{iN}^2} & \dfrac{\partial^2 \Pi_N^{IS-J}(t_{iN}, T_N)}{\partial t_{iN} \partial T_N} \\[4mm] \dfrac{\partial^2 \Pi_N^{IS-J}(t_{iN}, T_N)}{\partial T_N \partial t_{iN}} & \dfrac{\partial^2 \Pi_N^{IS-J}(t_{iN}, T_N)}{\partial T_N^2} \end{vmatrix}
$$

$$
= \begin{vmatrix} -\dfrac{\sum_{i=1}^{n} D_i (H_i + C_{si} + \lambda C_{ai} - \lambda w_J)}{T_N} & \dfrac{\sum_{i=1}^{n} D_i (H_i + C_{si} + \lambda C_{ai} - \lambda w_J) t_{iN}}{T_N^2} \\[6mm] \dfrac{\sum_{i=1}^{n} D_i (H_i + C_{si} + \lambda C_{ai} - \lambda w_J) t_{iN}}{T_N^2} & -\dfrac{2 K n^{\varphi} + \sum_{i=1}^{n} D_i (H_i + C_{si} + \lambda C_{ai} - \lambda w_J) t_{iN}^2}{T_N^3} \end{vmatrix}
$$

不妨令：

$$X = \frac{\partial^2 \Pi_N^{IS-J}(t_{iN}, T_N)}{\partial t_{iN}^2} = -\frac{\sum_{i=1}^{n} D_i (H_i + C_{s_i} + \lambda C_{a_i} - \lambda \omega_J)}{T_N}$$

$$Y = \frac{\partial^2 \Pi_N^{IS-J}(t_{iN}, T_N)}{\partial T_N \partial t_{iN}} = \frac{\partial^2 \Pi_N^{IS-J}(t_{iN}, T_N)}{\partial t_{iN} \partial T_N} = \frac{\sum_{i=1}^{n} D_i (H_i + C_{si} + \lambda C_{ai} - \lambda \omega_J) t_{iN}}{T_N^2}$$

$$Z = \frac{\partial^2 \Pi_N^{IS-J}(t_{iN}, T_N)}{\partial T_N^2} = -\frac{2 K n^{\varphi} + \sum_{i=1}^{n} D_i (H_i + C_{si} + \lambda C_{ai} - \lambda \omega_J) t_{iN}^2}{T_N^3}$$

则有 $XZ - Y^2 = \dfrac{2 K n^{\varphi} \sum_{i=1}^{n} D_i (H_i + C_{si} + \lambda C_{ai} - \lambda w_J)}{T_N^4} > 0$，且 $X < 0$ 及 $Y < 0$。因

此 $\Pi_N^{IS-J}(t_{iN}, T_N)$ 是关于 t_{iN} 和 T_N 的凹函数，即 $\Pi_N^{IS-J}(t_{iN}, T_N)$ 存在极大值。分别以 $\Pi_N^{IS-J}(t_{iN}, T_N)$ 对 t_{iN} 和 T_N 求一阶偏导数，同时令其等于零，并联立求解下列方程组：

$$\begin{cases} \dfrac{\partial \Pi_N^{IS-J}(t_{iN}, T_N)}{\partial t_{iN}} = \dfrac{\sum\limits_{i=1}^{n} D_i(H_i + C_{si} + \lambda C_{ai} - \lambda w_J)t_{iN}}{T_N} - \sum\limits_{i=1}^{n} D_i C_{si} = 0 \\[4mm] \dfrac{\partial \Pi_N^{IS-J}(t_{iN}, T_N)}{\partial T_N} = \dfrac{2Kn^{\varphi} + \sum\limits_{i=1}^{n} D_i(H_i + C_{si} + \lambda C_{ai} - \lambda w_J)t_{iN}^2}{T_N^2} - \sum\limits_{i=1}^{n} D_i C_{si} = 0 \end{cases}$$

得到：

$$t_{iN}^{IS-J*} = \sqrt{\dfrac{2Kn^{\varphi} \sum\limits_{i=1}^{n} D_i C_{si}}{\sum\limits_{i=1}^{n} D_i(H_i + \lambda C_{ai} - \lambda \omega_J) \sum\limits_{i=1}^{n} D_i(H_i + C_{si} + \lambda C_{ai} - \lambda \omega_J)}}$$

$$T_N^{IS-J*} = \sqrt{\dfrac{2Kn^{\varphi} \sum\limits_{i=1}^{n} D_i(H_i + C_{si} + \lambda C_{ai} - \lambda \omega_J)}{\sum\limits_{i=1}^{n} D_i C_{si} \sum\limits_{i=1}^{n} D_i(H_i + \lambda C_{ai} - \lambda \omega_J)}}$$

将 T_N^{IS-J*} 和 t_{iN}^{IS-J*} 代入 $\sum\limits_{i=1}^{n} D_i(H_i + C_{si} + \lambda C_{ai} - \lambda w_J)t_{iN}^2 + \sum\limits_{i=1}^{n} D_i C_{si}(T_N - t_{iN})^2$，得：

$$\dfrac{2Kn^{\varphi} \sum\limits_{i=1}^{n} D_i C_{si}}{\sum\limits_{i=1}^{n} D_i(H_i + C_{si} + \lambda C_{ai} - \lambda w_J)} + \dfrac{2Kn^{\varphi} \sum\limits_{i=1}^{n} D_i C_{si}}{\sum\limits_{i=1}^{n} D_i(H_i + \lambda C_{ai} - \lambda w_J)}$$

$$\left[\sqrt{\dfrac{\sum\limits_{i=1}^{n} D_i C_{si}}{\sum\limits_{i=1}^{n} D_i(H_i + C_{si} + \lambda C_{ai} - \lambda w_J)}} - \sqrt{\dfrac{\sum\limits_{i=1}^{n} D_i(H_i + C_{si} + \lambda C_{ai} - \lambda w_J)}{\sum\limits_{i=1}^{n} D_i C_{si}}} \right]^2$$

$$= 2Kn^{\varphi} \left[\dfrac{\sum\limits_{i=1}^{n} D_i C_{si}}{\sum\limits_{i=1}^{n} D_i(H_i + C_{si} + \lambda C_{ai} - \lambda w_J)} + \dfrac{\sum\limits_{i=1}^{n} D_i C_{si}}{\sum\limits_{i=1}^{n} D_i(H_i + C_{si} + \lambda C_{ai} - \lambda w_J)} \times \right.$$

$$\left. \left(\dfrac{\sum\limits_{i=1}^{n} D_i C_{si}}{\sum\limits_{i=1}^{n} D_i(H_i + C_{si} + \lambda C_{ai} - \lambda w_J)} + \dfrac{\sum\limits_{i=1}^{n} D_i(H_i + C_{si} + \lambda C_{ai} - \lambda w_J)}{\sum\limits_{i=1}^{n} D_i C_{si}} - 2 \right) \right]$$

$$= 2Kn^{\varphi} \left[\frac{\sum\limits_{i=1}^{n} D_i C_{si}}{\sum\limits_{i=1}^{n} D_i (H_i + C_{si} + \lambda C_{ai} - \lambda w_J)} + \frac{\sum\limits_{i=1}^{n} D_i (H_i + C_{si} + \lambda C_{ai} - \lambda w_J)}{\sum\limits_{i=1}^{n} D_i (H_i + \lambda C_{ai} - \lambda w_J)} \right. $$
$$ + \frac{(\sum\limits_{i=1}^{n} D_i C_{si})^2}{\sum\limits_{i=1}^{n} D_i (H_i + C_{si} + \lambda C_{ai} - \lambda w_J) \sum\limits_{i=1}^{n} D_i (H_i + \lambda C_{ai} - \lambda w_J)} $$
$$ \left. - \frac{2 \sum\limits_{i=1}^{n} D_i C_{si}}{\sum\limits_{i=1}^{n} D_i (H_i + \lambda C_{ai} - \lambda w_J)} \right] $$

$$= 2Kn^{\varphi} \left[\frac{\sum\limits_{i=1}^{n} D_i C_{si}}{\sum\limits_{i=1}^{n} D_i (H_i + C_{si} + \lambda C_{ai} - \lambda w_J)} + \frac{\sum\limits_{i=1}^{n} D_i (H_i + C_{si} + \lambda C_{ai} - \lambda w_J)}{\sum\limits_{i=1}^{n} D_i (H_i + \lambda C_{ai} - \lambda w_J)} \right. $$
$$ + \frac{\sum\limits_{i=1}^{n} D_i C_{si}}{\sum\limits_{i=1}^{n} D_i (H_i + \lambda C_{ai} - \lambda w_J)} - \frac{\sum\limits_{i=1}^{n} D_i C_{si}}{\sum\limits_{i=1}^{n} D_i (H_i + C_{si} + \lambda C_{ai} - \lambda w_J)} $$
$$ \left. - \frac{2 \sum\limits_{i=1}^{n} D_i C_{si}}{\sum\limits_{i=1}^{n} D_i (H_i + \lambda C_{ai} - \lambda w_J)} \right] $$

$$= 2Kn^{\varphi}$$

因此，采购联盟 N 的单位时间利润表示为：

$$\Pi_N^{IS-J*} = \Pi_N^{IS-J}(t_{iN}^{IS-J*}, T_N^{IS-J*}) = \sum_{i=1}^{n} (p - w_J) D_i - \frac{2Kn^{\varphi}}{T_N^*}$$

$$= \sum_{i=1}^{n} (p - w_J) D_i - \sqrt{\frac{2Kn^{\varphi} \sum\limits_{i=1}^{n} D_i C_{si} \sum\limits_{i=1}^{n} D_i (H_i + \lambda C_{ai} - \lambda w_J)}{\sum\limits_{i=1}^{n} D_i (H_i + C_{si} + \lambda C_{ai} - \lambda w_J)}}$$

采购联盟 N 的最佳订货量为：

$$Q_N^{IS-J*} = \sum_{i=1}^{n} D_i \left(T_N^{IS-J*} - \frac{1}{2} \lambda (t_{iN}^{IS-J*})^2 \right)$$

$$= \sum_{i=1}^{n} D_i \sqrt{\frac{2Kn^{\varphi} \sum\limits_{i=1}^{n} D_i(H_i + C_{si} + \lambda C_{ai} - \lambda w_J)}{\sum\limits_{i=1}^{n} D_i C_{si} \sum\limits_{i=1}^{n} D_i(H_i + \lambda C_{ai} - \lambda w_J)}}$$

$$- \frac{\lambda K n^{\varphi} \sum\limits_{i=1}^{n} D_i \sum\limits_{i=1}^{n} D_i C_{si}}{\sum\limits_{i=1}^{n} D_i(H_i + \lambda C_{ai} - \lambda w_J) \sum\limits_{i=1}^{n} D_i(H_i + C_{si} + \lambda C_{ai} - \lambda w_J)}$$

命题 3 – 6 得证。

令 $C_{si} \to +\infty$，即单位产品缺货成本无穷大，便可得到瞬时补货且不允许缺货时采购联盟 N 的最佳补货周期 $T_N^{IN-J^*}$ 和单位时间利润 $\Pi_N^{IN-J^*}$，分别为：

$$T_N^{IN-J^*} = \lim_{C_{si} \to +\infty} T_N^{IS-J^*} = \lim_{C_{si} \to +\infty} \sqrt{\frac{2Kn^{\varphi} \sum\limits_{i=1}^{n} D_i(H_i + C_{si} + \lambda C_{ai} - \lambda w_J)}{\sum\limits_{i=1}^{n} D_i C_{si} \sum\limits_{i=1}^{n} D_i(H_i + \lambda C_{ai} - \lambda w_J)}}$$

$$= \sqrt{\frac{2Kn^{\varphi}}{\sum\limits_{i=1}^{n} D_i(H_i + \lambda C_{ai} - \lambda w_J)}}$$

$$\Pi_N^{IN-J^*} = \lim_{C_{si} \to +\infty} \Pi_N^{IS-J^*}$$

$$= \lim_{C_{si} \to +\infty} \left[\sum_{i=1}^{n} (p - w_J) D_i - \sqrt{\frac{2Kn^{\varphi} \sum\limits_{i=1}^{n} D_i C_{si} \sum\limits_{i=1}^{n} D_i(H_i + \lambda C_{ai} - \lambda w_J)}{\sum\limits_{i=1}^{n} D_i(H_i + C_{si} + \lambda C_{ai} - \lambda w_J)}} \right]$$

$$= \sum_{i=1}^{n} (p - w_J) D_i - \sqrt{2Kn^{\varphi} \sum\limits_{i=1}^{n} D_i(H_i + \lambda C_{ai} - \lambda w_J)}$$

考察瞬时补货且允许缺货模型与瞬时补货且不允许缺货模型，当组建采购联盟 N 进行联合补货时，有：

$$T_N^{IS-J^*} - T_N^{IN-J^*} = \sqrt{\frac{2Kn^{\varphi} \sum\limits_{i=1}^{n} D_i(H_i + C_{si} + \lambda C_{ai} - \lambda w_J)}{\sum\limits_{i=1}^{n} D_i C_{si} \sum\limits_{i=1}^{n} D_i(H_i + \lambda C_{ai} - \lambda w_J)}}$$

$$- \sqrt{\frac{2Kn^{\varphi}}{\sum\limits_{i=1}^{n} D_i(H_i + \lambda C_{ai} - \lambda w_J)}}$$

$$= \sqrt{\frac{2Kn^{\varphi}}{\sum\limits_{i=1}^{n} D_i(H_i + \lambda C_{ai} - \lambda w_J)}} \left[\sqrt{\frac{\sum\limits_{i=1}^{n} D_i(H_i + C_{si} + \lambda C_{ai} - \lambda w_J)}{\sum\limits_{i=1}^{n} D_i C_{si}}} - 1 \right]$$

$$> 0$$

$$\Pi_N^{IS-J*} - \Pi_N^{IN-J*} = \left[\sum_{i=1}^{n} (p - w_J)D_i - \sqrt{\frac{2Kn^{\varphi} \sum\limits_{i=1}^{n} D_i C_{si} \sum\limits_{i=1}^{n} D_i(H_i + \lambda C_{ai} - \lambda w_J)}{\sum\limits_{i=1}^{n} D_i(H_i + C_{si} + \lambda C_{ai} - \lambda w_J)}} \right]$$

$$- \left[\sum_{i=1}^{n} (p - w_J)D_i - \sqrt{2Kn^{\varphi} \sum_{i=1}^{n} D_i(H_i + \lambda C_{ai} - \lambda w_J)} \right]$$

$$= \sqrt{2Kn^{\varphi} \sum_{i=1}^{n} D_i(H_i + \lambda C_{ai} - \lambda w_J)}$$

$$\left[1 - \sqrt{\frac{\sum\limits_{i=1}^{n} D_i C_{si}}{\sum\limits_{i=1}^{n} D_i(H_i + C_{si} + \lambda C_{ai} - \lambda w_J)}} \right] > 0$$

即在允许缺货时，采购联盟 N 的最优订货周期更长、单位时间利润更大。

4. 独立补货与联合补货比较

在"单供应商—多零售商"改良品供应链的瞬时补货且允许缺货模型中，通过对 n 位零售商独立补货与组建采购联盟 N 联合补货的单位时间利润进行作差比较，得到下列表达式：

$$\Delta \Pi^{IS} = \Pi^{IS-C*} - \Pi_N^{IS-J*}$$

$$= \left[\sum_{i=1}^{n} (p - w_i)D_i - \sum_{i=1}^{n} \sqrt{\frac{2KD_i C_{si}(H_i + \lambda C_{ai} - \lambda w_i)}{H_i + C_{si} + \lambda C_{ai} - \lambda w_i}} \right]$$

$$- \left[\sum_{i=1}^{n} (p - w_J)D_i - \sqrt{\frac{2Kn^{\varphi} \sum\limits_{i=1}^{n} D_i C_{si} \sum\limits_{i=1}^{n} D_i(H_i + \lambda C_{ai} - \lambda w_J)}{\sum\limits_{i=1}^{n} D_i(H_i + C_{si} + \lambda C_{ai} - \lambda w_J)}} \right]$$

$$(3-26)$$

根据式（3-26）得到命题 3-7 的结论。

命题 3-7 在"单供应商—多零售商"改良品供应链的瞬时补货且允许缺货模型中，采购联盟 N 联合补货优于各位零售商独立补货的充要条件是订

货协调成本系数 φ 需满足：

$$\varphi < \log_n \left[\frac{\left(\sum_{i=1}^{n} \sqrt{\dfrac{2KD_iC_{si}(H_i + \lambda C_{ai} - \lambda w_i)}{H_i + C_{si} + \lambda C_{ai} - \lambda w_i}} - \sum_{i=1}^{n}(w_i - w_J)D_i \right)^2 \sum_{i=1}^{n} D_i(H_i + C_{si} + \lambda C_{ai} - \lambda w_J)}{2K \sum_{i=1}^{n} D_i C_{si} \sum_{i=1}^{n} D_i(H_i + \lambda C_{ai} - \lambda w_i)} \right]$$

证明 当 $\Delta \Pi^{IS} < 0$ 时，采购联盟 N 联合补货的单位时间利润比各位零售商独立补货时更大，即：

$$\sqrt{\frac{2Kn^{\varphi} \sum_{i=1}^{n} D_iC_{si} \sum_{i=1}^{n} D_i(H_i + \lambda C_{ai} - \lambda w_J)}{\sum_{i=1}^{n} D_i(H_i + C_{si} + \lambda C_{ai} - \lambda w_J)}} < \sum_{i=1}^{n} \sqrt{\frac{2KD_iC_{si}(H_i + \lambda C_{ai} - \lambda w_i)}{H_i + C_{si} + \lambda C_{ai} - \lambda w_i}}$$

$$+ \sum_{i=1}^{n}(w_i - w_J)D_i \Leftrightarrow \frac{2Kn^{\varphi} \sum_{i=1}^{n} D_iC_{si} \sum_{i=1}^{n} D_i(H_i + \lambda C_{ai} - \lambda w_J)}{\sum_{i=1}^{n} D_i(H_i + C_{si} + \lambda C_{ai} - \lambda w_J)}$$

$$< \left[\sum_{i=1}^{n} \sqrt{\frac{2KD_iC_{si}(H_i + \lambda C_{ai} - \lambda w_i)}{H_i + C_{si} + \lambda C_{ai} - \lambda w_i}} + \sum_{i=1}^{n}(w_i - w_J)D_i \right]^2$$

$$\Leftrightarrow \varphi < \log_n \left[\frac{\left(\sum_{i=1}^{n} \sqrt{\dfrac{2KD_iC_{si}(H_i + \lambda C_{ai} - \lambda w_i)}{H_i + C_{si} + \lambda C_{ai} - \lambda w_i}} - \sum_{i=1}^{n}(w_i - w_J)D_i \right)^2 \sum_{i=1}^{n} D_i(H_i + C_{si} + \lambda C_{ai} - \lambda w_J)}{2K \sum_{i=1}^{n} D_i C_{si} \sum_{i=1}^{n} D_i(H_i + \lambda C_{ai} - \lambda w_i)} \right]$$

命题 3 - 7 得证。

零售商们在决策补货方式时，会比较自己独立决策补货与加入采购联盟联合补货的单位时间利润，作为完全理性的经济人，单位时间利润最大化是各位零售商决策补货方式的唯一追逐目标。如果命题 3 - 7 中的订货协调成本系数取值范围得到满足，表明零售商通过加入采购联盟实施联合补货所获得的单位时间利润将比自己独立采购时更大，联合采购成为他们的占优策略。在供应商提供的等级数量折扣函数已提前给定的情况下，判断命题 3 - 7 是否成立的一个关键点是计算各位零售商在独立补货与联合补货时的批发价格 w_i 和 w_J，可运用试错法确定不同补货方式下的批发价格。供应商提供的 m 个等级数量折

扣函数为:

$$\omega(Q) = \begin{cases} \omega_1, & 0 < Q < Q_1 \\ \omega_2, & Q_1 < Q < Q_2 \\ \cdots & \cdots \\ \omega_j, & Q_{j-1} < Q < Q_j \\ \cdots & \cdots \\ \omega_m, & Q_{m-1} < Q < +\infty \end{cases}$$

试错法的基本步骤在第 2.3.2 节已详细介绍, 这里不再赘述。

3.3.3 联合补货利润分配模型

1. 联合补货利润分配原则

考虑 n 位零售商组建采购联盟 N, 其中 $N = \{1, 2, \cdots, n\}$; $S = \{1, 2, \cdots, s\}(\subseteq N)$ 表示采购联盟 N 的任意子联盟, 所有子联盟的全体记为 $\Theta(N)$; $i(\in N)$ 表示采购联盟中的任意一位零售商; 以 $\Pi_S^{IS-J^*}$ 表示采购子联盟 S 联合补货时的单位时间利润。如果计算出所有采购子联盟 S 联合补货时的单位时间利润 $\Pi_S^{IS-J^*}$, 就可以得到联合补货下 n 位零售商合作对策 $(N, \Pi_S^{IS-J^*})$, 而根据对策 $(N, \Pi_S^{IS-J^*})$ 的解就能够把联合补货下的单位时间利润分配给 n 位零售商。如果零售商加入采购联盟参与联合补货获得的单位时间利润低于独立补货时的利润, 那么零售商就会选择退出采购联盟。因此, 任一零售商加入采购联盟的参与约束条件为:

$$\Pi_i^{IS-C^*} \leqslant \Pi_i^{IS-J^*}, \quad \forall i \in N \qquad (3-27)$$

其中, $\Pi_i^{IS-C^*}$、$\Pi_i^{IS-J^*}$ 分别表示零售商 i 在独立补货与联合补货时的单位时间利润。式 (3-27) 称为 n 位零售商合作对策的个体理性条件。

当组建采购联盟进行联合补货时, n 位零售商分配的单位时间利润之和应等于采购联盟在联合补货中获得的总单位时间利润, 即 n 位零售商合作对策应满足整体合理性条件:

$$\sum_{i=1}^{n} \Pi_i^{IS-J^*} = \Pi_N^{IS-J^*} \qquad (3-28)$$

同时, 在 n 位零售商合作对策中还需要考虑各采购子联盟的合理性条件:

$$\sum_{i=1}^{s} \Pi_i^{IS-J^*} \geqslant \Pi_S^{IS-J^*}, \quad \forall S \subseteq N, \, s > 1 \qquad (3-29)$$

式（3-29）表明，采购联盟 N 分配给任意 s 位零售商的单位时间利润之和都不能小于采购子联盟 S 的单位时间利润。否则，零售商不接受分配方案。

2. 联合补货利润分配算法

在"单供应商—多零售商"改良品供应链的瞬时补货且不允许缺货模型中，我们运用 Shapley 值法对采购联盟联合补货的单位时间利润进行分配，本部分将采用另一种常用的收益分配方法——简化的 MCRS 法（minimum costs-remaining savings）来分配采购联盟联合采购的单位时间利润。

简化的 MCRS 法分配收益的基本公式可以表示为：

$$X_i = X_{i\min} + \frac{X_{i\max} - X_{i\min}}{\sum_{i=1}^{n} (X_{i\max} - X_{i\min})} \left[\Pi_N^{IS-J*} - \sum_{i=1}^{n} X_{i\min} \right], \quad \forall i \in N$$

其中，$X_{i\min}$ 表示零售商 i 独立补货的单位时间利润，$X_{i\max}$ 表示零售商 i 参与采购联盟联合补货时的边际单位时间利润，也可以理解为零售商 i 参与采购联盟可分配的单位时间利润最大值，即简化的 MCRS 法：

$$\begin{cases} X_{i\min} = \Pi_i^{IS-C*} = \Pi_{S=\{i\}}^{IS-J*} \\ X_{i\max} = \Pi_N^{IS-J*} - \Pi_{N-i}^{IS-J*}, \quad \forall i \in N \end{cases}$$

3.3.4 数值算例

1. 算例参数设置与求解

假设在单个供应商和三位零售商组成的二级供应链中，三位零售商面临的市场需求率分别为 $D_1 = 2000$ 千克/年、$D_2 = 2200$ 千克/年、$D_3 = 2400$ 千克/年，三位零售商的存储成本分别为 $H_1 = H_2 = H_3 = 6.0$ 元/千克·年，三位零售商的改良成本分别为 $C_{a1} = C_{a2} = C_{a3} = 5.0$ 元/千克，三位零售商的缺货成本分别为 $C_{s1} = C_{s2} = C_{s3} = 20.0$ 元/千克，各位零售商独立补货的单次补货成本相同且为 $K = 500$ 元，改良品在持有期间的净改良率 $\lambda = 0.10$，采购联盟对零售商的订货协调成本系数 $\varphi = 0.80$，改良品的市场销售价格 $p = 12$ 元/千克，供应商提供的等级数量折扣模型为：

$$w(Q) = \begin{cases} 9.0, & 0 < Q < 1000 \\ 8.5, & 1000 < Q < 1500 \\ 8.0, & 1500 < Q < +\infty \end{cases}$$

零售商组建的采购联盟为 $N = \{1, 2, 3\}$，采购联盟的全体为 $\Theta(N) = \{\{1\}, \{2\}, \{3\}, \{1, 2\}, \{1, 3\}, \{2, 3\}, \{1, 2, 3\}\}$。经检验，任意两位及以上的零售商所组建的采购联盟都能满足命题 3-7 的要求，因此零售商联合补货优于独立补货。对每一个采购子联盟 $S \subseteq \Theta(N)$，求得其批发价格、最佳订货周期、最优订货量及单位时间利润等补货参数如表 3-2 所示。

表 3-2　　　　　　　　　　　采购联盟补货参数

联盟类型	批发价格	最优订货周期	最佳订货量	单位时间利润
{1}	9.0	0.338	669.2	3042.0
{2}	9.0	0.323	702.8	3497.6
{3}	9.0	0.309	735.1	3959.6
{1, 2}	8.5	0.307	1276.4	9024.1
{1, 3}	8.5	0.300	1306.7	9590.6
{2, 3}	8.5	0.293	1336.3	10160.0
{1, 2, 3}	8.0	0.287	1876.5	18003.3

由表 3-2 可知，三位零售商组建采购联盟 N 实施联合补货的单位时间利润大于三位零售商分别独立补货所获得的单位时间利润之和，同时也大于任意两位零售商联合补货的单位时间利润与第三位零售商独立补货的单位时间利润之和。因此，三位零售商组建采购联盟开展联合补货是最佳补货策略。根据表 3-2 数据可知 $X_{1\min} = 3042.0$、$X_{2\min} = 3497.6$、$X_{3\min} = 3959.6$、$X_{1\max} = 7843.3$、$X_{2\max} = 8412.7$、$X_{3\max} = 8979.2$、$\Pi_N^{IS-J*} = 18003.3$，根据简化的 MCRS 法收益分配基本公式计算可得 $X_1 = 5487.0$、$X_2 = 6000.5$、$X_3 = 6515.8$。比较零售商选择独立补货与参与联合补货的单位时间利润发现，每位零售商在联合补货中的单位时间利润都获得了大幅度增长。

2. 敏感性分析

（1）净改良率的敏感性分析。

首先考察三位零售商的单位批发价格分别大于单位改良成本情形下，净改良率变动对瞬时补货且允许缺货模型中三位零售商的最优订货周期及单位时间利润的影响，分别如图 3-11 和图 3-12 所示。

由图 3-11 可知，随着净改良率的增大，三位零售商无论是独立补货还是联合补货，最优订货周期都会随之延长。当单位改良成本小于单位批发价格时，零售商通过改良的方式获取单位产品比向供应商订购支付的成本更低，而延长订货周期有利于获得更多改良的物品，因此零售商倾向于延长订货周期。通过图 3－12 可知，三位零售商的单位时间利润都随着净改良率的增大而增加，且在联合采购中获得的单位时间利润要远高于三位零售商各自独立补货时的利润。在单位改良成本小于单位批发价格的情形下，改良率增大有助于降低零售商的单位时间成本，而零售商的销售收入保持不变，单位时间利润自然随之增加。

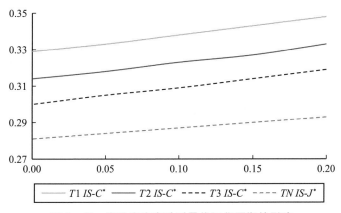

图 3－11　净改良率变动对最优订货周期的影响

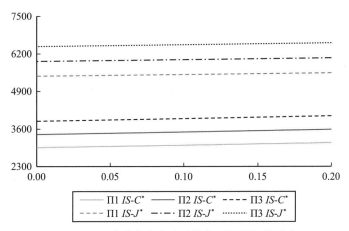

图 3－12　净改良率变动对单位时间利润的影响

（2）订货协调成本系数的敏感性分析。

接下来考察订货协调成本系数变动对瞬时补货且允许缺货模型中三位零售商的最优订货周期及单位时间利润的影响，如图3-13和图3-14所示。

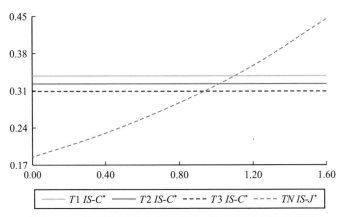

图3-13　订货协调成本系数变动对最优订货周期的影响

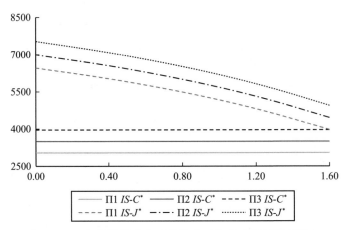

图3-14　订货协调成本系数变动对单位时间利润的影响

从图3-13可以看出，订货协调成本系数对各位零售商独立补货的最优订货周期不产生影响。当三位零售商组建采购联盟实施联合补货时，随着订货协调成本系数的增加，采购联盟的最优订货周期迅速增大。这是因为订货协调成本系数的增加会导致采购联盟对各位零售商的协调成本快速增加，随之引起采购联盟的订货成本也快速增加，而订货成本与最优订货周期又呈同方向变化的关系。图3-14表明，三位零售商独立补货的单位时间利润并不受订货协调成本系数变化的影响，从联合补货中分配的单位时间利润随订货协调成本的增加而下降得较快。首先，独立补货不产生订货协调成本，各位零售商的单位时间利润自然不会受订货协调成本系数的影响；其次，订货协调成本系数增大时，采购联盟的订货成本迅速增大，单位时间利润快速下降，各位零售商分配的单位时间利润也会较快下降。

（3）单位缺货成本系数的敏感性分析。

随后考察单位缺货成本变动对瞬时补货且允许缺货模型中三位零售商的最优订货周期及单位时间利润的影响，如图 3 – 15 和图 3 – 16 所示。

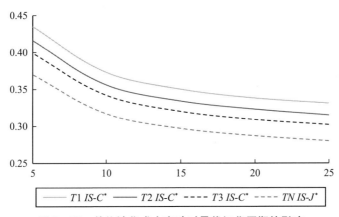

图 3 – 15　单位缺货成本变动对最优订货周期的影响

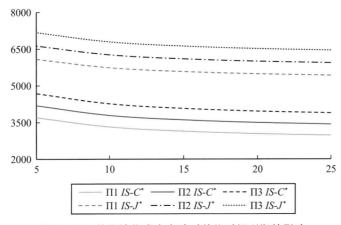

图 3 – 16　单位缺货成本变动对单位时间利润的影响

由图 3 – 15 可知，单位缺货成本增加时，三位零售商无论是各自独立补货还是组建采购联盟实施联合补货，订货周期都会缩短，原因在于单位缺货成本的增加会导致零售商的缺货成本及总成本的增加，而缩短订货周期则有助于降低缺货成本和总成本。单位缺货成本增加引起总成本相应增加，单位时间利润则会随之降低，该现象无论对于独立补货还是联合补货都存在，图 3 – 16 中的曲线所呈现的下降趋势正好阐释了这点。

3.4　本 章 小 结

本章主要讨论了瞬时补货且允许缺货状态下改良品库存决策与供应链协调问题，具体研究内容如下。

（1）"单供应商—单零售商"改良品供应链的库存决策与纵向协调研究。在瞬时补货且允许缺货条件下，建立供应商、零售商及改良品供应链系统在非合作策略和合作策略下的单位时间利润函数，决策各成员企业及供应链系统的最优订货周期、最佳订货量与单位时间利润。通过比较分析发现，合作策略下的改良品供应链系统单位时间利润大于非合作策略情形。由于在合作策略中零售商的单位时间利润较非合作策略出现下降，因此通过设计供应商收益共享契约的方式补偿零售商的损失，刺激零售商接受合作策略。在收益共享契约下，双方的单位时间利润实现帕累托改善，改良品供应链系统实现合作策略的高效率。

（2）"单供应商—多零售商"改良品供应链的库存决策与横向协调研究。在瞬时补货且允许缺货条件下，建立多零售商各自独立补货与组建采购联盟联合补货的单位时间利润函数，并决策各零售商与采购联盟的最优订货周期、最佳订货量及单位时间利润。从单位时间利润角度，分析了多零售商联合补货优于各自独立补货的充要条件，并考虑在联合补货占优时如何分配采购联盟的单位时间利润问题，给出收益分配的基本原则，运用简化的 MCRS 法分配采购联盟联合采购的单位时间利润，确保每位零售商参与联合补货时所获得的单位时间利润不低于各自独立补货时的单位时间利润，实现改良品供应链中各位零售商之间的横向协调。

第 4 章
持续补货且不允许缺货的改良品
供应链库存决策与协调契约设计

4.1 本章概述

本章考虑保留不允许缺货作为约束条件,同时将瞬时补货拓宽到持续补货情形。现有许多文献在涉及补货方式时多假设补货速率为无穷大,订购货物瞬时补充完成,而在现实生活中,供应商持续补货的例子非常易见。当零售商的订货批量较大时,补货往往都需要持续一段时间才能完成。因此,持续补货方式更符合实际情形。持续补货是一种边补充边消耗的补货行为,由于在补充的同时也在消耗,因此一部分货物不需要经历库存环节。持续补货不仅可以缓解供应商补货的压力,还可以降低零售商的平均库存,从而降低零售商的库存成本,减少整个供应链的单位时间成本,提高供应链系统的运作效率。另外,持续补货还会引起零售商的订货周期延长,从而能够在单位时间内减少订货次数,少付几次订货成本。

本章假设补货持续完成且不允许零售商缺货,分别建立"单供应商—单零售商"和"单供应商—多零售商"两种供应链结构下的改良品库存决策模型及设计改良品供应链的"纵向"和"横向"协调契约。在"单供应商—单零售商"组成的改良品供应链中,将瞬时补货情形拓展到持续补货情形,并将非合作与合作两种不同补货策略下的改良品供应链系统单位时间利润进行比较研究,在证明合作策略优于非合作策略的条件下,引入收益共享契约来协调合作策略下零售商的单位时间利润损失,使得零售商实现非合作策略下的单位时间利润及改良品供应链系统的整体最优。

在"单供应商—多零售商"组成的改良品供应链中，考虑供应商对多个零售商提供持续补货，分别建立零售商各自独立补货与联合补货的单位时间利润函数，求解出两种补货模式的单位时间利润并对之进行比较，得到联合补货优于独立补货的必要条件。同时，以联合补货的采购联盟单位时间利润作为分配对象，应用多人合作博弈理论，将联合补货的单位时间利润分配问题构造成多人合作博弈问题，给出最小核心法的收益分配思路。

4.2 持续补货且不允许缺货的库存决策与纵向协调

4.2.1 基本假设与符号说明

本节运用下列基本假设以便于建立库存决策与纵向协调模型：
（1）改良品供应链由单个供应商和单个零售商组成；
（2）改良品供应链中零售商处于领导者地位，供应商是追随者；
（3）讨论供应商供给一种改良品的订货决策；
（4）供货模式为批量对批量，供应商无库存成本；
（5）考虑无限个订货周期，提前期忽略不计；
（6）不允许零售商缺货，补货需持续一段时间完成；
（7）需求率已知且均匀稳定；
（8）改良品在库存持有期间的净改良率为恒定常数；
（9）库存持有期间因发生改良而增加的部分占用库存。
本节定义下列符号参数以便于建立库存决策与纵向协调模型：
D：零售商面临的市场需求率，是一个确定的常数；
P：供应商的补货速率，$P > D$；
Q：零售商每个周期的订货量，决策变量；
T：零售商的订货周期，决策变量；
K_1：零售商的单次订货成本；
K_2：供应商的单次订单处理成本；
p：零售商销售单位改良品的市场价格；
w：供应商供给单位改良品的批发价格；
c：供应商订购单位改良品的支付成本；
λ：改良品的净改良率；

H：改良品的单位库存成本；

C_a：改良品的单位改良成本；

TR_R：零售商的销售收入；

$\Pi_{R/M/SC}^{ON-D/I/RS}$：持续补货且不允许缺货模型中零售商、供应商、供应链系统在非合作策略、合作策略下的单位时间利润，下标 R、M、SC 分别表示零售商、供应商和供应链系统，上标中 D、I、RS 分别表示非合作策略、合作策略和收入共享契约，上标中加"$*$"表示对应的最优解。

其他未尽符号参数定义可见文中具体说明。

4.2.2 持续补货且不允许缺货的改良品库存决策

1. 模型描述

如图 4-1 所示，在改良品供应链库存系统中，每个订货周期分为两个阶段。在 $0 \leq t \leq t_1$ 阶段，改良品的库存水平在补货、改良与需求的共同作用下从零开始逐渐提升，至 t_1 时刻库存量达到最大值；在 $t_1 \leq t \leq T$ 阶段，改良品的库存水平在需求与改良的共同影响下从最大值逐渐下降为零。

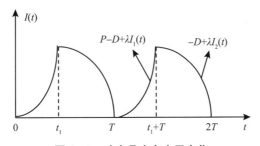

图 4-1 改良品库存水平变化

在 $0 \leq t \leq t_1$ 阶段，任意时刻 t 的改良品库存水平 $I_1(t)$ 满足微分方程

$$\frac{dI_1(t)}{dt} = (P-D) + \lambda I_1(t) \tag{4-1}$$

在 $t_1 \leq t \leq T$ 阶段，任意时刻 t 的改良品库存水平 $I_2(t)$ 满足微分方程

$$\frac{dI_2(t)}{dt} = -D + \lambda I_2(t) \tag{4-2}$$

结合初始条件 $I_1(0) = 0$ 及 $I_2(T) = 0$，解得

$$I_1(t) = \frac{P-D}{\lambda}(e^{\lambda t} - 1) \tag{4-3}$$

$$I_2(t) = \frac{D}{\lambda}(1 - e^{\lambda(t-T)}) \tag{4-4}$$

改良品的库存水平在 $t = t_1$ 时刻满足 $I_1(t_1) = I_2(t_1)$，即：

$$\frac{P-D}{\lambda}(e^{\lambda t} - 1) = \frac{D}{\lambda}(1 - e^{\lambda(t-T)})$$

这里直接求解 t_1 与 T 的表达式比较困难，借鉴西瓦桑卡里等（Sivashan-kari et al.，2015）的处理方式，将式中的指数函数进行泰勒展开，并取其前两项，得到 $t_1 = \frac{DT}{P}$。

2. 非合作策略

在"单供应商—单零售商"改良品供应链的持续补货且不允许缺货模型中，若供应链成员之间采取非合作策略，作为理性"经济人"的零售商追求单位时间利润最大化，根据经济订货批量模型来确定最佳订货量。零售商在一个订货周期 T 内的成本包括订货成本 TC_1、采购成本 TC_2、库存成本 TC_3、改良成本 TC_4 四个部分，其中：

$$TC_1 = K$$

$$\begin{aligned}
TC_2 &= w\left[DT - \left(\lambda\int_0^{t_1} I_1(t)dt + \lambda\int_{t_1}^T I_2(t)dt\right)\right] \\
&= w\left[DT - \left(\lambda\int_0^{t_1}\frac{P-D}{\lambda}(e^{\lambda t}-1)dt + \lambda\int_{t_1}^T\frac{D}{\lambda}(1-e^{\lambda(t-T)})dt\right)\right] \\
&= w\left[DT - \left(\lambda\int_0^{t_1}(P-D)tdt + \lambda\int_{t_1}^T D(T-t)dt\right)\right] \\
&= wDT - \frac{\lambda wD(P-D)T^2}{2P}
\end{aligned}$$

$$\begin{aligned}
TC_3 &= H\left[\int_0^{t_1} I_1(t)dt + \int_{t_1}^T I_2(t)dt\right] \\
&= H\left[\int_0^{t_1}\frac{P-D}{\lambda}(e^{\lambda t}-1)dt + \int_{t_1}^T\frac{D}{\lambda}(1-e^{\lambda(t-T)})dt\right] \\
&= H\left[\int_0^{t_1}(P-D)tdt + \int_{t_1}^T D(T-t)dt\right] = \frac{HD(P-D)T^2}{2P}
\end{aligned}$$

$$TC_4 = C_a\left[\lambda\int_0^{t_1} I_1(t)dt + \lambda\int_{t_1}^T I_2(t)dt\right]$$

$$= C_a \Big[\lambda \int_0^{t_1} \frac{P-D}{\lambda} (e^{\lambda t} - 1) dt + \lambda \int_{t_1}^{T} \frac{D}{\lambda} (1 - e^{\lambda(t-T)}) dt \Big]$$

$$= w \Big[\lambda \int_0^{t_1} (P-D) t dt + \lambda \int_{t_1}^{T} D(T-t) dt \Big] = \frac{\lambda C_a D(P-D) T^2}{2P}$$

从而,零售商的单位时间利润函数为:

$$\Pi_R^{ON-D}(T) = \frac{TR_R - TC_1 - TC_2 - TC_3 - TC_4}{T}$$

$$= (p-w)D - \frac{D(P-D)(H + \lambda C_a - \lambda w) T}{2P} - \frac{K_1}{T} \qquad (4-5)$$

根据式(4-5)得到命题 4-1 的结论。

命题 4-1 在"单供应商—单零售商"改良品供应链的持续补货且不允许缺货模型中,如果双方采取非合作策略,则零售商的最优订货周期 T^{ON-D*} 和单位时间利润 Π_R^{ON-D*} 分别为:

$$T^{ON-D*} = \sqrt{\frac{2K_1 P}{D(P-D)(H + \lambda C_a - \lambda w)}}$$

$$\Pi_R^{ON-D*} = (p-w)D - \sqrt{\frac{2K_1 D(P-D)(H + \lambda C_a - \lambda w)}{P}}$$

证明 已知零售商的单位时间利润函数 Π_R^{ON-D} 关于订货周期 T 的二阶导数 $\frac{d^2 \Pi_R^{ON-D}}{dT^2} = -\frac{K_1}{T^3} < 0$,因此,$\Pi_R^{ON-D}$ 是关于 T 的凹函数,即 Π_R^{ON-D} 存在极大值。以 Π_R^{ON-D} 对 T 求一阶导数并令其等于零,有 $\frac{d\Pi_R^{ON-D}}{dT} = -\frac{D(P-D)(H + \lambda C_a - \lambda w)}{2P} + \frac{K_1}{T^2} = 0$,解得 $T^{ON-D*} = \sqrt{\frac{2K_1 P}{D(P-D)(H + \lambda C_a - \lambda w)}}$。将 T^{ON-D*} 分别代入式(4-5),可得 $\Pi_R^{ON-D*} = (p-w)D - \sqrt{\frac{2K_1 D(P-D)(H + \lambda C_a - \lambda w)}{P}}$。

命题 4-1 得证。

考虑到供应商对零售商的供货模式为批量对批量,因此,供应商不持有库存,同时也无改良发生,供应商处不产生库存成本和改良成本。供应商在一个订货周期内的总成本包括订货成本 cDT 和订单处理成本 K_2。将供应商的一次供货利润减去周期总成本后再除以周期时间便得到供应商的单位时间利润:

$$\Pi_M^{ON-D}(T) = \frac{wDT - (cDT + K_2)}{T} = (w-c)D - \frac{K_2}{T} \qquad (4-6)$$

由式（4-6）容易看出，订货周期 T 越大，供应商单位时间分摊的订单处理成本就越低，从而单位时间利润越高。

考虑到零售商在改良品供应链中的主导地位，在非合作策略下，显然零售商会按照自己的最优订货周期 T^{ON-D*} 向供应商订货，供应商只能被动接受零售商的最优订货周期 T^{ON-D*}。此时，供应商的单位时间利润为：

$$\Pi_M^{ON-D*} = (w-c)D - K_2\sqrt{\frac{D(P-D)(H+\lambda C_a - \lambda w)}{2K_1 P}} \qquad (4-7)$$

在持续补货且不允许缺货模型中，若供应商和零售商采取非合作策略，则改良品供应链的单位时间利润为：

$$\Pi_{SC}^{ON-D*} = \Pi_R^{ON-D*} + \Pi_M^{ON-D*}$$

$$= \left[(p-w)D - \sqrt{\frac{2DK_1(P-D)(H+\lambda C_a - \lambda w)}{P}}\right]$$

$$+ \left[(w-c)D - K_2\sqrt{\frac{D(P-D)(H+\lambda C_a - \lambda w)}{2K_1 P}}\right]$$

$$= (p-c)D - \sqrt{\frac{2D(P-D)(H+\lambda C_a - \lambda w)}{P}}\left[\sqrt{K_1} + \frac{K_2}{2\sqrt{K_1}}\right] \qquad (4-8)$$

结合命题4-1、式（4-7）和式（4-8），可知下列结论成立。

推论4-1 在持续补货且不允许缺货模型中，当供应商和零售商采取非合作策略时，有：

（1）若 $w > C_a$，则 $\frac{dT^{ON-D*}}{d\lambda} > 0$，$\frac{d\Pi_R^{ON-D*}}{d\lambda} > 0$，$\frac{d\Pi_M^{ON-D*}}{d\lambda} > 0$，$\frac{d\Pi_{SC}^{ON-D*}}{d\lambda} > 0$；

（2）若 $w < C_a$，则 $\frac{dT^{ON-D*}}{d\lambda} < 0$，$\frac{d\Pi_R^{ON-D*}}{d\lambda} < 0$，$\frac{d\Pi_M^{ON-D*}}{d\lambda} < 0$，$\frac{d\Pi_{SC}^{ON-D*}}{d\lambda} < 0$。

证明 分别以 T^{ON-D*}、Π_R^{ON-D*}、Π_M^{ON-D*} 和 Π_{SC}^{ON-D*} 对 λ 求一阶导数，得到：

$$\frac{dT^{ON-D*}}{d\lambda} = \sqrt{\frac{K_1 P}{2D(P-D)}}(w-C_a)(H+\lambda C_a - \lambda w)^{-\frac{3}{2}}$$

$$\frac{d\Pi_R^{ON-D*}}{d\lambda} = \sqrt{\frac{DK_1(P-D)}{2P}}(w-C_a)(H+\lambda C_a - \lambda w)^{-\frac{1}{2}}$$

$$\frac{d\Pi_M^{ON-D*}}{d\lambda} = \frac{K_2}{2}\sqrt{\frac{D(P-D)}{2K_1 P}}(w-C_a)(H+\lambda C_a - \lambda w)^{-\frac{1}{2}}$$

$$\frac{d\Pi_{SC}^{ON-D*}}{d\lambda} = \sqrt{\frac{D(P-D)}{2P}}\left[\sqrt{K_1} + \frac{K_2}{2\sqrt{K_1}}\right](w-C_a)(H+\lambda C_a - \lambda w)^{-\frac{1}{2}}$$

即当 $w > C_a$ 时，有 $\dfrac{dT^{ON-D*}}{d\lambda} > 0$，$\dfrac{d\Pi_R^{ON-D*}}{d\lambda} > 0$，$\dfrac{d\Pi_M^{ON-D*}}{d\lambda} > 0$，$\dfrac{d\Pi_{SC}^{ON-D*}}{d\lambda} > 0$；当 $w < C_a$ 时，有 $\dfrac{dT^{ON-D*}}{d\lambda} < 0$，$\dfrac{d\Pi_R^{ON-D*}}{d\lambda} < 0$，$\dfrac{d\Pi_M^{ON-D*}}{d\lambda} < 0$，$\dfrac{d\Pi_{SC}^{ON-D*}}{d\lambda} < 0$。

推论 4 – 1 得证。

推论 4 – 1 表明，在"单供应链—单零售商"改良品供应链的持续补货且不允许缺货模型中，如果供应商和零售商采用非合作策略，则当改良品的单位批发价格大于单位改良成本时，随着净改良率的增大，零售商的最优订货周期、供应链各成员及系统的单位时间利润也随之增大（增加）；当改良品的单位批发价格小于单位改良成本时，则零售商的最优订货周期、供应链各成员及系统的单位时间利润随着净改良率的增大而减小（减少）。

推论 4 – 2 在持续补货且不允许缺货模型中，当供应商和零售商采取非合作策略时，有 $\dfrac{dT^{ON-D*}}{dP} < 0$，$\dfrac{d\Pi_R^{ON-D*}}{dP} < 0$，$\dfrac{d\Pi_M^{ON-D*}}{dP} < 0$，$\dfrac{d\Pi_{SC}^{ON-D*}}{dP} < 0$。

证明 分别以 T^{ON-D*}、Π_R^{ON-D*}、Π_M^{ON-D*} 和 Π_{SC}^{ON-D*} 对 λ 求一阶导数，得到：

$$\frac{dT^{ON-D*}}{dP} = -\sqrt{\frac{DK_1}{2P(H+\lambda C_a - \lambda w)}}(P-D)^{-\frac{3}{2}} < 0$$

$$\frac{d\Pi_R^{ON-D*}}{dP} = -\sqrt{\frac{K_1(H+\lambda C_a - \lambda w)}{2(P-D)}}\left[\frac{D}{P}\right]^{\frac{3}{2}} < 0$$

$$\frac{d\Pi_M^{ON-D*}}{dP} = -\frac{K_2}{2}\sqrt{\frac{H+\lambda C_a - \lambda w}{2K_1(P-D)}}\left[\frac{D}{P}\right]^{\frac{3}{2}} < 0$$

$$\frac{d\Pi_{SC}^{ON-D*}}{dP} = -\sqrt{\frac{(H+\lambda C_a - \lambda w)}{2K_1(P-D)}}\left[\sqrt{K_1}+\frac{K_2}{2\sqrt{K_1}}\right]\left[\frac{D}{P}\right]^{\frac{3}{2}} < 0$$

即 $\dfrac{dT^{ON-D*}}{dP} < 0$，$\dfrac{d\Pi_R^{ON-D*}}{dP} < 0$，$\dfrac{d\Pi_M^{ON-D*}}{dP} < 0$，$\dfrac{d\Pi_{SC}^{ON-D*}}{dP} < 0$。

推论 4 – 2 得证。

推论 4 – 2 表明，在"单供应链—单零售商"改良品供应链的持续补货且不允许缺货模型中，如果供应商和零售商采用非合作策略，则改良品供应链系统的最优订货周期、单位时间利润及各成员企业的单位时间利润都随着补货速率的增大而减小（减少）。

令 T^{ON-D*}、Π_R^{ON-D*}、Π_M^{ON-D*} 和 Π_{SC}^{ON-D*} 表达式中 $P \to +\infty$，分别得到 T^{IN-D*}、Π_R^{IN-D*}、Π_M^{IN-D*} 和 Π_{SC}^{IN-D*}，即有：

$$T^{IN-D*} = \lim_{P \to +\infty} T^{ON-D*} = \sqrt{\frac{2K_1}{D(H + \lambda C_a - \lambda w)}}$$

$$\Pi_R^{IN-D*} = \lim_{P \to +\infty} \Pi_R^{ON-D*} = (p - w)D - \sqrt{2DK_1(H + \lambda C_a - \lambda w)}$$

$$\Pi_M^{IN-D*} = \lim_{P \to +\infty} \Pi_M^{ON-D*} = (w - c)D - K_2\sqrt{\frac{D(H + \lambda C_a - \lambda w)}{2K_1}}$$

$$\Pi_{SC}^{IN-D*} - \lim_{P \to +\infty} \Pi_{SC}^{ON-D*} = (p - c)D - \sqrt{2D(H + \lambda C_a - \lambda w)}\left[\sqrt{K_1} + \frac{K_2}{2\sqrt{K_1}}\right]$$

在"单供应商—单零售商"构成的改良品供应链中，当双方采取非合作策略时，将持续补货且不允许缺货与瞬时补货且不允许缺货两个模型得到的最优订货周期及单位时间利润进行逐一比较，形成如下结论。

推论 4 - 3 (1) $T^{IN-D*} < T^{ON-D*}$; (2) $\Pi_R^{IN-D*} < \Pi_R^{ON-D*}$, $\Pi_M^{IN-D*} < \Pi_M^{ON-D*}$, $\Pi_{SC}^{IN-D*} < \Pi_{SC}^{ON-D*}$。

证明 将瞬时补货且不允许缺货与持续补货且不允许缺货两种情形下的最优订货周期与单位时间利润分别作差并化简，得到：

$$T^{IN-D*} - T^{ON-D*} = \sqrt{\frac{2K_1}{D(H + \lambda C_a - \lambda w)}} - \sqrt{\frac{2K_1 P}{D(P - D)(H + \lambda C_a - \lambda w)}}$$

$$= \sqrt{\frac{2K_1}{D(H + \lambda C_a - \lambda w)}}\left[1 - \sqrt{\frac{P}{P - D}}\right] < 0$$

$$\Pi_R^{IN-D*} - \Pi_R^{ON-D*} = \left[(p - w)D - \sqrt{2DK_1(H + \lambda C_a - \lambda w)}\right]$$

$$- \left[(p - w)D - \sqrt{\frac{2DK_1(P - D)(H + \lambda C_a - \lambda w)}{P}}\right]$$

$$= \sqrt{2DK_1(H + \lambda C_a - \lambda w)}\left[\sqrt{\frac{P - D}{P}} - 1\right] < 0$$

$$\Pi_M^{IN-D*} - \Pi_M^{ON-D*} = \left[(w - c)D - K_2\sqrt{\frac{D(H + \lambda C_a - \lambda w)}{2K_1}}\right]$$

$$- \left[(w - c)D - K_2\sqrt{\frac{D(P - D)(H + \lambda C_a - \lambda w)}{2K_1 P}}\right]$$

$$= K_2\sqrt{\frac{D(H + \lambda C_a - \lambda w)}{2K_1}}\left[\sqrt{\frac{P - D}{P}} - 1\right] < 0$$

$$\Pi_{SC}^{IN-D*} - \Pi_{SC}^{ON-D*} = \left[(p - c)D - \sqrt{2D(H + \lambda C_a - \lambda w)}\left[\sqrt{K_1} + \frac{K_2}{2\sqrt{K_1}}\right]\right]$$

$$-\left[(p-c)D-\sqrt{\frac{2D(P-D)(H+\lambda C_a-\lambda w)}{P}}\left[\sqrt{K_1}+\frac{K_2}{2\sqrt{K_1}}\right]\right]$$

$$=\sqrt{2D(H+\lambda C_a-\lambda w)}\left[\sqrt{K_1}+\frac{K_2}{2\sqrt{K_1}}\right]\left[\sqrt{\frac{P-D}{P}}-1\right]<0$$

推论 4 – 3 得证。

推论 4 – 3 表明，在"单供应商—单零售商"构成的改良品供应链中，当双方采取非合作策略时，持续补货且不允许缺货的最优订货周期、供应链系统及与各位成员的单位时间利润都要比瞬时补货且不允许缺货时更长（高）。

3. 合作策略

在"单供应商—单零售商"改良品供应链的持续补货且不允许缺货模型中，如果供应链成员之间采取合作策略，以供应链系统的整体利润作为决策目标，得到改良品供应链系统的利润函数：

$$\Pi_{SC}^{ON-1}(T)=\Pi_R^{ON-D}(T)+\Pi_M^{ON-D}(T)$$

$$=(p-c)D-\frac{D(P-D)(H+\lambda C_a-\lambda w)T}{2P}-\frac{K_1+K_2}{T}\qquad(4-9)$$

根据式（4–9）得到命题 4–2 的结论。

命题 4 – 2 在"单供应商—单零售商"改良品供应链的持续补货且不允许缺货模型中，如果双方采取合作策略，则供应链系统的最优订货周期 T^{ON-1*} 和单位时间利润 Π_{SC}^{ON-1*} 分别为：

$$T^{ON-1*}=\sqrt{\frac{2P(K_1+K_2)}{D(P-D)(H+\lambda C_a-\lambda w)}}$$

$$\Pi_{SC}^{ON-1*}=(p-c)D-\sqrt{\frac{2D(P-D)(K_1+K_2)(H+\lambda C_a-\lambda w)}{P}}$$

证明 已知改良品供应链系统的单位时间利润函数 $\Pi_{SC}^{ON-1}(T)$ 关于订货周期 T 的二阶导数 $\dfrac{d^2\Pi_{SC}^{ON-1}}{dT^2}=-\dfrac{K_1+K_2}{T^3}<0$，因此，$\Pi_{SC}^{ON-1}(T)$ 是关于 T 的凹函数，即 $\Pi_{SC}^{ON-1}(T)$ 存在极大值。以 $\Pi_{SC}^{ON-1}(T)$ 对 T 求一阶导数并令其等于零，有 $\dfrac{d\Pi_{SC}^{ON-1}(T)}{dT}=-\dfrac{D(P-D)(H+\lambda C_a-\lambda w)}{2P}+\dfrac{K_1+K_2}{T^2}=0$，解得 $T^{ON-1*}=$

$\sqrt{\dfrac{2P(K_1+K_2)}{D(P-D)(H+\lambda C_a-\lambda w)}}$。将 T^{ON-1*} 代入式（4–9），可得 $\Pi_{SC}^{ON-1*}=(p-c)D-$

$$\sqrt{\frac{2D(P-D)(K_1+K_2)(H+\lambda C_a-\lambda w)}{P}}。$$

命题 4-2 得证。

结合命题 4-2 可知有下列结论成立。

推论 4-4 在持续补货且不允许缺货模型中，当供应商和零售商采取合作策略时，有：

(1) 若 $w > C_a$，则 $\dfrac{dT^{ON-1*}}{d\lambda} > 0$，$\dfrac{d\Pi_{SC}^{ON-1*}}{d\lambda} > 0$；

(2) 若 $w < C_a$，则 $\dfrac{dT^{ON-1*}}{d\lambda} < 0$，$\dfrac{d\Pi_{SC}^{ON-1*}}{d\lambda} < 0$。

证明 分别以 T^{ON-1*} 和 Π_{SC}^{ON-1*} 对 λ 求一阶导数，得到：

$$\frac{dT^{ON-1*}}{d\lambda} = \sqrt{\frac{P(K_1+K_2)}{2D(P-D)}}(w-C_a)(H+\lambda C_a-\lambda w)^{-\frac{3}{2}}$$

$$\frac{d\Pi_{SC}^{ON-1*}}{d\lambda} = \sqrt{\frac{D(P-D)(K_1+K_2)}{2P}}(w-C_a)(H+\lambda C_a-\lambda w)^{-\frac{1}{2}}$$

即当 $w > C_a$ 时，有 $\dfrac{dT^{ON-1*}}{d\lambda} > 0$，$\dfrac{d\Pi_{SC}^{ON-1*}}{d\lambda} > 0$；当 $w < C_a$ 时，有 $\dfrac{dT^{ON-1*}}{d\lambda} < 0$，$\dfrac{d\Pi_{SC}^{ON-1*}}{d\lambda} < 0$。

推论 4-4 得证。

推论 4-4 表明，在"单供应商—单零售商"构成的改良品供应链持续补货且不允许缺货模型中，如果供应商和零售商选择合作策略，则当改良品的单位批发价格大于单位改良成本时，供应链系统的最优订货周期和单位时间利润随着净改良率的增大而延长（增加），随净改良率的减小而缩短（降低）。原因在于，对改良品供应链系统来说，通过改良获得单位改良品的成本要小于直接订购，在净改良率增大情形下延长订货周期可以增加更多的改良物品，从而节约单位改良品的获得费用，减少单位时间成本，增加供应链系统的单位时间利润。

推论 4-5 在持续补货且不允许缺货模型中，当供应商和零售商采取合作策略时，有：(1) $\dfrac{dT^{ON-1*}}{dP} < 0$；(2) $\dfrac{d\Pi_{SC}^{ON-1*}}{dP} < 0$。

证明 分别以 T^{ON-1*} 和 Π_{SC}^{ON-1*} 对 P 求一阶导数，得到：

$$\frac{dT^{ON-1*}}{dP} = -\sqrt{\frac{D(K_1+K_2)}{2P(H+\lambda C_a-\lambda w)}}(P-D)^{-\frac{3}{2}} < 0$$

$$\frac{d\Pi_{SC}^{ON-I*}}{dP} = -\sqrt{\frac{(K_1 + K_2)(H + \lambda C_a - \lambda w)}{2(P-D)}} \left[\frac{D}{P}\right]^{\frac{3}{2}} < 0$$

即 $\dfrac{dT^{ON-I*}}{dP} < 0$，$\dfrac{d\Pi_{SC}^{ON-I*}}{dP} < 0$。

推论 4 – 5 得证。

推论 4 – 5 表明，在"单供应商—单零售商"构成的改良品供应链持续补货且不允许缺货模型中，如果供应商和零售商选择合作策略，则供应链系统的最优订货周期和单位时间利润随着补货速率的增加而缩短（降低）。补货速率增加，零售商的平均库存水平上升，且订货周期越长，平均库存水平上升越多，单位时间成本增加越多，零售商希望通过缩短订货周期来减少成本的增加趋势。根据零售商和供应商的单位时间利润函数可以看出，补货速率增加分别会引起双方的单位时间利润减少，因此自然导致整个改良品供应链系统的单位时间利润减少。

令 T^{ON-I*} 和 Π_{SC}^{ON-I*} 表达式中 $P \to +\infty$，分别得到 T^{IN-I*} 和 Π_{SC}^{IN-I*}，即有：

$$T^{IN-I*} = \lim_{P \to +\infty} T^{ON-I*} = \sqrt{\frac{2(K_1 + K_2)}{D(H + \lambda C_a - \lambda w)}}$$

$$\Pi_{SC}^{IN-I*} = \lim_{P \to +\infty} \Pi_{SC}^{ON-I*} = (p-c)D - \sqrt{2D(K_1 + K_2)(H + \lambda C_a - \lambda w)}$$

在"单供应商—单零售商"构成的改良品供应链中，当供应商和零售商采取合作策略时，将持续补货且不允许缺货和瞬时补货且不允许缺货两种情形得到的最优订货周期与系统单位时间利润进行逐一比较，形成如下结论。

推论 4 – 6 （1）$T^{IN-I*} < T^{ON-I*}$；（2）$\Pi_{SC}^{IN-I*} < \Pi_{SC}^{ON-I*}$。

证明 将瞬时补货且不允许缺货和持续补货且不允许缺货两种情形得到的最优订货周期与系统单位时间利润作差并化简，得到：

$$T^{IN-I*} - T^{ON-I*} = \sqrt{\frac{2(K_1 + K_2)}{D(H + \lambda C_a - \lambda w)}} - \sqrt{\frac{2P(K_1 + K_2)}{D(P-D)(H + \lambda C_a - \lambda w)}}$$

$$= \sqrt{\frac{2(K_1 + K_2)}{D(H + \lambda C_a - \lambda w)}} \left[1 - \sqrt{\frac{P}{P-D}}\right] < 0$$

$$\Pi_{SC}^{IN-I*} - \Pi_{SC}^{ON-I*} = \left[(p-c)D - \sqrt{2D(K_1 + K_2)(H + \lambda C_a - \lambda w)}\right]$$

$$- \left[(p-c)D - \sqrt{\frac{2D(P-D)(K_1 + K_2)(H + \lambda C_a - \lambda w)}{P}}\right]$$

$$= \sqrt{2D(K_1 + K_2)(H + \lambda C_a - \lambda w)} \left[\sqrt{\frac{P-D}{P}} - 1\right] < 0$$

推论 4 – 6 得证。

推论 4-6 表明，在"单供应商—单零售商"构成的改良品供应链中，当供应商和零售商采取合作策略时，持续补货且不允许缺货相较于瞬时补货且不允许缺货模型，改良品供应链系统的最优订货周期更长，单位时间利润水平更高。

4. 库存策略比较

在"单供应商—单零售商"改良品供应链的持续补货且不允许缺货模型中，通过比较非合作策略和合作策略下的最优订货周期和单位时间利润，得到命题 4-3 的结论。

命题 4-3 对改良品供应链有：（1）$T^{ON-I*} > T^{ON-D*}$；（2）$\Pi_{SC}^{ON-I*} > \Pi_{SC}^{ON-D*}$。

证明 将合作策略和非合作策略下的最优订货周期作差并化简，可得：

$$T^{ON-I*} - T^{ON-D*} = \sqrt{\frac{2P(K_1 + K_2)}{D(P-D)(H + \lambda C_a - \lambda w)}} - \sqrt{\frac{2PK_1}{D(P-D)(H + \lambda C_a - \lambda w)}}$$

$$= \left[\sqrt{K_1 + K_2} - \sqrt{K_1} \right] \sqrt{\frac{2P}{D(P-D)(H + \lambda C_a - \lambda w)}}$$

将合作策略和非合作策略下的单位时间利润作差并化简，可得：

$$\Pi_{SC}^{ON-I*} - \Pi_{SC}^{ON-D*} = \sqrt{\frac{2D(P-D)(H + \lambda C_a - \lambda w)}{P}}$$

$$\left[\sqrt{K_1} + \frac{K_2}{2\sqrt{K_1}} - \sqrt{K_1 + K_2} \right]$$

由于 $\left[\sqrt{K_1} + \dfrac{K_2}{2\sqrt{K_1}} \right]^2 - \left[\sqrt{K_1 + K_2} \right]^2 = \dfrac{K_2^2}{4K_1} > 0$，故 $\Pi_{SC}^{ON-I*} - \Pi_{SC}^{ON-D*} > 0$。

命题 4-3 得证。

根据命题 4-3 可知，对于持续补货且不允许缺货模型，供应链各成员企业合作时的系统单位时间利润要比不合作时高。因此，对于供应链系统来说，合作策略优于非合作策略。然而，当零售商以合作策略下的最优订货周期向供应商订货时，其获得的单位时间利润为：

$$\Pi_R^{ON-I*} = (p-w)D - \sqrt{\frac{2D(P-D)(H + \lambda C_a - \lambda w)}{P}}$$

$$\left[\frac{\sqrt{K_1 + K_2}}{2} + \frac{K_1}{2\sqrt{K_1 + K_2}} \right]$$

结合零售商在非合作策略下的单位时间利润函数：

$$\Pi_R^{ON-D*} = (p - w) D - \sqrt{\frac{2K_1 D (P - D)(H + \lambda C_a - \lambda w)}{P}}$$

考虑到 $\dfrac{\sqrt{K_1 + K_2}}{2} + \dfrac{K_1}{2\sqrt{K_1 + K_2}} \geq \sqrt{K_1}$，即 $\Pi_R^{ON-D*} \geq \Pi_R^{ON-I*}$，所以零售商不会主动采取合作策略。

4.2.3　收益共享契约

1. 参与约束

为了激发零售商以合作策略下最优订货周期 T^{ON-I*} 订货的动机，供应商承诺将自己收益的一定比例给予零售商作为补偿，即提供收益共享契约。如此零售商的订货周期越长，每次订货量越大，能够获得的补偿也就越多。设供应商向零售商分享的收益比例为 θ^{ON}，则在供应商提供收益共享契约时双方的单位时间利润函数分别表示为：

$$\Pi_M^{ON-RS} = \left[(1 - \theta^{ON}) w - c \right] D - \frac{K_2}{T^{ON-I*}} \qquad (4-10)$$

$$\Pi_R^{ON-RS} = \left[p - (1 - \theta^{ON}) w \right] D - \frac{D(P-D)(H + \lambda C_a - \lambda w) T^{ON-I*}}{2P} - \frac{K_1}{T^{ON-I*}} \qquad (4-11)$$

零售商按合作策略下的最优订货周期 T^{ON-I*} 订货的参与约束是在供应商提供收益共享契约后获得的单位时间利润不少于非合作策略下单位时间利润，即需满足：

$$\Pi_R^{ON-RS} \geq \Pi_R^{ON-D*} \qquad (4-12)$$

同理，供应商提供收益共享契约后自己剩余的单位时间利润不能小于其在非合作策略下获得单位时间利润，即需满足：

$$\Pi_M^{ON-RS} \geq \Pi_M^{ON-D*} \qquad (4-13)$$

基于上述分析，得到命题 4-4 的结论。

命题 4-4　在收益共享契约中，供应商分享的收益比例 θ^{ON} 满足

$$\frac{\sqrt{\dfrac{D(P-D)(H + \lambda C_a - \lambda w)}{2P}} \left[\sqrt{K_1 + K_2} - \sqrt{K_1} \right]^2}{wD\sqrt{K_1 + K_2}} \leq \theta^{ON} \leq \frac{K_2}{2wD} \sqrt{\frac{2D(P-D)(H + \lambda C_a - \lambda w)}{P}}$$

$\left[\dfrac{1}{\sqrt{K_1}} - \dfrac{1}{\sqrt{K_1 + K_2}} \right]$ 时，收益共享契约能够实现改良品供应链的有效完美协调。

证明　将 Π_R^{ON-D*} 和式（4-11）代入式（4-12），将式（4-7）和

式（4-10）代入式（4-13），得到不等式方程组：

$$
\begin{cases}
[p-(1-\theta^{ON})w]D-\dfrac{D(P-D)(H+\lambda C_a-\lambda w)T^{ON-1*}}{2P}-\dfrac{K_1}{T^{ON-1*}}\\
\quad\geqslant(p-w)D-\sqrt{\dfrac{2D(P-D)K_1(H+\lambda C_a-\lambda w)}{P}}\\
[(1-\theta^{ON})w-c]D-\dfrac{K_2}{T^{ON-1*}}\geqslant(w-c)D-K_2\sqrt{\dfrac{D(P-D)(H+\lambda C_a-\lambda w)}{2K_1 P}}
\end{cases}
$$

再将不等式方程组中 T^{ON-1*} 替换为 $\sqrt{\dfrac{2P(K_1+K_2)}{D(P-D)(H+\lambda C_a-\lambda w)}}$，解得：

$$
\begin{cases}
\theta^{ON}\geqslant\dfrac{\sqrt{\dfrac{2D(P-D)(H+\lambda C_a-\lambda w)}{P}}\,[\sqrt{K_1+K_2}-\sqrt{K_1}\,]^2}{2wD\sqrt{K_1+K_2}}\\
\theta^{ON}\leqslant\dfrac{K_2}{2wD}\sqrt{\dfrac{2D(P-D)(H+\lambda C_a-\lambda w)}{P}}\left[\dfrac{1}{\sqrt{K_1}}-\dfrac{1}{\sqrt{K_1+K_2}}\right]
\end{cases}
$$

命题 4-4 得证。

2. 纳什讨价还价均衡解

以上求解了供应商提供收益共享契约时分享的收益比例 θ^{ON} 取值范围，而没有最终确定供应链和零售商的单位时间利润。接下来将通过求解纳什讨价还价均衡解的方式来合理分配合作策略下的利润增量，并最终确定双方协调后的利润水平。令供应商和零售商的效用等于各自的单位时间利润，即 $U_R^{ON}=\Pi_R^{ON-RS}$，$U_M^{ON}=\Pi_M^{ON-RS}$。对于"两人讨价还价"问题，在纳什公理下，存在满足纳什公理的唯一讨价还价解，即使得纳什积 $U_R^{ON}\times U_M^{ON}$ 达到最大的解。因此，将 $U_R^{ON}=\Pi_R^{ON-RS}$ 和 $U_M^{ON}=\Pi_M^{ON-RS}$ 代入纳什积，就形成一般的"讨价还价"问题的目标函数：

$$\max U^{ON}=U_R^{ON}\times U_M^{ON}=\Pi_R^{ON-RS}\times\Pi_M^{ON-RS}$$

由命题 4-3 可知，$\Pi_{SC}^{ON-1*}-\Pi_{SC}^{ON-D*}=\sqrt{\dfrac{2D(P-D)(H+\lambda C_a-\lambda w)}{P}}$ $\left[\sqrt{K_1}+\dfrac{K_2}{2\sqrt{K_1}}-\sqrt{K_1+K_2}\right]$，在此设供应商分配的利润增量为 $X^{ON}(X^{ON}\geqslant 0)$，则零售商分配的利润增量为：

$$\sqrt{\dfrac{2D(P-D)(H+\lambda C_a-\lambda w)}{P}}\left[\sqrt{K_1}+\dfrac{K_2}{2\sqrt{K_1}}-\sqrt{K_1+K_2}\right]-X^{ON}$$

目标函数转化为：

$$\max U^{ON} = \left\{ (p-w)D - \sqrt{K_1}A + \left[\sqrt{K_1} + \frac{K_2}{2\sqrt{K_1}} - \sqrt{K_1+K_2} \right]A - X^{ON} \right\}$$

$$\times \left[(w-c)D - \frac{K_2}{2\sqrt{K_1}}A + X^{ON} \right]$$

$$s.\,t.\ \ 0 \leqslant X^{ON} \leqslant \left[\sqrt{K_1} + \frac{K_2}{2\sqrt{K_1}} - \sqrt{K_1+K_2} \right]A$$

其中，$A = \sqrt{\dfrac{2D(P-D)(H+\lambda C_a - \lambda w)}{P}}$。

在无约束条件下，以目标函数 U^{ON} 对供应商分配的利润增量 X^{ON} 求二阶导

数，有 $\dfrac{d^2 U^{ON}}{dX^2} = -2 < 0$，可知 U^{ON} 是关于 X^{ON} 的凹函数，U^{ON} 存在极大值。求

U^{ON} 关于 X^{ON} 的一阶导数并令其等于零，解得：

$$X^{ON*} = \frac{(p+c-2w)D + \left[\dfrac{K_2}{\sqrt{K_1}} - \sqrt{K_1+K_2} \right]A}{2}$$

若 $X^{ON*} < 0$，即 $(p+c-2w)D + \left[\dfrac{K_2}{\sqrt{K_1}} - \sqrt{K_1+K_2} \right]A < 0$ 时，取 $X^{ON*} = 0$；另

当 $X^{ON*} > \left[\sqrt{K_1} + \dfrac{K_2}{2\sqrt{K_1}} - \sqrt{K_1+K_2} \right]A$ 时，即 $(p+c-2w)D - (2\sqrt{K_1} -$

$\sqrt{K_1+K_2})A < 0$，亦取 $X^{ON*} = 0$。如此，可根据纳什讨价还价均衡解给出收益

共享契约下零售商和供应商的利润表达式：

$$\begin{cases} \Pi_R^{ON-RS} = (p-w)D + \left[\dfrac{K_2}{2\sqrt{K_1}} - \sqrt{K_1+K_2} \right]A,\ \Pi_M^{ON-RS} = (w-c)D - \dfrac{K_2}{2\sqrt{K_1}}A \\[2mm] if(p+c-2w)D + \left[\dfrac{K_2}{\sqrt{K_1}} - \sqrt{K_1+K_2} \right]A < 0 \\[2mm] \Pi_R^{ON-RS} = \dfrac{(p-c)D - \sqrt{K_1+K_2}A}{2},\ \Pi_M^{ON-RS} = \dfrac{(p-c)D - \sqrt{K_1+K_2}A}{2} \\[2mm] if(p+c-2w)D - (2\sqrt{K_1} - \sqrt{K_1+K_2})A \leqslant 0 \\[2mm] \Pi_R^{ON-RS} = (p-w)D - \sqrt{K_1}A,\ \Pi_M^{ON-RS} = (w-c)D + \left[\sqrt{K_1} - \sqrt{K_1+K_2} \right]A \\[2mm] if(p+c-2w)D - (2\sqrt{K_1} - \sqrt{K_1+K_2})A > 0 \end{cases}$$

4.2.4 数值算例

1. 算例参数设置与求解

假设在单个供应商和单个零售商组成的二级改良品供应链中，相关参数如下：$D = 2000$ 千克/年，$c = 8$ 元/千克，$w = 10$ 元/千克，$p = 13$ 元/千克，$K_1 = 300$ 元/次，$K_2 = 500$ 元/次，$\lambda = 0.20$，$H = 6$ 元/千克·年，$P = 10000$ 千克/年。

将上述参数值分别代入非合作策略、合作策略及收益共享契约下的均衡解表达式，得到供应商、零售商、改良品供应链系统在不同策略下的订货及利润数据，并将持续补货且不允许缺货模型与瞬时补货且不允许缺货模型的订货及利润数据进行比较（如表4-1所示）。

表4-1   不同策略下的订货及利润数据

策略类型	非合作策略		合作策略		收益共享契约	
	持续补货	瞬时补货	持续补货	瞬时补货	持续补货	瞬时补货
T^{ON-D*}	0.259	0.231	0.423	0.378	0.423	0.378
Π_R^{ON-D*}	3681.38	3407.71	3396.93	3089.68	3681.38	3407.71
Π_M^{ON-D*}	2067.82	1839.75	2816.78	2677.12	2532.33	2359.09
Π_{SC}^{ON-D*}	5749.20	5247.46	6213.71	5766.80	6213.71	5766.80
θ^{ON}	—	—	—	—	1.42% ~ 3.75%	1.65% ~ 4.33%

下面从两个维度对表4-1的算例数值模拟结果进行比较。

（1）不同策略下改良品供应链的最优订货周期及单位时间利润比较。

当供应商和零售商采取合作策略时，最优订货周期大于非合作策略情形，且供应链系统获得的单位时间利润比非合作策略时更大。然而，由于在合作策略下，零售商获得的单位时间利润小于非合作策略情形，且零售商作为改良品供应链的主导者，在没有协调时，合作策略难以自然达成。通过设计收益共享契约，供应商分享部分收益给零售商，保证零售商在合作策略下获得的单位时间利润不低于非合作策略，同时供应商也达到了比非合作策略情形更高的利润水平。

（2）相同策略下不同补货方式的比较。

相对于瞬时补货，持续补货时的最优订货周期、供应链各成员企业及系统的单位时间利润水平更高。对零售商而言，持续补货降低了平均库存量，减少库存成本的同时，刺激零售商延长订货周期以降低单位时间的订货成本，增加单位时间利润。对于供应商而言，由于零售商延长订货周期，所以自己的单位时间订货成本降低，单位时间利润也随之增加。零售商和供应商的单位时间利润都有所增加，所以持续补货时的供应链系统单位时间利润较瞬时补货时必然增加。

2. 敏感性分析

（1）净改良率的敏感性分析。

首先考察单位批发价格大于单位改良成本情形下，净改良率变动对持续补货且不允许缺货模型中改良品供应链的最优订货周期及单位时间利润的影响，分别如图 4 - 2 至图 4 - 4 所示。

由图 4 - 2①可知，供应商和零售商无论是选择非合作策略还是选择合作策略，随着净改良率的增长，最优订货周期都呈现递增的趋势，且收益共享契约下的订货周期与合作策略的订货周期保持一致。

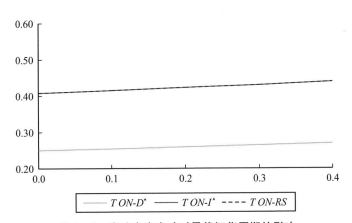

图 4 - 2　净改良率变动对最优订货周期的影响

注：$T\,ON - I^*$ 曲线与 $T\,ON - RS$ 曲线重合。

————————————

① 图 4 - 2 至图 4 - 7、图 4 - 9 至图 4 - 14 中，"ON" 表示持续补货且不允许缺货，其他符号含义与第 2 章相同。

由图 4-3 可知，供应商和零售商无论是选择非合作策略还是选择合作策略，改良品供应链系统的单位时间利润都随着净改良率的增长以较快速率增加。由于收益共享契约下的单位时间利润水平与合作策略情形相同，所以两者的单位时间利润曲线重合。

由图 4-4 可知，供应商向零售商提供收益共享契约的分享比例的上下限值都随着净改良率的增加呈现出下降的特征。

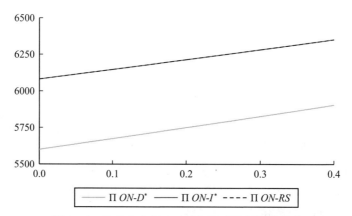

图 4-3　净改良率变动对供应链系统利润的影响

注：$\Pi ON-I^*$ 曲线与 $\Pi ON-RS$ 曲线重合。

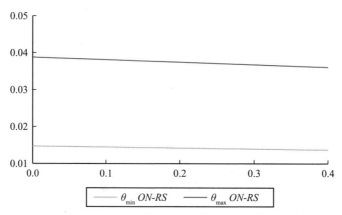

图 4-4　净改良率变动对收益分享比例的影响

（2）补货速率的敏感性分析。

接下来考察补货速率变动对持续补货且不允许缺货模型中改良品供应链的最优订货周期及单位时间利润的影响，分别如图 4-5 至图 4-7 所示。

由图 4-5 可知，供应商和零售商无论是选择非合作策略还是选择合作策略，最优订货周期都随着补货速率的增长而缩短，原因在于补货速率增长使得零售商的平均库存量增加，从而导致库存成本增加，零售商通过缩短订货周期来减少平均库存进而减少库存成本的支出，当库存成本的降低速率大于订货周期缩短所引起的订货成本速率增长速率时，缩短订货周期就会对零售商有利。

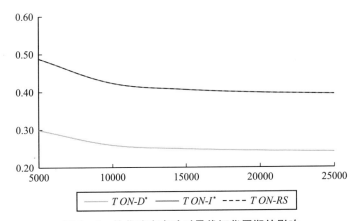

图 4-5　补货速率变动对最优订货周期的影响

注：$T\,ON-I^*$ 曲线与 $T\,ON-RS$ 曲线重合。

由图 4-6 可知，供应商和零售商无论是选择非合作策略还是选择合作策略，供应链系统的单位时间利润都随着补货速率的增加而递减，且递减的速率逐渐减小。收益共享契约下的改良品供应链系统单位时间利润等于合作策略下的利润水平，因此其单位时间利润曲线与合作策略情形一致。

由图 4-7 可知，供应商向零售商提供收益共享契约的分享比例的上下限值都随着补货速率的增加而缓慢上升。

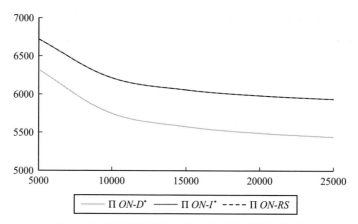

图 4 - 6　补货速率变动对供应链系统利润的影响

注：$\Pi ON - I^*$ 曲线与 $\Pi ON - RS$ 曲线重合。

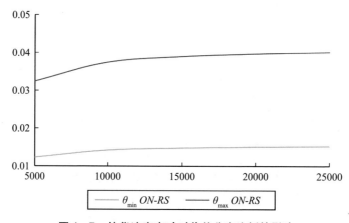

图 4 - 7　补货速率变动对收益分享比例的影响

4.3　持续补货且不允许缺货的库存决策与横向协调

4.3.1　基本假设与符号说明

本节运用下列基本假设以便于建立库存决策与横向协调模型：

（1）改良品供应链由单个供应商和 n 个零售商组成；

（2）只讨论一种改良品的订货决策；

（3）考虑只订货一次的情形，提前期忽略不计；

（4）不允许零售商缺货，补货需持续一段时间完成；

（5）需求率已知且均匀稳定；

（6）改良品在库存期间的净改良率为恒定常数；

（7）库存期间因发生改良而增加的部分占用库存；

（8）各个零售商独立补货时具有相同的订货成本；

（9）供应商提供数量折扣策略。

本节定义下列符号参数以便于建立库存决策与横向协调模型：

D_i：零售商 i 面临的市场需求率，$i=1$，2，$\cdots$，n；

P：供应商对各位零售商的统一补货速率，$P>D_i$；

K：零售商独立补货时的订货成本；

K_J：n 个零售商联合补货的订货成本，$K_J>K$；

H_i：零售商 i 的单位库存成本；

C_{ai}：零售商 i 的单位改良成本；

λ：改良品的净改良率；

p：改良品的单位销售价格；

w_i：零售商 i 独立补货时的单位批发价格；

w_J：n 个零售商联合补货时的单位批发价格；

T_i：零售商 i 独立补货时的订货周期；

T_N：n 个零售商联合补货时的订货周期；

$TR_{i/N}$：零售商 i/采购联盟 N 的销售收入；

$\Pi_{i/N}^{IN-C/J}$：持续补货且不允许缺货模型中零售商 i、采购联盟 N 在独立补货、联合补货时的单位时间利润，下标 i、N 分别表示零售商 i 和采购联盟 N，上标中的 C、J 分别表示独立补货、联合补货，上标中加 "$*$" 表示对应的最优解。

其他未尽符号参数定义可见文中具体说明。

4.3.2 改良品供应链库存决策

1. 模型描述

如图 4-8 所示，在改良品供应链库存系统中，零售商 i 的补货间隔期为 T_i，在时刻 $t=0$ 时开始补货，库存水平逐渐增加，至时刻 $t=t_i$ 时停止补货，此时库存水平达到最高，随后库存水平逐渐降低，在时刻 $t=T_i$ 时库存降为零。

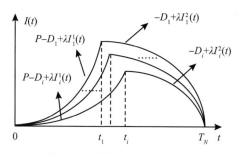

图 4 – 8 改良品库存水平变化

零售商 i 在时刻 $t \in [0, t_i]$ 时间内持有的库存水平 $I_i^1(t)$ 满足微分方程：

$$\frac{dI_i^1(t)}{dt} = (P - D_i) + \lambda I_i^1(t) \qquad (4-14)$$

零售商 i 在时刻 $t \in [t_i, T_i]$ 时间内持有的库存水平 $I_i^2(t)$ 满足微分方程：

$$\frac{dI_i^2(t)}{dt} = -D_i + \lambda I_i^2(t) \qquad (4-15)$$

使用常数变易法求解式（4 – 14）、式（4 – 15），结合微分方程初始条件 $I_i^1(0) = 0$ 及 $I_i^2(T_i) = 0$ 知：

$$I_i^1(t) = \frac{P - D_i}{\lambda}(e^{\lambda t} - 1), \ t \in [0, t_i] \qquad (4-16)$$

$$I_i^2(t) = \frac{D_i}{\lambda}(1 - e^{\lambda(t - T_i)}), \ t \in [t_i, T_i] \qquad (4-17)$$

由于在 t_{iN} 时刻满足 $I_i^1(t_{iN}) = I_i^2(t_{iN})$，即 $\frac{P - D_i}{\lambda}(e^{\lambda t_i} - 1) = \frac{D_i}{\lambda}(1 - e^{\lambda(t_i - T_i)})$，直接求解 t_i 与 T_i 的表达式很困难，这里借鉴西瓦桑卡里等（2015）的处理方式，将式中的指数函数进行泰勒展开，并取其前两项，得到 $t_i = \frac{D_i T_i}{P}$。

2. 零售商独立补货

在"单供应商—多零售商"改良品供应链的持续补货且不允许缺货模型中，若供应链成员之间采取非合作策略，作为理性"经济人"的零售商追求单位时间利润最大化，根据经济订货批量模型来确定最佳订货量。零售商 i 在一个订货周期 T_i 内的成本由订货成本 TC_{i1}、采购成本 TC_{i2}、库存成本 TC_{i3}、改良成本 TC_{i4} 四个部分组成，其中：

$$TC_{i1} = K$$

$$TC_{i2} = w_i \left[D_i T_i - \left(\lambda \int_0^{t_i} I_i^1(t)\,dt + \lambda \int_{t_i}^{T_i} I_i^2(t)\,dt \right) \right]$$

$$= w_i \left[D_i T_i - \left(\lambda \int_0^{t_i} \frac{P - D_i}{\lambda}(e^{\lambda t} - 1)\,dt + \lambda \int_{t_i}^{T_i} \frac{D_i}{\lambda}(1 - e^{\lambda(t - T_i)})\,dt \right) \right]$$

$$= w_i \left[D_i T_i - \left(\int_0^{t_i} \lambda(P - D_i)t\,dt + \int_{t_i}^{T_i} \lambda D_i(T_i - t)\,dt \right) \right]$$

$$= w_i D_i T_i - \frac{\lambda w_i D_i(P - D_i)T_i^2}{2P}$$

$$TC_{i3} = H_i \left[\int_0^{t_i} I_i^1(t)\,dt + \int_{t_i}^{T_i} I_i^2(t)\,dt \right]$$

$$= H_i \left[\int_0^{t_i} \frac{P - D_i}{\lambda}(e^{\lambda t} - 1)\,dt + \int_{t_i}^{T_i} \frac{D_i}{\lambda}(1 - e^{\lambda(t - T_i)})\,dt \right]$$

$$= H_i \left[\int_0^{t_i} (P - D_i)t\,dt + \int_{t_i}^{T_i} D_i(T_i - t)\,dt \right]$$

$$= \frac{H_i D_i(P - D_i)T_i^2}{2P}$$

$$TC_{i4} = C_{ai} \left[\lambda \int_0^{t_i} I_i^1(t)\,dt + \lambda \int_{t_i}^{T_i} I_i^2(t)\,dt \right]$$

$$= C_{ai} \left[\lambda \int_0^{t_i} \frac{P - D_i}{\lambda}(e^{\lambda t} - 1)\,dt + \lambda \int_{t_i}^{T_i} \frac{D_i}{\lambda}(1 - e^{\lambda(t - T_i)})\,dt \right]$$

$$= C_{ai} \left[\int_0^{t_i} \lambda(P - D_i)t\,dt + \int_{t_i}^{T_i} \lambda D_i(T_i - t)\,dt \right]$$

$$= \frac{\lambda C_{ai} D_i(P - D_i)T_i^2}{2P}$$

因此，零售商 i 的单位时间利润函数为：

$$\Pi_i^{ON-C}(T_i) = \frac{TR_i - TC_1 - TC_2 - TC_3 - TC_4}{T}$$

$$= (p - w_i)D_i - \frac{D_i(P - D_i)(H_i + \lambda C_{ai} - \lambda w_i)T_i}{2P} - \frac{K}{T_i} \quad (4-18)$$

根据式（4-18）得到命题 4-5 的结论。

命题 4-5 在"单供应商—多零售商"改良品供应链的持续补货且不允许缺货模型中，零售商 i 采用独立补货时的最优订货周期 $T_i^{ON-C^*}$ 和单位时间利润 $\Pi_i^{ON-C^*}$ 分别为：

$$T_i^{ON-C^*} = \sqrt{\frac{2KP}{D_i(P - D_i)(H + \lambda C_{ai} - \lambda w_i)}},$$

$$\Pi_i^{ON-C*} = (p - w_i)D_i - \sqrt{\frac{2KD_i(P - D_i)(H_i + \lambda C_{ai} - \lambda w_i)}{P}} 。$$

证明 将式（4-18）对 T_i 分别求一阶、二阶导数，有：

$$\frac{d\Pi_i^{ON-C}(T_i)}{dT_i} = -\frac{D_i(P - D_i)(H_i + \lambda C_{ai} - \lambda w_i)}{2P} + \frac{K}{T_i^2}$$

$$\frac{d^2\Pi_i^{ON-C}(T_i)}{dT_i^2} = -\frac{K}{T_i^3}$$

由 $\frac{d^2\Pi_i^{ON-C}(T_i)}{dT_i^2} < 0$ 知，当 $\frac{d\Pi_i^{ON-C}(T_i)}{dT_i} = 0$ 时，$\Pi_i^{ON-C}(T_i)$ 存在最小值。此时：

$$-\frac{D_i(P - D_i)(H_i + \lambda C_{ai} - \lambda w_i)}{2P} + \frac{K}{T_i^2} = 0$$

解得：

$$T_i^{ON-C*} = \sqrt{\frac{2KP}{D_i(P - D_i)(H + \lambda C_{ai} - \lambda w_i)}}$$

代入式（4-18），有：

$$\Pi_i^{ON-C*} = (p - w_i)D_i - \sqrt{\frac{2KD_i(P - D_i)(H_i + \lambda C_{ai} - \lambda w_i)}{P}}$$

命题 4-5 得证。

令 T_i^{ON-C*} 和 Π_i^{ON-C*} 表达式中 $P \to +\infty$，分别得到 T_i^{IN-C*} 和 Π_i^{IN-C*}，即有：

$$T_i^{IN-C*} = \lim_{P \to +\infty} T_i^{ON-C*} = \lim_{P \to +\infty} \sqrt{\frac{2KP}{D_i(P - D_i)(H_i + \lambda C_{ai} - \lambda w_i)}}$$

$$= \sqrt{\frac{2K}{D_i(H_i + \lambda C_{ai} - \lambda w_i)}}$$

$$\Pi_i^{IN-C*} = \lim_{P \to +\infty} \Pi_i^{ON-C*}$$

$$= \lim_{P \to +\infty} \left[(p - w_i)D_i - \sqrt{\frac{2KD_i(P - D_i)(H_i + \lambda C_{ai} - \lambda w_i)}{P}} \right]$$

$$= (p - w_i)D_i - 2KD_i(H_i + \lambda C_{ai} - \lambda w_i)$$

将零售商 i 独立补货模式下持续补货与瞬时补货的最优订货周期和改良品供应链系统单位时间利润分别作差比较，结果表明，持续补货的最优订货周期和单位时间利润都要大于瞬时补货，该结论与推论 4-3 相似，详细推论过程可参考推论 4-3 的证明过程。

在独立补货模式下，n 位零售商的单位时间利润之和为：

$$\Pi^{ON-C*} = \sum_{i=1}^{n} (p - w_i) D_i - \sum_{i=1}^{n} \sqrt{\frac{2KD_i(P - D_i)(H_i + \lambda C_{ai} - \lambda w_i)}{P}}$$

$$(4-19)$$

3. 零售商联合补货

为了尽量降低订货成本和获得供应商提供的数量等级折扣，各位零售商组建采购联盟 N，协调各自的订货周期实施统一补货，采购联盟 N 的补货周期为 T_N。采购联盟协调各位零售商产生的协调成本与加入采购联盟中零售商的数量有关，设采购联盟的总订货成本满足 $K_J = Kn^{\varphi}$，其中，φ 表示订货协调成本系数且 $\varphi > 0$，n 表示采购联盟 N 中成员的数量。由 $\frac{dK_J}{dn} = \varphi Kn^{\varphi-1} > 0$ 可知，采购联盟 N 的总订货成本随采购联盟规模的增大而增加。采购联盟 N 在一个补货间隔期 T_N 的总成本包括订货成本 TC_1、采购成本 TC_2、存储成本 TC_3、改良成本 TC_4 四个部分，其中：

$$TC_1 = K_J$$

$$TC_2 = \sum_{i=1}^{n} w_J D_i T_N - \sum_{i=1}^{n} \frac{\lambda w_J D_i (P - D_i) T_N^2}{2P}$$

$$TC_3 = \sum_{i=1}^{n} \frac{H_i D_i (P - D_i) T_N^2}{2P}$$

$$TC_4 = \sum_{i=1}^{n} \frac{\lambda C_{ai} D_i (P - D_i) T_N^2}{2P}$$

从而，采购联盟 N 的单位时间利润函数为：

$$\Pi_N^{ON-J}(T_N) = \frac{TR_N - TC_1 - TC_2 - TC_3 - TC_4}{T}$$

$$= \sum_{i=1}^{n} (p - w_J) D_i - \sum_{i=1}^{n} \frac{D_i (P - D_i)(H_i + \lambda C_{ai} - \lambda w_J) T_N}{2P} - \frac{Kn^{\varphi}}{T_N}$$

$$(4-20)$$

根据式（4-20）得到命题 4-6 的结论。

命题 4-6 在"单供应商—多零售商"改良品供应链的持续补货且不允许缺货模型中，n 位零售商组建采购联盟 N 进行联合补货时的最优订货周期 T_N^{ON-J*}、单位时间利润 Π_N^{ON-J*} 分别为：

$$T_N^{ON-J*} = \sqrt{\frac{2Kn^{\varphi}P}{\sum_{i=1}^{n} D_i (P - D_i)(H_i + \lambda C_{ai} - \lambda w_J)}}$$

$$\Pi_N^{ON-J*} = \sum_{i=1}^{n} (p - w_J) D_i - \sqrt{2Kn^{\varphi} \sum_{i=1}^{n} \frac{D_i(P - D_i)(H_i + \lambda C_{ai} - \lambda w_J)}{P}}$$

证明 以采购联盟 N 的单位时间利润 $\Pi_N^{OS-J*}(T_N)$ 对补货周期 T_N 分别求一阶、二阶导数，有：

$$\frac{d\Pi_N^{ON-J}(T_N)}{dT_N} = -\sum_{i=1}^{n} \frac{D_i(P - D_i)(H_i + \lambda C_{ai} - \lambda w_J)}{2P} + \frac{Kn^{\varphi}}{T_N^2}$$

$$\frac{d^2\Pi_N^{ON-J}(T_N)}{dT_N^2} = -\frac{Kn^{\varphi}}{T_N^3}$$

由二阶导数 $\dfrac{d^2\Pi_N^{ON-J}(T_N)}{dT_N^2} < 0$ 可知，当 $\dfrac{d\Pi_N^{ON-J}(T_N)}{dT_N} = 0$ 时，采购联盟 N 的单

位时间利润 $\Pi_N^{ON-J*}(T_N)$ 存在最大值。由 $-\sum\limits_{i=1}^{n} \dfrac{D_i(P - D_i)(H_i + \lambda C_{ai} - \lambda w_J)}{2P}$ +

$\dfrac{Kn^{\varphi}}{T_N^2} = 0$ 解得 $T_N^{ON-J*} = \sqrt{\dfrac{2Kn^{\varphi}P}{\sum\limits_{i=1}^{n} D_i(P - D_i)(H_i + \lambda C_{ai} - \lambda w_J)}}$，将 T_N^{ON-J*} 代入采

购联盟 N 的单位时间利润函数，得 $\Pi_N^{ON-J*} = \sum\limits_{i=1}^{n} (p - w_J) D_i$ −

$\sqrt{2Kn^{\varphi} \sum\limits_{i=1}^{n} \dfrac{D_i(P - D_i)(H_i + \lambda C_{ai} - \lambda w_J)}{P}}$。

命题 4 – 6 得证。

令 $P \to +\infty$，即供应商对每位零售商的补货速率无穷大，便可得到瞬时补货且不允许缺货下采购联盟 N 的最优订货周期 T_N^{IN-J*} 和单位时间利润 Π_N^{IN-J*}，分别为：

$$T_N^{IN-J*} = \lim_{P \to +\infty} T_N^{ON-J*} = \lim_{P \to +\infty} \sqrt{\frac{2Kn^{\varphi}P}{\sum\limits_{i=1}^{n} D_i(P - D_i)(H_i + \lambda C_{ai} - \lambda w_J)}}$$

$$= \sqrt{\frac{2Kn^{\varphi}}{\sum\limits_{i=1}^{n} D_i(H_i + \lambda C_{ai} - \lambda w_J)}}$$

$$\Pi_N^{IN-J*} = \lim_{P \to +\infty} \Pi_N^{ON-J*}$$

$$= \lim_{P \to +\infty} \left[\sum_{i=1}^{n} (p - w_J) D_i - \sqrt{2Kn\varphi \sum_{i=1}^{n} \frac{D_i(P - D_i)(H_i + \lambda C_{ai} - \lambda w_J)}{P}} \right]$$

$$= \sum_{i=1}^{n} (p - w_J) D_i - \sqrt{2Kn\varphi \sum_{i=1}^{n} D_i(H_i + \lambda C_{ai} - \lambda w_J)}$$

考察持续补货且不允许缺货模型与瞬时补货且不允许缺货模型，当组建采购联盟 N 进行联合补货时，有：

$$T_N^{ON-J\,*} - T_N^{IN-J\,*} = \sqrt{\dfrac{2Kn^{\varphi}P}{\sum\limits_{i=1}^{n} D_i(P-D_i)(H_i + \lambda C_{ai} - \lambda w_J)}} - \sqrt{\dfrac{2Kn^{\varphi}}{\sum\limits_{i=1}^{n} D_i(H_i + \lambda C_{ai} - \lambda w_J)}}$$

$$= \sqrt{2Kn^{\varphi}} \times \left[\sqrt{\dfrac{P}{\sum\limits_{i=1}^{n} D_i(P-D_i)(H_i + \lambda C_{ai} - \lambda w_J)}} \right.$$

$$\left. - \sqrt{\dfrac{1}{\sum\limits_{i=1}^{n} D_i(H_i + \lambda C_{ai} - \lambda w_J)}} \right]$$

$$\Pi_N^{ON-J\,*} - \Pi_N^{IN-J\,*} = \left[\sum_{i=1}^{n}(p-w_J)D_i - \sqrt{2Kn\varphi \sum_{i=1}^{n} \dfrac{D_i(P-D_i)(H_i + \lambda C_{ai} - \lambda w_J)}{P}} \right]$$

$$- \left[\sum_{i=1}^{n}(p-w_J)D_i - \sqrt{2Kn\varphi \sum_{i=1}^{n} D_i(H_i + \lambda C_{ai} - \lambda w_J)} \right]$$

$$= \sqrt{2Kn\varphi \sum_{i=1}^{n} D_i(H_i + \lambda C_{ai} - \lambda w_J)}$$

$$- \sqrt{2Kn\varphi \sum_{i=1}^{n} \dfrac{D_i(P-D_i)(H_i + \lambda C_{ai} - \lambda w_J)}{P}}$$

$$= \sqrt{2Kn^{\varphi}} \times \left[\sqrt{\sum_{i=1}^{n} D_i(H_i + \lambda C_{ai} - \lambda w_J)} \right.$$

$$\left. - \sqrt{\sum_{i=1}^{n} \dfrac{D_i(P-D_i)(H_i + \lambda C_{ai} - \lambda w_J)}{P}} \right]$$

当 $P \neq +\infty$ 时，对任意 $i \in N$，有 $\dfrac{P}{P-D_i} > 1$ 及 $\dfrac{P-D_i}{P} < 1$，故有 $T_N^{ON-J\,*} - T_N^{IN-J\,*} > 0$ 及 $\Pi_N^{ON-J\,*} - \Pi_N^{IN-J\,*} > 0$，即在持续补货且不允许缺货模型中，采购联盟 N 的最优订货周期更长、单位时间利润更大。

4. 独立补货与联合补货比较

在"单供商—多零售商"改良品供应链的持续补货且不允许缺货模型中，通过对 n 位零售商独立补货与组建采购联盟 N 联合补货的单位时间利润进行作差比较，得到下列表达式：

$$\Delta\Pi^{ON} = \Pi^{ON-C\,*} - \Pi_N^{ON-J\,*}$$

$$
= \left[\sum_{i=1}^{n} (p - w_i) D_i - \sum_{i=1}^{n} \sqrt{\frac{2K D_i (P - D_i)(H_i + \lambda C_{ai} - \lambda w_i)}{P}} \right]
$$

$$
- \left[\sum_{i=1}^{n} (p - w_J) D_i - \sqrt{2K n^{\varphi} \sum_{i=1}^{n} \frac{D_i (P - D_i)(H_i + \lambda C_{ai} - \lambda w_i)}{P}} \right]
$$

$$(4-21)$$

根据式（4-21）得到命题4-7的结论。

命题 4-7 在"单供应商—多零售商"改良品供应链的持续补货且不允许缺货模型中，采购联盟 N 联合补货优于各位零售商独立补货的充要条件是订货协调成本系数 φ 需满足：

$$
\varphi < \log_n \left[\frac{\left(\sum_{i=1}^{n} \sqrt{\frac{2K D_i (P - D_i)(H_i + \lambda C_{ai} - \lambda w_i)}{P}} + \sum_{i=1}^{n} (w_i - w_J) D_i \right)^2}{2K \sum_{i=1}^{n} \frac{D_i (P - D_i)(H_i + \lambda C_{ai} - \lambda w_J)}{P}} \right]
$$

证明 当 $\Delta \Pi^{ON} < 0$ 时，采购联盟 N 联合补货的单位时间利润比各位零售商独立补货时更大，即：

$$
\sqrt{2K n^{\varphi} \sum_{i=1}^{n} \frac{D_i (P - D_i)(H_i + \lambda C_{ai} - \lambda w_J)}{P}}
$$

$$
< \sum_{i=1}^{n} \sqrt{\frac{2K D_i (P - D_i)(H_i + \lambda C_{ai} - \lambda w_i)}{P}} + \sum_{i=1}^{n} (w_i - w_J) D_i
$$

$$
\Leftrightarrow 2K n^{\varphi} \sum_{i=1}^{n} \frac{D_i (P - D_i)(H_i + \lambda C_{ai} - \lambda w_J)}{P}
$$

$$
< \left[\sum_{i=1}^{n} \sqrt{\frac{2K D_i (P - D_i)(H_i + \lambda C_{ai} - \lambda w_i)}{P}} + \sum_{i=1}^{n} (w_i - w_J) D_i \right]^2
$$

$$
\Leftrightarrow \varphi < \log_n \left[\frac{\left(\sum_{i=1}^{n} \sqrt{\frac{2K D_i (P - D_i)(H_i + \lambda C_{ai} - \lambda w_i)}{P}} + \sum_{i=1}^{n} (w_i - w_J) D_i \right)^2}{2K \sum_{i=1}^{n} \frac{D_i (P - D_i)(H_i + \lambda C_{ai} - \lambda w_J)}{P}} \right]
$$

命题4-7得证。

各位零售商通过比较单位时间利润来确定是各自独立补货还是组建采购联盟 N 实施统一补货。在模型其他参数给定时，判断订货协调成本系数是否满足命题4-7的条件。如果命题4-7中的订货协调成本系数取值范围得到满足，表明零售商组建采购联盟 N 实施联合补货是占优策略。由于供应商提供等级数量折扣函数，因此独立补货和联合补货享受的批发价格可能不同，所以判断命题 4－7 是否成立需要事先确定两种补货模式下的批发价格 w_i 和 w_J。假定供应商提供的 m 个等级数量折扣函数为：

$$\omega(Q) = \begin{cases} \omega_1, & 0 < Q < Q_1 \\ \omega_2, & Q_1 < Q < Q_2 \\ \cdots & \cdots \\ \omega_j, & Q_{j-1} < Q < Q_j \\ \cdots & \cdots \\ \omega_m, & Q_{m-1} < Q < +\infty \end{cases}$$

对于给定的等级数量折扣函数，可运用试错法确定不同补货方式下的批发价格。试错法的基本步骤在第 2.3.2 节已详细介绍，这里不再赘述。

4.3.3 联合补货利润分配模型

1. 联合补货利润分配原则

设 $N = \{1, 2, \cdots, n\}$，表示 n 位零售商组建的采购联盟；$S = \{12, \cdots, s\}(\subseteq N)$，表示采购联盟 N 的任意子联盟，所有子联盟的全体记为 $\Theta(N)$；$i(\in N)$ 表示采购联盟 N 中的任意一位零售商；以 Π_S^{ON-J*} 表示采购子联盟 S 联合补货时的单位时间利润。如果计算出所有采购子联盟 S 联合补货时的单位时间利润 Π_S^{ON-J*}，就可以得到联合补货下 n 位零售商合作对策 (N, Π_S^{ON-J*})，而根据对策 (N, Π_S^{ON-J*}) 的解就能够把联合补货下的单位时间利润分配给 n 位零售商。对于任意一位零售商，若其加入采购联盟获得的单位时间利润小于自己独立补货时的单位时间利润，则该零售商必定会退出采购联盟。因此，零售商 i 加入采购联盟 N 的参与约束条件为：

$$\Pi_i^{ON-C*} < \Pi_i^{ON-J*}, \quad \forall i \in N \tag{4-22}$$

其中，Π_i^{ON-C*}、Π_i^{ON-J*} 分别表示零售商 i 在独立补货与联合补货时的单位时间利润。式（4－22）称为 n 位零售商合作对策的个体理性条件。

当组建采购联盟进行联合补货时，n 位零售商分配的单位时间利润之和应等于采购联盟在联合补货中获得的总单位时间利润，即 n 位零售商合作对策应满足整体合理性条件：

$$\sum_{i=1}^{n} \Pi_i^{ON-J*} = \Pi_N^{ON-J*} \tag{4-23}$$

同时，在 n 位零售商合作对策中还需要考虑各采购子联盟的合理性条件：

$$\sum_{i=1}^{s} \Pi_i^{ON-J^*} \geq \Pi_S^{ON-J^*}, \ \forall S \subseteq N, \ s > 1 \qquad (4-24)$$

式（4-24）表明，采购联盟 N 分配给任意 s 位零售商的单位时间利润之和都不能小于采购子联盟 S 的单位时间利润。否则，零售商不接受分配方案。

2. 联合补货利润分配算法

在"单供应商—多零售商"组成的改良品供应链中，我们分别运用 Shapley 值法和简化的 MCRS 法对瞬时补货且不允许缺货、瞬时补货且允许缺货两种情形下零售商组建采购联盟实施统一补货的单位时间利润进行分配，本节将介绍另一种单位时间利润分配方法——最小核心法。

最小核心法的基本思路是将 n 人合作对策 $(N, \Pi_S^{ON-J^*})$ 的核心作为单位时间利润分配方案，采用给采购（子）联盟 $S(1 < s < n)$ 联合补货的单位时间利润 $\Pi_S^{ON-J^*}$ 都加一个相同的额外量 χ 来进行分配，计算各零售商分配的单位时间利润就等价于求解如下线性规划：

$$\max \chi$$

$$s.t. \begin{cases} \Pi_i^{ON-J^*} \geq \Pi_i^{ON-C^*}, \ \forall i \in N \\ \sum_{i=1}^{s} \Pi_i^{ON-J^*} \geq \Pi_S^{ON-J^*} + \chi, \ \forall S \subseteq N, \ s > 1 \\ \sum_{i=1}^{n} \Pi_i^{ON-J^*} = \Pi_N^{ON-J^*} \end{cases} \qquad (4-25)$$

4.3.4 数值算例

1. 算例参数设置与求解

假设在单个供应商和三位零售商组成的二级供应链中，相关参数如下：三位零售商面临的市场需求率分别为 $D_1 = 2000$ 千克/年、$D_2 = 2200$ 千克/年、$D_3 = 2400$ 千克/年，三位零售商的存储成本分别为 $H_1 = H_2 = H_3 = 6.0$ 元/千克·年，三位零售商的改良成本分别为 $C_{a1} = C_{a2} = C_{a3} = 5.0$ 元/千克，供应商对三位零售商的统一补货速率为 $P = 10000$ 千克/年，各位零售商独立补货的单次补货成本相同且为 $K = 500$ 元，改良品在持有期间的净改良率 $\lambda = 0.10$，采购联盟对零售商的订货协调成本系数 $\varphi = 0.80$，改良品的市场销售价格 $p = 12$ 元/千克，供应商提供的等级数量折扣模型为：

$$w(Q) = \begin{cases} 9.0, & 0 < Q < 1000 \\ 8.5, & 1000 < Q < 1500 \\ 8.0, & 1500 < Q < +\infty \end{cases}$$

零售商组建的采购联盟为 $N = \{1, 2, 3\}$，采购联盟的全体为 $\Theta(N) = \{\{1\}, \{2\}, \{3\}, \{1, 2\}, \{1, 3\}, \{2, 3\}, \{1, 2, 3\}\}$。经检验，任意两位及以上的零售商组建采购联盟，都能满足命题 3-7 的要求，因此零售商联合补货优于独立补货。对每一个采购子联盟 $S \subseteq \Theta(N)$，求得其批发价格、最佳订货周期、最优订货量及单位时间利润等补货参数（如表 4-2 所示）。

表 4-2　　　　　　　　　　　　　　　采购联盟补货参数

联盟类型	批发价格	最优订货周期	最佳订货量	单位时间利润
{1}	9.0	0.334	659.2	3006.7
{2}	9.0	0.323	700.8	3500.1
{3}	9.0	0.313	742.0	4004.0
{1, 2}	8.5	0.305	1262.7	8988.6
{1, 3}	8.5	0.300	1302.3	9596.3
{2, 3}	8.5	0.295	1339.5	10198.8
{1, 2, 3}	8.0	0.287	1865.9	18000.2

由表 4-2 可知，三位零售商组建采购联盟 N 实施联合补货的单位时间利润，大于三位零售商分别独立补货所获得单位时间利润之和；同时，也大于任意两位零售商联合补货的单位时间利润与第三位零售商独立补货的单位时间利润之和。因此，三位零售商组建采购联盟开展联合补货是最佳补货策略。应用最小核心法建立线性规划方程如下：

$$\max \chi$$

$$s.t. \begin{cases} \Pi_1^{ON-J^*} \geqslant 3006.7 \\ \Pi_2^{ON-J^*} \geqslant 3500.1 \\ \Pi_3^{ON-J^*} \geqslant 4004.0 \\ \Pi_1^{ON-J^*} + \Pi_2^{ON-J^*} \geqslant 8988.6 + \chi \\ \Pi_1^{ON-J^*} + \Pi_3^{ON-J^*} \geqslant 9596.3 + \chi \\ \Pi_2^{ON-J^*} + \Pi_3^{ON-J^*} \geqslant 10198.8 + \chi \\ \Pi_1^{ON-J^*} + \Pi_2^{ON-J^*} + \Pi_3^{ON-J^*} = 18000.2 \end{cases}$$

解上述线性规划方程可得 $\chi = 2405.6$，根据最小核心法分配单位时间利润，分别为 $\Pi_1^{ON-J^*} = 5395.8$，$\Pi_2^{ON-J^*} = 5998.3$，$\Pi_3^{ON-J^*} = 6606.0$。比较零售商选择独立补货与参与联合补货的单位时间利润发现，每位零售商在联合补货中的单位时间利润都获得了大幅度增长。

2. 敏感性分析

（1）净改良率的敏感性分析。

首先考察三位零售商的单位批发价格分别大于单位改良成本情形下，净改良率变动对持续补货且不允许缺货模型中三位零售商的最优订货周期及单位时间利润的影响，分别如图4-9和图4-10所示。

从图4-9可以看出，随着净改良率的增大，三位零售商无论是独立补货还是联合补货，最优补货周期都会随之延长，且联合补货的最优订货周期要小于任一零售商独立补货的最优订货周期。在改良品的单位改良成本小于单位批发价格时，通过改良而不是订货更有助于降低零售商成本，因此随着净改良率的增大，零售商倾向于延长订货周期来获得更多的改良品。

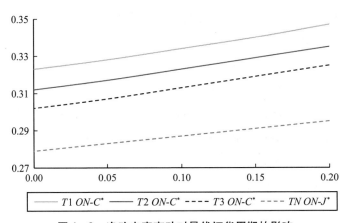

图4-9 净改良率变动对最优订货周期的影响

由图4-10可知，三位零售商的单位时间利润都随着净改良率的增大而增加，且在联合采购中分配的单位时间利润要明显高于各自独立补货的单位时间利润。原因在于各位零售商联合补货时的单位时间成本有较大幅度下降，如联合补货享受到更多的价格折扣、订货成本经分摊后比独立补货更低等。

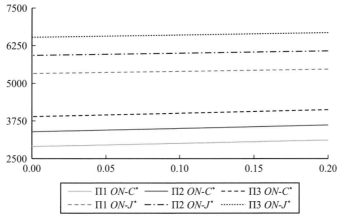

图 4 – 10 净改良率变动对单位时间利润的影响

（2）订货协调成本系数的敏感性分析。

接下来考察订货协调成本系数变动对持续补货且不允许缺货模型中三位零售商的最优订货周期及单位时间利润的影响，分别如图 4 – 11 和图 4 – 12 所示。

从图 4 – 11 可以看出，各位零售商独立补货的最优订货周期不受订货成本协调系数变动的影响，但联合补货的最优订货周期会随着订货协调成本系数的增加而迅速增大。这是因为订货成本协调系数的增加会导致采购联盟的订货成本按指数级别增加，单位时间订货成本增加的速度大于库存成本减少的速度，延长订货周期有利于降低各位零售商的单位时间成本。

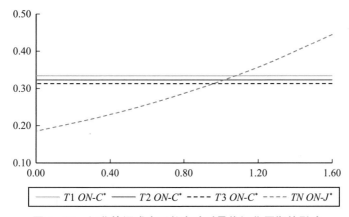

图 4 – 11 订货协调成本系数变动对最优订货周期的影响

由图 4 -12 可知，当订货协调成本系数增大时，对三位零售商独立补货的单位时间利润不产生影响，但三位零售商从联合补货中分配的单位时间利润在持续减小，原因在于订货协调成本系数的增大导致了整个采购联盟单位时间成本支出的增加。

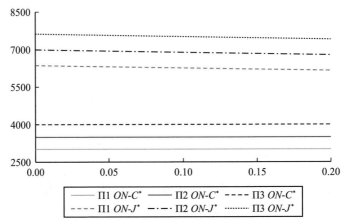

图 4 - 12　订货协调成本系数变动对单位时间利润的影响

（3）补货速率的敏感性分析。

随后考察补货速率变动对持续补货且不允许缺货模型中三位零售商的最优订货周期及单位时间利润的影响，分别如图 4 - 13 和图 4 - 14 所示。

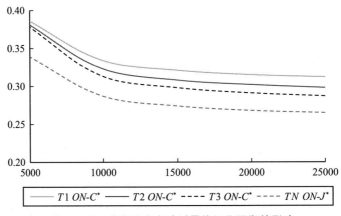

图 4 - 13　补货速率变动对最优订货周期的影响

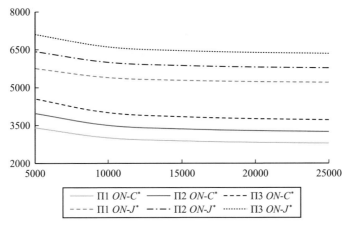

图 4-14　补货速率变动对单位时间利润的影响

从图 4-13 可以看出，三位零售商无论是各自独立补货还是组建采购联盟联合补货，其最优订货周期都会随着补货速率的增加而缩短。补货速率增加引起单位时间的库存量增加，为了缓解库存成本增加的压力，零售商倾向于缩短订货周期来减少整个周期内的平均库存成本。

由图 4-14 可知，补货速率增加会引起三位零售商单位时间利润水平下降，且与三位零售商采取何种补货模式无关。在其他参数保持不变时，补货速率增加会引起单位时间的库存水平上升，从而导致每位零售商支出的单位时间库存成本增加，最终使得单位时间利润下降。

4.4　本章小结

本章主要讨论了持续补货且不允许缺货下的改良品库存决策与供应链协调契约设计问题，具体研究内容如下。

（1）"单供应商—单零售商"改良品供应链的库存决策与纵向协调研究。在持续补货且不允许缺货条件下，分析改良品供应链系统在非合作与合作两种决策状态的单位时间利润水平。研究表明，合作策略比非合作策略能获得更多的单位时间利润，但会引起零售商的利润水平降低。供应商通过提供收益共享契约，向零售商分享部分利润，实现零售商和供应商单位时间利润的帕累托改善，从而确保改良品供应链的协调。

（2）"单供应商—多零售商"改良品供应链的库存决策与横向协调研究。

在持续补货且不允许缺货条件下，构建多零售商补货模式选择的决策模型，比较不同补货模式的占优条件。将多零售商的联合补货问题转化成多人合作博弈，设计单位时间利润分配的遵循原则，给出最小核心法分配单位时间利润的具体步骤，确保零售商参与联合补货分配的单位时间利润获得改善，实现改良品供应链的横向协调。

第5章
考虑交易信用的改良品供应链
库存决策与协调契约设计

5.1 本章概述

交易信用是企业通过分期付款、延期付款等方式向单位或个人销售商品或服务的交易方式，是市场经济中商品交易的基本形态，是生产经营者相互之间以及生产经营者与消费者之间直接信用的重要形式。在市场竞争日益激烈的背景下，交易信用作为企业提升竞争力、扩大销售和经营规模的主要手段，受到越来越多的企业青睐。作为非价格竞争的一种手段，许多供应商经常通过提供延迟支付货款来刺激下游客户增加订货数量、提高存货周转频率。然而，若供应商能够凭借占据独特资源、品牌优势及专利技术而在市场上拥有强势地位，则其往往会要求下游客户提前支付全部或部分货款，以保证生产所需的资金投入或增加公司的现金流量，因此提前付款策略也会经常被企业用来作为一种短期融资的手段。近年来，学者们开始关注交易信用对供应链产生的激励影响，探讨企业如何通过设计合理的交易信用策略来加强对整个供应链的协调。

本章考虑交易信用下的改良品供应链协调问题，从"单供应商—单零售商"间的纵向协调和"单供应商—多零售商"间的横向协调两个方面进行分析。

首先研究交易信用下的改良品供应链纵向协调问题。本部分研究尝试将数量折扣与交易信用结合，形成组合契约，并应用于改良品供应链的协调问题，在深入考察供应商提供既定数量折扣的前提下，通过制定合理有效的交易信用协调机制，调整零售商的初始订货决策行为，从而增加改良品供应链系统的利润；同时运用纳什讨价还价理论，合理分配协调后的改良品供应链系统利润增量，使双方的利润水平都获得改善，从而实现互利共赢的协调目标。本部分研究将单一策略协调机制拓展到多策略组合协调机制，也将供应链协调机制延伸到改良品供应链领域。

其次研究交易信用下的改良品供应链横向协调问题。本部分研究内容以现有基本理论与实践背景为支撑，构建交易信用模式下的改良品订货决策模型。考虑在单一供应商和多个零售商组成的二级改良品供应链中，供应商提供延迟支付作为信用销售手段，分别建立零售商独立补货和联合补货的最小单位时间总成本函数，通过比较最小单位时间总成本函数得到联合补货优于独立补货的条件。将改良品联合补货的成本分配问题构造为改良品联合补货博弈，给出博弈具有的基本性质，并设计一种基于博弈核心的成本分配方法。

5.2 考虑交易信用的库存决策与纵向协调

5.2.1 基本假设与符号说明

本节运用下列基本假设以便于建立库存决策与纵向协调模型：

（1）改良品供应链由单个供应商和单个零售商组成；

（2）改良品供应链中零售商处于领导者地位，供应商是追随者；

（3）讨论供应商供给一种改良品时的订货决策；

（4）考虑无限个订货周期，提前期忽略不计；

（5）改良品在库存持有期间的净改良率为恒定常数；

（6）库存持有期间因发生改良而增加的部分占用库存；

（7）其他假设条件与经典 EOQ 模型一致。

本节定义下列符号参数以便于建立库存决策与纵向协调模型：

D：零售商面临的市场需求率，是一个确定的常数；

P：供应商的生产率，$P > D$；

λ：改良品的净改良率；

p_0：零售商销售单位改良品的市场价格；

w：供应商供给单位改良品的批发价格；

c：供应商生产单位改良品的生产成本，$p_0 > w > c$；

I_r：零售商的资金投资收益率；

I_m：供应商的资金投资收益率；

K_r：零售商的单次订货成本；

K_m：供应商的单次生产准备成本；

H_r^0：零售商所订购改良品的单位库存成本（不含资金占用成本）；

H_m^0：供应商所生产改良品的单位库存成本（不含资金占用成本）；

H_r：零售商的单位改良品库存持有成本，$H_r = H_r^0 + I_r\omega$；

H_m：供应商的单位改良品库存持有成本，$H_m = H_m^0 + I_m c$；

C_a：改良品的单位改良成本；

T_r：协调前零售商的订货周期；

T_m：协调前供应商的生产时间；

δ：供应商向零售商提供的折扣系数；

N：零售商初始订货周期长度的倍数。

$\Pi_{r/m}^{0/1}$：零售商、供应商的单位时间利润，下标 r、m 分别表示零售商、供应商，上标中 0、1 分别表示协调前和协调后。

其他未尽符号参数定义可见文中具体说明。

5.2.2 协调前利润函数

1. 零售商利润函数

零售商在一个订货周期内任意时刻 t 的库存水平 $I(t)$ 因改良的作用而增加，随着需求的消耗而减少，在每个订货周期的结束时刻 T_r 库存水平降为零。对应的库存水平变化过程可用一阶线性微分方程描述为：

$$\frac{dI(t)}{dt} = -D + \lambda I(t),\ I(t) = 0 \tag{5-1}$$

解该微分方程，得到：

$$I(t) = \frac{D(1 - e^{\lambda(t - T_r)})}{\lambda},\ 0 \leqslant t \leqslant T_r \tag{5-2}$$

因此，零售商每次订货的数量可表示为：

$$Q = I(0) = \frac{D(1 - e^{-\lambda T_r})}{\lambda} \tag{5-3}$$

因为零售商的订货数量 Q 与订货周期 T_r 间存在一一对应关系，所以以订货周期而非订货数量作为决策变量会较大程度地简化问题的分析，在下文的建模选择中，选择以订货周期作为决策变量。

零售商在一个完整订货周期内的总成本包括订货成本 TC_1、采购成本 TC_2、库存成本 TC_3、改良成本 TC_4 四个部分，分别为：

$$TC_1 = K_r$$

$$TC_2 = wQ = \frac{wD(1 - e^{-\lambda T_r})}{\lambda}$$

$$TC_3 = H_r \int_0^{T_r} I(t)\,dt = \frac{H_r D(e^{-\lambda T_r} + \lambda T_r - 1)}{\lambda^2}$$

$$TC_4 = C_a(DT_r - Q) = C_a\left(DT_r - \frac{D(1 - e^{-\lambda T_r})}{\lambda}\right)$$

零售商的总收益为 $p_0 DT_r$，因此协调前零售商的单位时间利润函数为：

$$\Pi_r(T_r) = \frac{1}{T_r}\left(\begin{array}{c} p_0 DT_r - K_r - \dfrac{wD(1 - e^{-\lambda T_r})}{\lambda} - \dfrac{H_r D(e^{-\lambda T_r} + \lambda T_r - 1)}{\lambda^2} \\[2mm] - C_a\left(DT_r - \dfrac{D(1 - e^{-\lambda T_r})}{\lambda}\right) \end{array}\right) \quad (5-4)$$

显然，对式（5-4）直接求最优解比较困难，为此，对式（5-4）中的指数函数进行泰勒展开，保留前三项而忽略更高次项，得到：

$$\Pi_r(T_r) = (p_0 - w)D - \frac{K_r}{T_r} - \frac{1}{2}DT_r(H_r + \lambda C_a - \lambda w) \quad (5-5)$$

易证 $\dfrac{d^2 \Pi_r(T_r)}{dT_r^2} = \dfrac{-2K_r}{T_r^3} < 0$，因此协调前零售商的单位时间利润存在最大值。令 $\dfrac{d\Pi_r(T_r)}{dT_r} = 0$，解得协调前零售商的最优订货周期为：

$$T_r^0 = \sqrt{\frac{2K_r}{D(H_r + \lambda C_a - \lambda w)}} \quad (5-6)$$

同时得到协调前零售商的单位时间利润为：

$$\Pi_r^0 = (p_0 - w)D - \sqrt{2K_r D(H_r + \lambda C_a - \lambda w)} \quad (5-7)$$

2. 供应商利润函数

供应商在一个生产周期 T_m 内任意时刻 t 的库存水平 $I(t)$，在生产和改良的共同作用下持续增加，在 T_m 时刻达到最大值。库存水平变化过程满足微分方程：

$$\frac{dI(t)}{dt} = P + \lambda I(t), \quad I(t) = 0 \quad (5-8)$$

求解上述微分方程，有 $I(t) = \dfrac{P(e^{\lambda t} - 1)}{\lambda}$。代入初始条件，知供应商在生产结束时刻 T_m 持有的库存量为 $I(T_m) = \dfrac{P(e^{\lambda T_m} - 1)}{\lambda}$。由于供应商与零售商采用批量对批量的供应模式，供应商在每个生产周期结束时刻持有的库存量 $I(T_m)$ 等于零售商的订货批量 $I(0)$，即 $\dfrac{P(e^{\lambda T_m} - 1)}{\lambda} = \dfrac{D(1 - e^{-\lambda T_r})}{\lambda}$。将式中的指数函数进行泰勒展开，经化简得到供应商生产时间 T_m 与零售商订货周期 T_r 的关系为 $T_m \approx \dfrac{DT_r}{P}$。

供应商的总成本包括生产准备成本 TC_1、产品生产成本 TC_2、库存成本 TC_3、改良成本 TC_4 四个部分，分别为：

$$TC_1 = K_m$$

$$TC_2 = cPT_m$$

$$TC_3 = H_m \int_0^{T_m} I(t)\, dt = \frac{H_m P(e^{\lambda T_m} - \lambda T_m - 1)}{\lambda^2}$$

$$TC_4 = C_a(I(T_m) - PT_m) = C_a\left(\frac{P(e^{\lambda T_m} - 1)}{\lambda} - PT_m\right)$$

供应商的总收益表示为 $wI(T_m) = \dfrac{wP(e^{\lambda T_m} - 1)}{\lambda}$。对上述各表达式中的指数函数进行泰勒展开，进一步化简后得到供应商生产期内的单位时间利润函数：

$$\Pi_m(T_m) = (w - c)P - \frac{P(H_m + \lambda C_a - \lambda w)T_m}{2} - \frac{K_m}{T_m} \qquad (5-9)$$

对式（5-9）分别求一阶、二阶导数，有：

$$\frac{d\Pi_m(T_m)}{dT_m} = -\frac{P(H_m + \lambda C_a - \lambda w)}{2} + \frac{K_m}{T_m^2}, \quad \frac{d^2\Pi_m(T_m)}{dT_m^2} = -\frac{2K_m}{T_m^3} < 0 \quad (5-10)$$

由 $\dfrac{d^2\Pi_m(T_m)}{dT_m^2} < 0$ 可知，当 $\dfrac{d\Pi_m(T_m)}{dT_m} = 0$ 时，$\Pi_m(T_m)$ 存在最大值，解得协调前供应商的最优生产周期为：

$$T_m^0 = \sqrt{\frac{2K_m}{P(H_m + \lambda C_a - \lambda w)}} \qquad (5-11)$$

同时得到协调前供应商的单位时间利润为：

$$\Pi_m^0 = (w - c)D - \left(\frac{K_m}{K_r} + \frac{D(H_m + \lambda C_a - \lambda w)}{P(H_r + \lambda C_a - \lambda w)}\right) \times \sqrt{\frac{DK_r(H_r + \lambda C_a - \lambda w)}{2}}$$

$$(5-12)$$

由于 $T_m^0 \neq \dfrac{DT_r^0}{P}$，当零售商实现单位时间利润最大化时，供应商的单位时间利润并不是最大。显然，最佳订货周期 T_r^0 仅是零售商的最优决策，与供应商的最优生产时间 T_m^0 并不同步，因此无法实现整个改良品供应链系统的最优。下面将设计一种基于数量折扣和交易信用组合的协调机制，以促使零售商调整原先的订货决策，使改良品供应链系统的利润得到增加，各成员企业利润实现 Pareto 改善。

5.2.3 协调机制设计

供应商设计如下协调机制：供应商首先向零售商提供折扣系数为 δ 的全单位改良品一次性折扣价格，然后引导零售商将订货周期调整到协调前最优订货周期的 N 倍，即 NT_r^0，同时要求零售商将支付货款的时间提前 t 个单位。如此，供应商得到的额外补偿为利息收入 $(1-\delta)wDI_m t$，而零售商在获得更低批发价格的同时，需承担提前支付货款的资金机会成本 $(1-\delta)wDI_r t$。综上所述，在采用数量折扣和交易信用组合的协调机制下，可以将供应商的最优化决策问题描述为如下数学规划模型：

$$\max_{t,N}\Pi_m = ((1-\delta)w - c)D - \frac{K_m}{NT_r^0} - \frac{D^2 NT_r^0(H_m + \lambda C_a - \lambda w)}{2P}$$
$$+ (1-\delta)wDI_m t \tag{5-13}$$

$$s.t. \begin{cases} (p_0 - (1-\delta)w)D - \dfrac{K_r}{NT_r^0} - \dfrac{DNT_r^0(H + \lambda C_a - \lambda w)}{2} - (1-\delta)wDI_r t \geq \Pi_r^0 \\ t \geq 0, N \geq 0, 0 \leq \delta < 1 - \dfrac{c}{w} \end{cases}$$

$$\tag{5-14}$$

供应商在选择最优决策以最大化自身单位时间利润之前，需要满足零售商的参与约束条件。在新的协调机制下，零售商得到的利润水平不能小于协调前的单位时间利润，否则零售商不接受供应商的协调。因此，零售商的保留利润水平为协调前的单位时间利润。将 Π_r^0 代入约束条件式（5-14）并移项相除后，有：

$$t \leq \frac{\delta wD - \left(\dfrac{K_r}{NT_r^0}\right) - \dfrac{DNT_r^0(H_r + \lambda C_a - \lambda w) + \sqrt{2K_r D(H + \lambda C_a - \lambda w)}}{2}}{(1-\delta)wDI_r}$$

$$\tag{5-15}$$

将零售商协调前的最佳订货周期 T_r^0 代入式（5 – 15），可以得到供应商所能要求的零售商提前支付货款的最长信用期：

$$t_{\max}(N) = \frac{\delta wD - \left(\dfrac{1}{N} + N - 2\right) \times \sqrt{\dfrac{K_r D(H_r + \lambda C_a - \lambda w)}{2}}}{(1 - \delta)wDI_r} \quad (5-16)$$

再将 T_r^0 和 $t_{\max}(N)$ 值代入式（5 – 13），整理后得到：

$$\max \Pi_m(N) = \begin{bmatrix} \left(w - c + \left(\dfrac{I_m}{I_r} - 1\right)\delta w\right)D - \dfrac{1}{N}\left(\dfrac{K_m}{K_r} + \dfrac{I_m}{I_r}\right) \\ \times \sqrt{\dfrac{K_r D(H_r + \lambda C_a - \lambda w)}{2}} - N\left(\dfrac{D(H_m + \lambda C_a - \lambda w)}{P(H_r + \lambda C_a - \lambda w)} + \dfrac{I_m}{I_r}\right) \\ \times \sqrt{\dfrac{K_r D(H_r + \lambda C_a - \lambda w)}{2}} + \dfrac{2I_m}{I_r} \times \sqrt{\dfrac{K_r D(H_r + \lambda C_a - \lambda w)}{2}} \end{bmatrix}$$

$$(5-17)$$

求式（5 – 17）中供应商的单位时间利润函数 $\Pi_m(N)$ 关于订货周期倍数 N 的二阶导数，有：

$$\frac{d^2 \Pi_m(N)}{dN^2} = -\frac{2}{N^3}\left(\frac{K_m}{K_r} + \frac{I_m}{I_r}\right) \times \sqrt{\frac{K_r D(H_r + \lambda C_a - \lambda w)}{2}} < 0 \quad (5-18)$$

由此可知，供应商的单位时间利润函数 $\Pi_m(N)$ 是关于 N 的严格凹函数，必然存在唯一的极大值点 N^*。令 $\Pi_m(N)$ 关于 N 的一阶导数等于零，化简后得到：

$$\frac{d\Pi_m(N)}{dN} = \frac{1}{N^2}\left(\frac{K_m}{K_r} + \frac{I_m}{I_r}\right) - \left(\frac{D(H_m + \lambda C_a + \lambda w)}{P(H_r + \lambda C_a - \lambda w)} + \frac{I_m}{I_r}\right) = 0 \quad (5-19)$$

为了方便计算，令 $A_r = H_r + \lambda C_a - \lambda w$ 及 $A_m = H_m + \lambda C_a - \lambda w$（下同），代入式（5 – 19）进行求解，得到命题 5 – 1。

命题 5 – 1 对于给定的折扣系数 $0 \leqslant \delta < 1$，在数量折扣和交易信用组合机制的协调下，供应商所希望的唯一最优订货周期倍数为：

$$N^* = \sqrt{\frac{(K_r I_m + K_m I_r)PA_r}{(PA_r I_m + DA_m I_r)K_r}}$$

经过协调后，零售商的最优订货周期将调整至：

$$N^* T_r^0 = \sqrt{\frac{2P(K_r I_m + K_m I_r)}{D(PA_r I_m + DA_m I_r)}}$$

一般而言，供应商的生产准备成本比零售商的单次订货成本要高（$K_m > K_r$），而单位库存持有成本相对较低（$H_m < H_r$）。因此，命题 5 – 1 中一般

$N^* > 1$ 成立，即在数量折扣和交易信用组合机制的协调下，零售商的最优订货周期通常会延长。特别是当供应商的生产率趋向于无穷大，即当 $P \to +\infty$ 时，

有 $\lim\limits_{P \to +\infty} N^* = \sqrt{1 + \left(\dfrac{K_m I_r}{K_r I_m}\right)} > 1$。

将命题 5-1 中确定的最佳订货周期倍数 N^* 代入 $t_{max}(N)$，得到对于给定的折扣系数 δ，零售商应提前支付货款的最长信用期：

$$t_{max} = \frac{\delta}{(1-\delta) I_r} - \frac{(N^*-1)^2}{(1-\delta) w I_r N^*} \times \sqrt{\frac{K_r A_r}{2D}}$$

易知命题 5-2 成立。

命题 5-2 当 $\delta \geq \delta_0 = \dfrac{(N^*-1)^2}{\omega N^*} \times \sqrt{\dfrac{K_r A_r}{2D}}$ 时，有 $t_{max} \geq 0$，表示仅在供应商提供的折扣系数达到一定比例的情形下，零售商为了获得价格优惠，才会愿意延长订货周期并提前支付货款；否则，当 $0 \leq \delta \leq \delta_0$ 时有 $t_{max} < 0$，表示当供应商提供的折扣系数较小，且给予零售商延迟支付承诺时，零售商才愿意将协调前的最优订货周期调整到供应商期望达到的最优订货周期。

将协调后的最优订货周期 $N^* T_r^0$ 分别对净改良率 λ 和单位产品改良成本 C_a 求一阶偏导数，得到：

$$\frac{d(N^* T_r^0)}{d\lambda} = -\sqrt{\frac{2P(K_r I_m + K_m I_r)}{D}} \times (P A_r I_m + D A_m I_r)^{-\frac{3}{2}} \times (P I_m + D I_r)(C_a - w) > 0 \tag{5-20}$$

$$\frac{d(N^* T_r^0)}{d C_a} = -\sqrt{\frac{2P(K_r I_m + K_m I_r)}{D}} \times (P A_r I_m + D A_m I_r)^{-\frac{3}{2}} \times \lambda (P I_m + D I_r) < 0 \tag{5-21}$$

于是得到命题 5-3。

命题 5-3 协调后的最优订货周期 $N^* T_r^0$ 随着净改良率 λ 的增大而增加，随着单位产品改良成本 C_a 的增大而减小。

净改良率越大，单位时间通过改良获得的产品越多。此时，若改良品的单位产品改良成本低于批发价格，零售商则愿意通过改良的方式来满足部分需求而不是向供应商采购，其将延长订货周期来获得更多的改良产品；若单位产品改良成本过高，通过产品改良满足需求不利于降低总成本，零售商则会选择缩短订货周期。另外，当改良率维持不变时，单位产品的改良成本越大，改良等量产品支付的改良成本就越大，这时零售商会通过缩短订货周期来抑制产品改

良，以节约改良成本。

命题 5 – 4 在保证零售商至少获得协调前单位时间利润的前提下，通过设计数量折扣和交易信用组合的协调机制，供应商能够获得的单位时间最大利润为：

$$\Pi_m^1 = \left(w - c + \left(\frac{I_m}{I_r} - 1 \right) \delta w \right) D + \frac{I_m}{I_r} \times \sqrt{2K_r DA_r}$$

$$- \frac{\sqrt{2DP(K_r I_m + K_m I_r)(PA_r I_m + DA_m I_r)}}{PI_r}。$$

通过命题 5 – 4 可以考察折扣系数 δ 对供应商单位时间最大利润 Π_m^1 的影响。求 Π_m^1 对 δ 的一阶导数，得到 $\frac{d\Pi_m^1}{d\delta} = \left(\frac{I_m}{I_r} - 1 \right) wD$。可知，当供应商的资金投资收益率 I_m 小于零售商的资金投资收益率 I_r 时，有 $\frac{d\Pi_m^1}{d\delta} < 0$，表明供应商的单位时间最大利润随折扣系数的增大而减小，此时供应商的最优策略就是不提供任何数量折扣；当供应商的资金投资收益率 I_m 大于零售商的资金投资收益率 I_r 时，有 $\frac{d\Pi_m^1}{d\delta} > 0$，意味着供应商的资金投资收益率更高时，供应商会积极地向零售商提供数量折扣，以激励零售商延长订货周期和提前支付货款，从而节约更多的生产准备成本，并获得资金机会投资的收益。

命题 5 – 5 与协调前相比，在提供数量折扣与交易信用组合的协调机制作用下，供应商（改良品供应链系统）获得的单位时间利润增量为：

$$\Delta\Pi_{sc} = \Delta\Pi_m = \Pi_m^1 - \Pi_m^0$$

$$= \left(\frac{I_m}{I_r} - 1 \right) \delta wD + \frac{\left(\sqrt{(K_r I_m + K_m I_r)PA_r} - \sqrt{(PA_r I_m + DA_m I_r)K_r} \right)^2}{PI_r}$$

$$\times \sqrt{\frac{D}{2K_r A_r}}$$

从 $\Delta\Pi_{sc}$ 的表达式可知，等式右边第 2 项部分非负。因此，当供应商的资金投资收益率 I_m 不小于零售商的资金投资收益率 I_r 时，供应商的单位时间最大利润增量大于零，此时供应商提供的数量折扣与交易信用组合协调机制是有效的；当供应商的资金投资收益率 I_m 小于零售商的资金投资收益率 I_r 且 $I_r - I_m$ 的差值逐渐增大时，供应商的单位时间最大利润增量会持续减小，直至变为负数，此时供应商提供的数量折扣与交易信用组合协调机制无效。可见，供应商与零售商的资金投资收益率对数量折扣与交易信用组合协调机制的影响较大。

5.2.4 利润增量分配机制

通过上述分析可知，在满足零售商个人理性约束的条件下，基于数量折扣和交易信用组合的协调机制能够使供应商获得更大的单位时间利润。因此，借助于合理的收益共享契约，公平分配利润增量后，零售商和供应商的利润水平比协调前均有所改善。其中，零售商和供应商从单位时间利润增量中分配的比例取决于各自在交易中的讨价还价能力和风险规避程度等因素。为具体刻画供应商和零售商的相对风险规避程度，假设双方的效用函数为常数相对风险规避（Constant Coefficient of Relative Risk Aversion，CRRA）效用函数：

$$U_1(\Delta\Pi_m) = \frac{\Delta\Pi_m^{1-\alpha}}{1-\alpha} - 1, \ U_1(\Delta\Pi_r) = \frac{\Delta\Pi_r^{1-\beta}}{1-\beta} - 1 \qquad (5-22)$$

式中，α、$\beta > 0$ 且 α、$\beta \neq 1$；$\Delta\Pi_m$ 和 $\Delta\Pi_r$ 分别表示供应商和零售商各自分配的单位时间利润增量，满足 $\Delta\Pi_m + \Delta\Pi_r = \Delta\Pi_{SC}$。因为：

$$\alpha = -\Delta\Pi_m \times \frac{U_1''(\Delta\Pi_m)}{U_1'(\Delta\Pi_m)}, \ \beta = -\Delta\Pi_r \times \frac{U_2''(\Delta\Pi_r)}{U_2'(\Delta\Pi_r)},$$

所以 α 和 β 依次为供应商和零售商的相对风险规避系数。设供应商和零售商的讨价还价能力权重分别为 σ_1 和 σ_2，有 $\sigma_1 + \sigma_2 = 1$。根据纳什讨价还价理论，将改良品供应链系统的单位时间利润增量分配问题规划如下：

$$\max U_{SC}(\Delta\Pi_m, \Delta\Pi_r) = \sigma_1 \times U_1(\Delta\Pi_m) + \sigma_2 \times U_2(\Delta\Pi_r)$$

$$= \sigma_1 \times \left(\frac{\Delta\Pi_m^{1-\alpha} - 1}{1-\alpha} \right) + \sigma_2 \times \left(\frac{\Delta\Pi_r^{1-\beta} - 1}{1-\beta} \right) \qquad (5-23)$$

$$s.\,t. \ \Delta\Pi_m + \Delta\Pi_r = \Delta\Pi_{SC} \qquad (5-24)$$

在经济生活中，供应商和零售商在追逐利益最大化的同时也在规避风险带来的不确定因素。假定供应商和零售商都是风险回避者，且具有相同的相对风险规避系数 θ，由经济学中的均衡条件可知，当满足 $\sigma_1 \times \left(\frac{\partial U_{SC}}{\partial \Delta\Pi_m} \right) = \sigma_2 \times \left(\frac{\partial U_{SC}}{\partial \Delta\Pi_r} \right)$ 时，目标函数取得最大值。联立约束条件求解，得到命题 5-6。

命题 5-6 在采用数量折扣和交易信用组合的协调机制下，通过运用纳什讨价还价理论，供应商和零售商各自获得的单位时间利润增量分别为：

$$\begin{cases} \Delta\Pi_m = \dfrac{\sigma_1^{\frac{1}{\theta}}}{\sigma_1^{\frac{1}{\theta}} + \sigma_2^{\frac{1}{\theta}}} \times \Delta\Pi_{SC} \\[4mm] \Delta\Pi_r = \dfrac{\sigma_2^{\frac{1}{\theta}}}{\sigma_1^{\frac{1}{\theta}} + \sigma_2^{\frac{1}{\theta}}} \times \Delta\Pi_{SC} \end{cases} \qquad (5-25)$$

显然，在相对风险规避系数相同的情况下，供应商和零售商从改良品供应链系统单位时间利润增量中分享的份额取决于各自的讨价还价能力。改良品供应链系统中某一成员的讨价还价能力越强，分配到的单位时间利润增量就越多。特别地，当双方的谈判地位对等时，两者将平分协调后的单位时间利润增量。

5.2.5 数值算例

1. 算例参数设置与求解

假设在单个供应商和单个零售商组成的二级改良品供应链中，相关参数如下：$D = 2000$ 千克/年，$P = 10000$ 千克/年，$p_0 = 15$ 元/千克，$w = 12$ 元/千克，$c = 8$ 元/千克，$C_a = 5$ 元/千克，$K_r = 500$ 元/次，$K_m = 1000$ 元/次，$H_r^0 = 8$ 元/千克·年，$H_m^0 = 4$ 元/千克·年，$I_m = 20\%$/年，$I_r = 10\%$/年，$\lambda = 0.10$，$\delta = 0.05$，$\sigma_1 = 0.6$，$\sigma_2 = 0.4$，$\theta = 0.8$。

根据以上设定参数，可以计算出协调前零售商的最优订货周期 $T_r^0 = 0.253$ 年，单位时间最大利润 $\Pi_r^0 = 1710.5$ 元；供应商的最优订货周期 $T_m^0 = 0.218$ 年，单位时间利润 $\Pi_m^0 = 3837.6$ 元。协调后，零售商的最佳订货周期延长为原来的 $N^* = 1.378$ 倍，供应商要求零售商提前支付货款的最长信用期 $t = 0.437$ 年，此时整个改良品供应链系统获得的单位时间利润增量 $\Delta\Pi_{SC} = 1793.5$ 元；最终，零售商分配到的利润增量 $\Delta\Pi_r = 674.2$ 元，供应商分配到的利润增量 $\Delta\Pi_m = 1119.3$ 元。可见，基于数量折扣和交易信用组合的协调机制对改良品供应链的协调是有效的。

2. 敏感性分析

（1）净改良率的敏感性分析。

净改良率变动对改良品供应链系统及成员企业的单位时间利润增量的影响

如图 5 – 1① 所示。

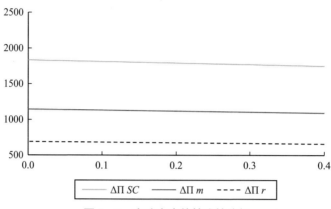

图 5 – 1　净改良率的敏感性分析

由图 5 – 1 可知，随着净改良率的增加，整个改良品供应链系统和各成员企业的单位时间利润增量都会缓慢减少。当单位改良成本小于单位批发价格时，虽然零售商和供应商的单位时间利润随着净改良率的增加而不断增加，但由于净改良率增加对协调前供应商单位时间利润的影响大于对协调后供应商单位时间利润的影响，导致协调前后供应链系统的单位时间利润增量随净改良率的增加而逐渐减少，零售商和供应商分配的单位时间利润增量也相应减少。

（2）单位改良成本的敏感性分析。

单位改良成本变动对改良品供应链系统及成员企业的单位时间利润增量的影响如图 5 – 2 所示。

由图 5 – 2 可知，随着单位改良成本的增加，整个改良品供应链系统和各成员企业的单位时间利润增量随之逐渐增加。虽然零售商和供应商的单位时间利润都会因单位改良成本的增加而不断减少，但单位改良成本变动对协调前供应商的单位时间利润影响更大，致使协调后供应链系统的单位时间利润增量越来越大，供应商和零售商分配的单位时间利润也随之增大。

（3）供应商资金投资收益率的敏感性分析。

供应商资金投资收益率变动对改良品供应链系统及成员企业的单位时间利润增量的影响如图 5 – 3 所示。

---

① 图 5 – 1 至图 5 – 6 中，"ΔΠ"表示单位时间利润增量，"SC"表示供应链系统，"m"表示制造商，"r"表示零售商。

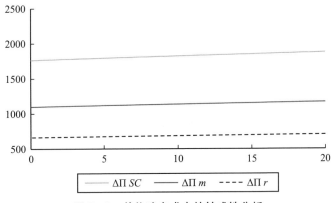

图 5 - 2　单位改良成本的敏感性分析

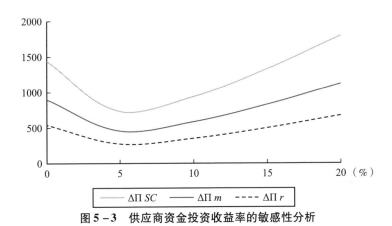

图 5 - 3　供应商资金投资收益率的敏感性分析

由图 5 - 3 可知，随着供应商资金投资收益率的增加，改良品供应链系统和各成员企业的单位时间利润增量呈现先减小后增加的特征。在供应商资金投资收益率从零开始持续增加时，协调前的供应商单位时间利润一直随之降低，但协调后的供应商单位时间利润在出现短暂下降后迅速上升，所以整个改良品供应链系统和各个成员企业的单位时间利润增量也随之先下降后上升。

（4）零售商资金投资收益率的敏感性分析。

零售商资金投资收益率变动对改良品供应链系统及成员企业的单位时间利润增量的影响如图 5 - 4 所示。

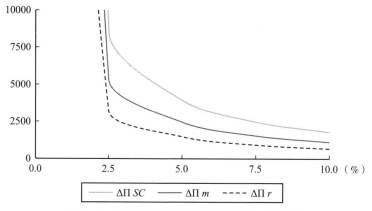

图 5-4　零售商资金投资收益率的敏感性分析

由图 5-4 可知,随着零售商资金投资收益率的增加,供应商协调前后的单位时间利润都在迅速下降,并导致改良品供应链系统和各成员企业的单位时间利润增量迅速减少。

(5) 供应商讨价还价能力的敏感性分析。

供应商讨价还价能力变动对改良品供应链系统及成员企业的单位时间利润增量的影响如图 5-5 所示。

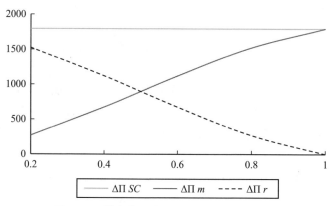

图 5-5　供应商讨价还价能力的敏感性分析

由图 5-5 可知,供应商讨价还价能力的大小对协调后的改良品供应链系统单位时间利润增量不产生直接影响,但随着供应商讨价还价能力的增强,供应商所分配的单位时间利润增量越来越大。

（6）相对风险规避系数的敏感性分析。

相对风险规避系数变动对改良品供应链系统及成员企业的单位时间利润增量的影响如图 5 - 6 所示。

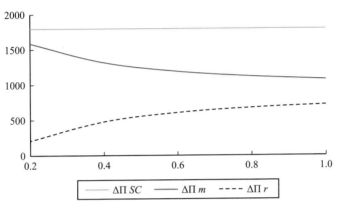

图 5 - 6 　相对风险规避系数的敏感性分析

由图 5 - 6 可知，相对风险规避系数的变化不会影响改良品供应链系统的单位时间利润。由于供应商和零售商的讨价还价能力不同，双方分配的单位时间利润并不相等。其中，讨价还价能力越强，分配的单位时间利润份额也越大，但随着相对风险规避系数的增大，双方分配的份额差呈现逐渐缩小的趋势。

5.3　考虑交易信用的库存决策与横向协调

5.3.1　基本假设与符号说明

本节运用下列基本假设以便于建立库存决策与横向协调模型：
（1）改良品供应链由单个供应商和 n 个零售商组成；
（2）改良品供应链中零售商处于领导者地位，供应商是追随者；
（3）讨论供应商供给一种改良品时的订货决策；
（4）考虑无限个订货周期，提前期忽略不计；
（5）市场需求率已知、稳定、均匀，补货瞬时完成，且不允许零售商缺货；
（6）改良品在库存持有期间的净改良率为恒定常数；

（7）库存持有期间因发生改良而增加的部分占用库存；

（8）每个零售商独立补货具有相同的订货成本；

（9）供应商提供延迟支付作为折扣价格。

本节定义下列符号参数以便于建立库存决策与纵向协调模型：

D_i：零售商 i 面临的市场需求率，是一个确定的常数，$i = 1, 2, \cdots, n$；

M：供应商提供的延迟支付期限；

I_r：零售商的资金投资收益率；

I_m：供应商的资金投资收益率，$I_r < I_m$；

K：零售商独立补货的订货成本；

K_J：n 个零售商联合补货的订货成本，$K_J > K$；

φ：联合补货时的订货协调成本系数，满足 $K_J = Kn^{\varphi}(\varphi > 0)$；

C_a：改良品的单位改良成本；

w：供应商供给单位改良品的批发价格；

p_i：零售商销售单位改良品的市场价格；

H_i：零售商 i 的单位库存成本（不含资金占用成本）；

λ：改良品的净改良率；

T_i^*：零售商 i 独立补货时的最优订货周期；

T_N^*：采购联盟 N 统一补货时的最优订货周期；

Π_i^{j*}：零售商 i 独立补货时的单位时间利润，$j = 1, 2$；

Π_N^{j*}：采购联盟 N 统一补货时的单位时间利润，$j = 1, 2$。

其他未尽符号参数定义可见文中具体说明。

5.3.2　改良品供应链补货模型

1. 基本库存模型推导

零售商 i 在一个补货周期内的库存水平受市场需求和改良品自身改良的共同影响，从最大值 Q_i 逐渐减小到零，任意时刻 t 的库存水平可用微分方程表示为：

$$\frac{dI_i(t)}{dt} = -D_i + \lambda I_i(t), \quad I_i(0) = Q_i, \quad I_i(T_i) = 0 \tag{5-26}$$

解上述微分方程，得到：

$$I_i(t) = \frac{D_i}{\lambda}(1 - e^{\lambda(t-T_i)}) , \; 0 < t \leqslant T_i \qquad (5-27)$$

因此，零售商 i 每次的补货批量为：

$$Q_i = I_i(0) = \frac{D_i}{\lambda}(1 - e^{-\lambda T_i}) \qquad (5-28)$$

由式（5-28）可知，当改良品的市场需求率 D_i 和净改良率 λ 恒定时，零售商 i 的订货批量 Q_i 与订货周期 T_i 之间存在一一对应关系。这种情形下，在构建改良品补货决策模型时，以订货周期而非订货批量作为决策变量将会更为方便。因此，下文将选择订货周期作为决策变量。每一个零售商都面临着独立补货与联合补货两种补货方式，而零售商选择某种采购方式的原因在于该采购方式能够获得更多的单位时间利润。接下来，我们分别建立零售商独立采购与联合采购时的单位时间利润函数并进行比较，得出零售商选择联合采购的条件。

2. 零售商独立补货

在供应商提供延迟支付作为信用销售手段时，零售商 i 独立补货时的周期总成本包括订货成本 K、采购成本 $wQ = \frac{wD_i(1 - e^{-\lambda T_i})}{\lambda}$、存储成本 $H_i \int_0^{T_i} I_i(t)\,dt = \frac{H_i D_i(e^{-\lambda T_i} + \lambda T_i - 1)}{\lambda^2}$、改良成本 $Ca(D_i T_i - Q_i) = C_a\left(D_i T_i - \frac{D_i(1 - e^{-\lambda T_i})}{\lambda}\right)$。当 $T_i < M$ 时，零售商 i 的利息支出为 0，利息收入为 $p_i I_r D_i T_i\left(M - \frac{T_i}{2}\right)$；当 $T_i > M$ 时，零售商 i 的利息支出为 $\frac{wI_m D_i(e^{-\lambda(T_i-M)} + \lambda(T_i - M) - 1)}{\lambda^2}$，利息收入为 $\frac{p_i I_r D_i M^2}{2}$。因此，零售商 i 独立补货时的单位时间利润可分别表示如下。

（1）若 $T_i \leqslant M$，则：

$$\Pi_i^1(T_i) = p_i D_i - \frac{K}{T_i} - \frac{wD_i(1 - e^{-\lambda T_i})}{\lambda T_i} - \frac{H_i D_i(e^{-\lambda T_i} + \lambda T_i - 1)}{\lambda^2 T_i}$$
$$- \frac{C_{ai} D_i(\lambda T_i - (1 - e^{-\lambda T_i}))}{\lambda T_i} + p_i I_r D_i\left(M - \frac{T_i}{2}\right) \qquad (5-29)$$

（2）若 $T_i \geqslant M$，则：

$$\Pi_i^2(T_i) = p_i D_i - \frac{K}{T_i} - \frac{wD_i(1 - e^{-\lambda T_i})}{\lambda T_i} - \frac{H_i D_i(e^{-\lambda T_i} + \lambda T_i - 1)}{\lambda^2 T_i}$$

$$-\frac{C_a D_i (\lambda T_i - (1 - e^{-\lambda T_i}))}{\lambda T_i}$$

$$-\frac{w I_m D_i (e^{-\lambda(T_i - M)} + \lambda(T_i - M) - 1)}{\lambda^2 M} + \frac{p_i I_r D_i M^2}{2 T_i} \quad (5-30)$$

当 $T_i = M$ 时，有 $\Pi_i^1(M) = \Pi_i^2(M)$ 成立。显然，零售商 i 独立补货时的单位时间利润函数在 M 处有定义且连续。

对式（5-29）、式（5-30）直接求最优解比较困难，为此采用与前文相同的处理方式，当 $\lambda T_i \ll 1$ 及 $\lambda(T_i - M) \ll 1$ 时，对上述指数函数进行泰勒展开，并取其前三项，即：

$$e^{-\lambda T_i} \approx 1 - \lambda T_i + \frac{\lambda^2 T_i^2}{2}, \quad e^{-\lambda(T_i - M)} \approx 1 - \lambda(T_i - M) + \frac{\lambda^2(T_i - M)^2}{2}$$

$$(5-31)$$

将式（5-31）分别代入式（5-29）和式（5-30），化简得：

$$\Pi_i^1(T_i) = (p_i - w) D_i - \frac{K}{T_i} - \frac{(H_i + \lambda C_a - \lambda w + p_i I_r) D_i T_i}{2} + p_i I_r D_i M$$

$$(5-32)$$

$$\Pi_i^2(T_i) = (p - w) D_i - \frac{K}{T_i} - \frac{(H_i + \lambda C_a - \lambda w + w I_m) D_i T_i}{2}$$

$$- \frac{(w I_m - p_i I_r) D_i M^2}{2 T_i} + w I_m D_i M \quad (5-33)$$

命题 5-7 令 $\Delta_1 = 2K - (H_i + \lambda C_a - \lambda w + p_i I_r) D_i M^2$。

（1）若 $\Delta_1 \leq 0$，则零售商 i 的最优订货周期与单位时间利润分别表示为：

$$T_i^* = \sqrt{\frac{2K}{(H_i + \lambda C_a - \lambda w + p_i I_r) D_i}}$$

$$\Pi_i^{1*} = (p_i - w) D_i - \sqrt{2K(H_i + \lambda C_a - \lambda w + p_i I_r) D_i} + p_i I_r D_i M$$

（2）若 $\Delta_1 \geq 0$，则零售商 i 的最优订货周期与单位时间利润分别表示为：

$$T_i^* = \sqrt{\frac{2K + (w I_m - p_i I_r) D_i M^2}{(H_i + \lambda C_a - \lambda w + w I_m) D_i}}$$

$$\Pi_i^{2*} = (p_i - w) D_i - \sqrt{(2K + (w I_m - p_i I_r) D_i M^2)(H_i + \lambda C_a - \lambda w + w I_m) D_i}$$
$$+ w I_m D_i M$$

证明 参考下文命题 5-8 的证明过程。

3. 零售商联合补货

已知供应商给零售商提供延迟支付期限 M 条款，此时 n 个零售商为了降低采购成本，决定组建采购联盟 N 以订货周期 T_N 来实施统一补货。采购联盟 N 在一个订货周期内的总成本包括：订货成本 $K_J = Kn^{\varphi}$、采购成本 $\sum_{i=1}^{n} \dfrac{wD_i(1 - e^{-\lambda T_N})}{\lambda}$、存储成本 $\sum_{i=1}^{n} \dfrac{H_i D_i(e^{-\lambda T_N} + \lambda T_N - 1)}{\lambda^2}$、改良成本 $\sum_{i=1}^{n} C_a D_i \left[T_N - \dfrac{1 - e^{-\lambda T_N}}{\lambda} \right]$。当 $T_N \leqslant M$ 时，采购联盟 N 的利息支出为 0，利息收入为 $\sum_{i=1}^{n} p_i I_r D_i \left(M - \dfrac{T_N}{2} \right)$；当 $T_N \geqslant M$ 时，采购联盟 N 的利息收入为 $\sum_{i=1}^{n} \dfrac{p_i I_r D_i M^2}{2}$，利息支出为 $\sum_{i=1}^{n} \dfrac{w I_m D_i(e^{-\lambda(T_N - M)} + \lambda(T_N - M) - 1)}{\lambda^2}$。对上述各表达式中涉及的指数项进行泰勒展开并取其前三项，化简后得到采购联盟 N 的单位时间利润函数分别为

（1）若 $T_N \leqslant M$，则：

$$\Pi_N^1 = \sum_{i=1}^{n} (p_i - w)D_i - \frac{Kn^{\varphi}}{T_N} - \frac{\sum_{i=1}^{n} (H_i + \lambda C_a - \lambda w + p_i I_r)D_i T_N}{2} - \sum_{i=1}^{n} p_i I_r D_i M$$

$$(5-34)$$

（2）若 $T_N \geqslant M$，则：

$$\Pi_N^2 = \sum_{i=1}^{n} (p_i - w)D_i - \frac{Kn^{\varphi}}{T_N} - \frac{\sum_{i=1}^{n} (H_i + \lambda C_a - \lambda w + w I_m)D_i T_N}{2}$$

$$- \frac{\sum_{i=1}^{n} (w I_m - p_i I_r)D_i M^2}{2T_N} - \sum_{i=1}^{n} w I_m D_i M \qquad (5-35)$$

易得当 $T_N = M$ 时，有 $\Pi_N^1(M) = \Pi_N^2(M)$ 成立。因此，采购联盟的单位时间总利润函数在 M 处有定义且连续。

命题 5-8 令 $\Delta_2 = 2Kn^{\varphi} - \sum_{i=1}^{n} (H_i + \lambda C_a - \lambda w + p_i I_r)D_i M^2$。

（1）若 $\Delta_2 \leqslant 0$，则采购联盟 N 的最优订货周期与单位时间利润分别为：

$$T_N^* = \sqrt{\frac{2Kn^{\varphi}}{\sum_{i=1}^{n} (H_i + \lambda C_a - \lambda w + p_i I_r)D_i}}$$

$$\Pi_N^{1*} = \sum_{i=1}^{n} (p_i - w)D_i - \sqrt{2Kn^{\varphi} \sum_{i=1}^{n} (H_i + \lambda C_a - \lambda w + p_i I_r)D_i}$$

$$+ \sum_{i=1}^{n} p_i I_r D_i M$$

（2）若 $\Delta_2 \geq 0$，则采购联盟 N 的最优订货周期与单位时间利润分别为：

$$T_N^* = \sqrt{\frac{2Kn^{\varphi} + \sum_{i=1}^{n} (wI_m - p_i I_r) D_i M^2}{\sum_{i=1}^{n} (H_i + \lambda C_a - \lambda w + p_i I_r) D_i}}$$

$$\Pi_N^{2*} = \sum_{i=1}^{n} (p_i - w) D_i$$

$$- \sqrt{\left[2Kn^{\varphi} + \sum_{i=1}^{n} (wI_m - p_i I_r) D_i M^2 \right] \times \sum_{i=1}^{n} (H_i + \lambda C_a - \lambda w + wI_m) D_i}$$

$$+ \sum_{i=1}^{n} wI_m D_i M$$

证明 （1）对于 $T_N \leq M$，由 $\dfrac{d^2\Pi_N^1}{dT_N^2} = -\dfrac{2Kn^{\varphi}}{T_N^3} < 0$ 知，当 T_N 满足 $\dfrac{d\Pi_N^1}{dT_N} = 0$ 时，

采购联盟 N 的单位时间利润最大，即 $\dfrac{Kn^{\varphi}}{T_N^2} - \dfrac{\sum_{i=1}^{n} (H_i + \lambda C_a - \lambda w + p_i I_r) D_i}{2} = 0$，

解得 $T_N^* = \sqrt{\dfrac{2Kn^{\varphi}}{\sum_{i=1}^{n} (H_i + \lambda C_a - \lambda w + p_i I_r) D_i}}$，将 T_N^* 代入式（5-34），有 $\Pi_N^{1*} =$

$$\sum_{i=1}^{n} (p_i - w) D_i - \sqrt{2Kn^{\varphi} \sum_{i=1}^{n} (H_i + \lambda C_a - \lambda w + p_i I_r) D_i} + \sum_{i=1}^{n} p_i I_r D_i M \text{。}$$

（2）对于 $T_N \geq M$，求 Π_N^2 的一阶、二阶导数，分别得到 $\dfrac{d\Pi_N^2}{dT_N} = \dfrac{Kn^{\varphi}}{T_N^2} +$

$$\dfrac{\sum_{i=1}^{n} (wI_m - p_i I_r) D_i M^2}{2T_N^2} - \dfrac{\sum_{i=1}^{n} (H_i + \lambda C_a - \lambda w + wI_m) D_i}{2}, \qquad \dfrac{d^2\Pi_N^2}{dT_N^2} =$$

$$-\dfrac{2Kn^{\varphi} + \sum_{i=1}^{n} (wI_m - p_i I_r) D_i M^2}{T_N^3}。\Pi_N^2 \text{ 取得极大值的充要条件是} \dfrac{d\Pi_N^2}{dT_N} = 0 \text{ 且} \dfrac{d^2\Pi_N^2}{dT_N^2} <$$

0，即需满足：

$$\begin{cases} \dfrac{2Kn^{\varphi} + \sum\limits_{i=1}^{n}(wI_m - p_iI_r)D_iM^2}{T_N^2} - \sum\limits_{i=1}^{n}(H_i + \lambda C_a - \lambda w + wI_m)D_i = 0 \\[4mm] \dfrac{2Kn^{\varphi} + \sum\limits_{i=1}^{n}(wI_m - p_iI_r)D_iM^2}{T_N^3} > 0 \end{cases}$$

假设 $2Kn^{\varphi} + \sum\limits_{i=1}^{n}(wI_m - p_iI_r)D_iM^2 \leqslant 0$，则 $2Kn^{\varphi} \leqslant \sum\limits_{i=1}^{n}(p_iI_r - wI_m)D_iM^2$。

此时有 $2Kn^{\varphi} - \sum\limits_{i=1}^{n}(H_i + \lambda C_a - \lambda w + p_iI_r)D_iM^2 \leqslant \sum\limits_{i=1}^{n}(p_iI_r - wI_m)D_iM^2 -$

$\sum\limits_{i=1}^{n}(H_i + \lambda C_a - \lambda w + p_iI_r)D_iM^2 = -\sum\limits_{i=1}^{n}(H_i + \lambda C_a - \lambda w + wI_r)D_iM^2 < 0$，这与

$\Delta_2 = 2Kn^{\varphi} - \sum\limits_{i=1}^{n}(H_i + \lambda C_a - \lambda w + p_iI_r)D_iM^2 > 0$ 矛盾。因此，有 $2Kn^{\varphi} +$

$\sum\limits_{i=1}^{n}(wI_m - p_iI_r)D_iM^2 > 0$。对 $\dfrac{d\Pi_N^2}{dT_N} = 0$ 进行求解，得到 $T_N^* =$

$$\sqrt{\dfrac{2Kn^{\varphi} + \sum\limits_{i=1}^{n}(wI_m - p_iI_r)D_iM^2}{\sum\limits_{i=1}^{n}(H_i + \lambda C_a - \lambda w + p_iI_r)D_i}}$$，再将 T_N^* 代入式（5-35），有 $\Pi_N^{2*} = \sum\limits_{i=1}^{n}(p_i -$

$w)D_i - \sqrt{\left[2Kn^{\varphi} + \sum\limits_{i=1}^{n}(wI_m - p_iI_r)D_iM^2\right] \times \sum\limits_{i=1}^{n}(H_i + \lambda C_a - \lambda w + wI_m)D_i} +$

$\sum\limits_{i=1}^{n}wI_mD_iM$。

命题 5-8 得证。

当 $N=1$ 时，采购联盟 N 的联合补货退化为零售商 i 的独立补货，上述分析过程即为命题 5-7 的证明过程。

4. 独立补货与联合补货比较

在"单供应商—多零售商"组成的二级改良品供应链中，零售商独立补货与联合补货时的单位时间利润差值表示如下。

（1）若 $T_i \leqslant M$ 且 $T_N \leqslant M$，则：

$$\Delta\Pi = \Pi_N^{1^*} - \sum_{i=1}^{n} \Pi_i^{1^*} = \left[\sum_{i=1}^{n} \sqrt{2K(H_i + \lambda C_a - \lambda w + p_i I_r)D_i} \atop - \sqrt{2Kn^{\varphi} \sum_{i=1}^{n} (H_i + \lambda C_a - \lambda w + p_i I_r)D_i} \right]$$

（2）若 $T_i \geqslant M$ 且 $T_N \leqslant M$，则：

$$\Delta\Pi = \Pi_N^{1^*} - \sum_{i=1}^{n} \Pi_i^{2^*}$$

$$= \left[\sum_{i=1}^{n} \sqrt{(2K + (wI_m - p_i I_r)D_i M^2)(H_i + \lambda C_a - \lambda w + wI_m)D_i} \atop - \sqrt{2Kn^{\varphi} \sum_{i=1}^{n} (H_i + \lambda C_a - \lambda w + p_i I_r)D_i} \right]$$

（3）若 $T_i \geqslant M$ 且 $T_N \geqslant M$，则：

$$\Delta\Pi = \Pi_N^{2^*} - \sum_{i=1}^{n} \Pi_i^{2^*}$$

$$= \left[\sum_{i=1}^{n} \sqrt{(2K + (wI_m - p_i I_r)D_i M^2)(H_i + \lambda C_a - \lambda w + wI_m)D_i} \atop - \sqrt{\left[2Kn^{\varphi} + \sum_{i=1}^{n} (wI_m - p_i I_r)D_i M^2 \right] \times \sum_{i=1}^{n} (H_i + \lambda C_a - \lambda w + wI_m)D_i} \right]$$

当 $\Delta\Pi > 0$ 时，表明零售商们组建采购联盟 N，实施联合补货可以实现利润的帕累托改善，联合补货是比独立补货占优的策略；当 $\Delta\Pi < 0$ 时，则至少有一位零售商在联合补货中分配的单位时间利润小于独立补货下的单位时间利润，并最终退出采购联盟 N。令 $A_i = (H_i + \lambda C_a - \lambda w + p_i I_r)D_i$，$Z_i = (wI_m - p_i I_r)D_i M^2$，$B_i = (H_i + \lambda C_a - \lambda w + wI_m)D_i$。由上述比较结果可知，当订货协调成本系数 φ 满足

$$\varphi < \begin{cases} \log_n \left[\dfrac{(\sum_{i=1}^{n} \sqrt{A_i})^2}{\sum_{i=1}^{n} A_i} \right], & if \ T_i \leqslant M, T_N \leqslant M \\[3ex] \log_n \left[\dfrac{(\sum_{i=1}^{n} \sqrt{(2K + Z_i)B_i})^2}{2K \sum_{i=1}^{n} A_i} \right], & if \ T_i \geqslant M, T_N \leqslant M \\[3ex] \log_n \left[\dfrac{(\sum_{i=1}^{n} \sqrt{(2K + Z_i)B_i})^2 - \sum_{i=1}^{n} B_i \sum_{i=1}^{n} Z_i}{2K \sum_{i=1}^{n} B_i} \right], & if \ T_i \geqslant M, T_N \geqslant M \end{cases}$$

$$(5-36)$$

时，n 位零售商组建采购联盟 N 实施联合补货时的单位时间利润大于独立补货时的单位时间利润之和，联合补货优于独立补货。

5.3.3 联合补货博弈分析

1. 问题描述

采购联盟 N 必须合理分配联合补货的单位时间利润，确保每位参与联合补货的零售商获得的单位时间利润不小于独立补货下的单位时间利润，如此才能保证联合补货的顺利实施。

本章以采购联盟 N 实施联合补货获得的单位时间利润作为研究对象，应用多人合作博弈理论将联合补货的单位时间利润分配问题转换成联合补货博弈。以 $N = \{1, 2, \cdots, n\}$ 表示 n 个零售商的集合，称为全联盟。函数 Φ：$2^N \rightarrow R$ 为分派给任意非空子联盟 $S \subseteq N$ 的特征函数，且 $\Phi(\varnothing) = 0$，$\Phi(S)$ 称为联合补货博弈（N，Φ）中子联盟 S 的利润。联合补货博弈的主要问题是在全联盟建立后，如何在各零售商之间分配联盟总利润 $\Phi(N)$。

定义 5-1 对任意的 $S \subseteq N$，子联盟 S 的利润是最大化联盟在联合补货时所产生的单位时间利润。在供应商提供延迟支付期限 M 作为信用销售手段时，采购联盟 N 的联合补货博弈（N，Φ）可定义为：

$$\Phi(S) = \begin{cases} \sum_{i=1}^{s} (p_i - w) D_i - \sqrt{2Kn^{\varphi} \sum_{i=1}^{n} A_i} + \sum_{i=1}^{s} p_i I_r D_i M, \ if \Delta_s \leqslant 0 \\ \sum_{i=1}^{s} (p_i - w) D_i - \sqrt{\left[2Kn^{\varphi} + \sum_{i=1}^{s} Z_i\right] \sum_{i=1}^{s} B_i} + \sum_{i=1}^{s} w I_m D_i M, \ if \Delta_s \geqslant 0 \end{cases}$$

其中，$\Delta_s = 2Kn^{\varphi} - \sum_{i=1}^{n} A_i M^2$。

2. 博弈的基本性质

性质 5-1 对任意的 $S \subset V \subseteq N$，满足 $T_S > T_V$。

证明 （1）若 $\Delta_s = 2Kn^{\varphi} - \sum_{i=1}^{s} A_i M^2 \geqslant 0$，子联盟 S 的最优订货周期为：

$$T_S = \sqrt{\frac{2Kn^{\varphi} + \sum_{i=1}^{s} Z_i}{\sum_{i=1}^{s} B_i}} \geqslant M$$

对任意的 $S \subset V$, $\Delta_V = 2Kn^\varphi - \sum\limits_{i=1}^{v} A_i M^2 \le \Delta_S$, 则有如下两种情况。

①若 $\Delta_V \ge 0$, 子联盟 V 的最优订货周期 $T_V = \sqrt{\dfrac{2Kn^\varphi + \sum\limits_{i=1}^{v} Z_i}{\sum\limits_{i=1}^{v} B_i}} \ge M$ 。若

$T_S < T_V$, 则出现：

$$
\begin{aligned}
2Kn^\varphi &= \sum_{i=1}^{s} B_i T_S^2 - \sum_{i=1}^{s} Z_i \\
&= \sum_{i=1}^{s} (H_i + \lambda C_a - \lambda w + wI_m) D_i T_S^2 - \sum_{i=1}^{s} (wI_m - p_i I_r) D_i M^2 \\
&= \sum_{i=1}^{s} (H_i + \lambda C_a - \lambda w) D_i T_S^2 + \sum_{i=1}^{s} wI_m D_i (T_S^2 - M^2) + \sum_{i=1}^{s} p_i I_r D_i M^2 \\
&< \sum_{i=1}^{s} (H_i + \lambda C_a - \lambda w) D_i T_V^2 + \sum_{i=1}^{s} wI_m D_i (T_V^2 - M^2) + \sum_{i=1}^{s} p_i I_r D_i M^2 \\
&< \sum_{i=1}^{v} (H_i + \lambda C_a - \lambda w) D_i T_V^2 + \sum_{i=1}^{v} wI_m D_i (T_V^2 - M^2) + \sum_{i=1}^{v} p_i I_r D_i M^2 \\
&= \sum_{i=1}^{v} (H_i + \lambda C_a - \lambda w) D_i T_V^2 + \sum_{i=1}^{v} (wI_m - p_i I_r) D_i M^2 \\
&= \sum_{i=1}^{v} B_i T_V^2 - \sum_{i=1}^{v} Z_i = 2Kn^\varphi
\end{aligned}
$$

显然, 自相矛盾。因此, 有 $T_S > T_V$ 成立。

②若 $\Delta_V \le 0$, 子联盟 V 的最优订货周期 $T_V = \sqrt{\dfrac{2Kn^\varphi}{\sum\limits_{i=1}^{v} A_i}} \le M$ 。因此, 有 $T_S >$

T_V 成立。

（2）若 $\Delta_S = 2Kn^\varphi - \sum\limits_{i=1}^{s} A_i M^2 \le 0$, 子联盟 S 的最优订货周期 $T_S = \sqrt{\dfrac{2Kn^\varphi}{\sum\limits_{i=1}^{s} A_i}} \le$

M , 子联盟 V 的最优订货周期 $T_V = \sqrt{\dfrac{2Kn^\varphi}{\sum\limits_{i=1}^{v} A_i}} \le M$ 。若 $T_S < T_V$, 则出现 $2Kn^\varphi =$

$\sum\limits_{i=1}^{s} A_i (T_S)^2 < \sum\limits_{i=1}^{v} A_i (T_V)^2 = 2Kn^\varphi$ 。因此, 必有 $T_S > T_V$ 成立。

性质 5 - 1 表明, 采购联盟 N 的规模越大, 则其最优订货周期越短。因此, 改良品在持有期间因改良而增加的库存也越少, 各个零售商的平均库存水平也

相对更低，单位时间承担的存储成本也较低。

性质 5 - 2 对任意的 S, $V \subseteq N$, 满足 $\Phi(S) + \Phi(V) \leqslant \Phi(S \cup V)$。

证明 （1）若 $\Delta_S > 0$, $\Delta_V > 0$ 且 $\Delta_{S \cup V} > 0$, 结合定义 5 - 1, 得到：

$$\Phi(S) = \sum_{i=1}^{s} (p_i - w) D_i - \sum_{i=1}^{s} B_i T_S + \sum_{i=1}^{s} w I_m D_i M$$

$$\Phi(V) = \sum_{i=1}^{v} (p_i - w) D_i - \sum_{i=1}^{v} B_i T_V + \sum_{i=1}^{v} w I_m D_i M$$

$$\Phi(S \cup V) = \sum_{i=1}^{s+v} (p_i - w) D_i - \sum_{i=1}^{s+v} B_i T_{S \cup V} + \sum_{i=1}^{s+v} w I_m D_i M$$

因此, 有 $\Phi(S) + \Phi(V) - \Phi(S \cup V) = \sum_{i=1}^{s} B_i (T_{S \cup V} - T_S) + \sum_{i=1}^{s} B_i (T_{S \cup V} - T_V)$。
由性质 5 - 1 可知, 有 $T_S > T_{S \cup V}$ 及 $T_V > T_{S \cup V}$。因此, 有 $\Phi(S) + \Phi(V) - \Phi(S \cup V) \leqslant 0$。

（2）若 $\Delta_S \geqslant 0$, $\Delta_V \geqslant 0$ 且 $\Delta_{S \cup V} \leqslant 0$, 则由性质 5 - 1 可知, $T_S \geqslant M \geqslant T_{S \cup V}$, $T_V \geqslant M \geqslant T_{S \cup V}$。结合定义 5 - 1, 得到：

$$\Phi(S \cup V) = \sum_{i=1}^{s+v} (p_i - w) D_i - \sum_{i=1}^{s+v} A_i T_{S \cup V} + \sum_{i=1}^{s+v} p_i I_r D_i M$$

$$= \left[\sum_{i=1}^{s} (p_i - w) D_i - \sum_{i=1}^{s} A_i T_{S \cup V} + \sum_{i=1}^{s} p_i I_r D_i M \right]$$

$$+ \left[\sum_{i=1}^{v} (p_i - w) D_i - \sum_{i=1}^{v} A_i T_{S \cup V} + \sum_{i=1}^{v} p_i I_r D_i M \right]$$

$$= \left[\sum_{i=1}^{s} (p_i - w) D_i - \sum_{i=1}^{s} (A_i - p_i I_r D_i) T_{S \cup V} + \sum_{i=1}^{s} p_i I_r D_i (M - T_{S \cup V}) \right]$$

$$+ \left[\sum_{i=1}^{v} (p_i - w) D_i - \sum_{i=1}^{v} (A_i - p_i I_r D_i) T_{S \cup V} + \sum_{i=1}^{v} p_i I_r D_i (M - T_{S \cup V}) \right]$$

$$\geqslant \left[\sum_{i=1}^{s} (p_i - w) D_i - \sum_{i=1}^{s} (A_i - p_i I_r D_i) T_S + \sum_{i=1}^{s} w I_m D_i (M - T_S) \right]$$

$$+ \left[\sum_{i=1}^{v} (p_i - w) D_i - \sum_{i=1}^{v} (A_i - p_i I_r D_i) T_V + \sum_{i=1}^{v} w I_m D_i (M - T_V) \right]$$

$$= \left[\sum_{i=1}^{s} (p_i - w) D_i - \sum_{i=1}^{s} (A_i - p_i I_r D_i + w I_m D_i) T_S + \sum_{i=1}^{s} w I_m D_i M \right]$$

$$+ \left[\sum_{i=1}^{v} (p_i - w) D_i - \sum_{i=1}^{v} (A_i - p_i I_r D_i + w I_m D_i) T_V + \sum_{i=1}^{v} w I_m D_i M \right]$$

$$= \left[\sum_{i=1}^{s} (p_i - w) D_i - \sum_{i=1}^{s} B_i T_S + \sum_{i=1}^{s} w I_m D_i M \right]$$

$$+ \Big[\sum_{i=1}^{v} (p_i - w) D_i - \sum_{i=1}^{v} B_i T_V + \sum_{i=1}^{v} w I_m D_i M \Big]$$

$$= \Phi(S) + \Phi(V)$$

（3）若 $\Delta_S \geqslant 0$，$\Delta_V \leqslant 0$ 且 $\Delta_{S \cup V} \leqslant 0$，则由性质 5-1 可知，$T_{S \cup V} \leqslant T_V \leqslant M \leqslant T_S$。结合定义 5-1，得到：

$$\Phi(S \cup V) = \sum_{i=1}^{s+v} (p_i - w) D_i - \sum_{i=1}^{s+v} A_i T_{S \cup V} + \sum_{i=1}^{s+v} p_i I_r D_i M$$

$$= \Big[\sum_{i=1}^{s} (p_i - w) D_i - \sum_{i=1}^{s} (A_i - p_i I_r D_i) T_{S \cup V} + \sum_{i=1}^{s} p_i I_r D_i (M - T_{S \cup V}) \Big]$$

$$+ \Big[\sum_{i=1}^{v} (p_i - w) D_i - \sum_{i=1}^{v} A_i T_{S \cup V} + \sum_{i=1}^{v} p_i I_r D_i M \Big]$$

$$\geqslant \Big[\sum_{i=1}^{s} (p_i - w) D_i - \sum_{i=1}^{s} (A_i - p_i I_r D_i) T_S + \sum_{i=1}^{s} w I_m D_i (M - T_S) \Big]$$

$$+ \Big[\sum_{i=1}^{v} (p_i - w) D_i - \sum_{i=1}^{v} A_i T_V + \sum_{i=1}^{v} p_i I_r D_i M \Big]$$

$$= \Big[\sum_{i=1}^{s} (p_i - w) D_i - \sum_{i=1}^{s} (A_i - p_i I_r D_i + w I_m D_i) T_S + \sum_{i=1}^{s} w I_m D_i M \Big]$$

$$+ \Big[\sum_{i=1}^{v} (p_i - w) D_i - \sum_{i=1}^{v} A_i T_V + \sum_{i=1}^{v} p_i I_r D_i M \Big]$$

$$= \Big[\sum_{i=1}^{s} (p_i - w) D_i - \sum_{i=1}^{s} B_i T_S + \sum_{i=1}^{s} w I_m D_i M \Big]$$

$$+ \Big[\sum_{i=1}^{v} (p_i - w) D_i - \sum_{i=1}^{v} A_i T_V + \sum_{i=1}^{v} p_i I_r D_i M \Big]$$

$$= \Phi(S) + \Phi(V)$$

（4）若 $\Delta_S \leqslant 0$，$\Delta_V \geqslant 0$ 且 $\Delta_{S \cup V} \leqslant 0$，则由性质 5-1 知 $T_{S \cup V} \leqslant T_S \leqslant M \leqslant T_V$。结合定义 5-1，得到：

$$\Phi(S \cup V) = \sum_{i=1}^{s+v} (p_i - w) D_i - \sum_{i=1}^{s+v} A_i T_{S \cup V} + \sum_{i=1}^{s+v} p_i I_r D_i M$$

$$= \Big[\sum_{i=1}^{s} (p_i - w) D_i - \sum_{i=1}^{s} A_i T_{S \cup V} + \sum_{i=1}^{s} p_i I_r D_i M \Big]$$

$$+ \Big[\sum_{i=1}^{v} (p_i - w) D_i - \sum_{i=1}^{v} (A_i - p_i I_r D_i) T_{S \cup V} + \sum_{i=1}^{v} p_i I_r D_i (M - T_{S \cup V}) \Big]$$

$$\geqslant \Big[\sum_{i=1}^{s} (p_i - w) D_i - \sum_{i=1}^{s} A_i T_S + \sum_{i=1}^{s} p_i I_r D_i M \Big]$$

$$+ \Big[\sum_{i=1}^{v} (p_i - w) D_i - \sum_{i=1}^{v} (A_i - p_i I_r D_i) T_V + \sum_{i=1}^{v} w I_m D_i (M - T_V) \Big]$$

$$= \Big[\sum_{i=1}^{s} (p_i - w) D_i - \sum_{i=1}^{s} A_i T_S + \sum_{i=1}^{s} p_i I_r D_i M \Big]$$

$$+ \Big[\sum_{i=1}^{v} (p_i - w) D_i - \sum_{i=1}^{v} (A_i - p_i I_r D_i + w I_m D_i) T_V + \sum_{i=1}^{v} w I_m D_i M \Big]$$

$$= \Big[\sum_{i=1}^{s} (p_i - w) D_i - \sum_{i=1}^{s} A_i T_S + \sum_{i=1}^{s} p_i I_r D_i M \Big]$$

$$+ \Big[\sum_{i=1}^{v} (p_i - w) D_i - \sum_{i=1}^{v} B_i T_V + \sum_{i=1}^{v} w I_m D_i M \Big]$$

$$= \Phi(S) + \Phi(V)$$

（5）若 $\Delta_S \leqslant 0$，$\Delta_V \leqslant 0$ 且 $\Delta_{S \cup V} \leqslant 0$，则由性质 5 - 1 可知，$T_{S \cup V} \leqslant T_S \leqslant M$ 及 $T_{S \cup V} \leqslant T_V \leqslant M$。结合定义 5 - 1，得到：

$$\Phi(S \cup V) = \sum_{i=1}^{s+v} (p_i - w) D_i - \sum_{i=1}^{s+v} A_i T_{S \cup V} + \sum_{i=1}^{s+v} p_i I_r D_i M$$

$$= \Big[\sum_{i=1}^{s} (p_i - w) D_i - \sum_{i=1}^{s} A_i T_{S \cup V} + \sum_{i=1}^{s} p_i I_r D_i M \Big]$$

$$+ \Big[\sum_{i=1}^{v} (p_i - w) D_i - \sum_{i=1}^{v} A_i T_{S \cup V} + \sum_{i=1}^{v} p_i I_r D_i M \Big]$$

$$\geqslant \Big[\sum_{i=1}^{s} (p_i - w) D_i - \sum_{i=1}^{s} A_i T_S + \sum_{i=1}^{s} p_i I_r D_i M \Big]$$

$$+ \Big[\sum_{i=1}^{v} (p_i - w) D_i - \sum_{i=1}^{v} A_i T_V + \sum_{i=1}^{v} p_i I_r D_i M \Big]$$

$$= \Phi(S) + \Phi(V)$$

性质 5 - 2 表明，任意两个子联盟分别补货获得的单位时间利润之和小于他们相互合作进行联合补货所获得的单位时间利润。因此，对于各子联盟而言，彼此合作共同补货能够获得更多的利润。

以 (N, Φ^0) 表示没有延迟支付作为销售手段时的联合补货博弈。对于任意的 $S \subseteq N$，其最大单位时间利润为 $\Phi^0(S) = \sum_{i=1}^{s} (p_i - w) D_i - \sqrt{2Kn^\varphi \sum_{i=1}^{s} (H_i + \lambda C_a - \lambda w) D_i}$。此时，子联盟 S 的最优订货周期 $T_S^0 = \sqrt{\dfrac{2Kn^\varphi}{\sum_{i=1}^{s} (H_i + \lambda C_a - \lambda w) D_i}}$。

性质 5 - 3 对任意的 $S \subseteq N$，满足 $T_S < T_S^0$。

证明：（1）若 $\Delta_S \leqslant 0$，则 $T_S = \sqrt{\dfrac{2Kn^\varphi}{\sum\limits_{i=1}^{s} A_i}} \leqslant \sqrt{\dfrac{2Kn^\varphi}{\sum\limits_{i=1}^{s}(A_i - p_i I_r D_i)}} = T_S^0$。

（2）若 $\Delta_S > 0$，即 $2Kn^\varphi - \sum\limits_{i=1}^{s} A_i M^2 \geqslant 0$，容易验证：

$$(T_S^0)^2 - (T_S)^2 = \frac{2Kn^\varphi}{\sum\limits_{i=1}^{s}(B_i - wI_m D_i)} - \frac{2Kn^\varphi + \sum\limits_{i=1}^{s}(wI_m - p_i I_r)D_i M^2}{\sum\limits_{i=1}^{s} B_i}$$

$$= \frac{\left[2Kn^\varphi + \sum\limits_{i=1}^{s}(B_i - wI_m D_i)M^2\right]\sum\limits_{i=1}^{s} wI_m D_i + \sum\limits_{i=1}^{s}(B_i - wI_m D_i)\sum\limits_{i=1}^{s} p_i I_r D_i M^2}{\sum\limits_{i=1}^{s}(B_i - wI_m D_i)\sum\limits_{i=1}^{s} B_i}$$

$$\geqslant \frac{\sum\limits_{i=1}^{s} p_i I_r D_i M^2 \sum\limits_{i=1}^{s} wI_m D_i + \sum\limits_{i=1}^{s}(B_i - wI_m D_i)\sum\limits_{i=1}^{s} p_i I_r D_i M^2}{\sum\limits_{i=1}^{s}(B_i - wI_m D_i)\sum\limits_{i=1}^{s} B_i}$$

$$\geqslant \frac{\sum\limits_{i=1}^{s} p_i I_r D_i M^2}{\sum\limits_{i=1}^{s} B_i} \geqslant 0。$$

因此，有 $T_S < T_S^0$。

性质 5-3 表明，当供应商对子联盟提供延迟支付条款时，子联盟的订货周期将缩短，子联盟各成员企业的平均存储水平下降，单位时间库存成本减少。

对于联合补货博弈（N, Φ）来说，若每个零售商获得的单位时间利润分配解 $\psi = (\psi_1, \psi_2, \cdots, \psi_n)$ 满足：

$$Core(\Phi) = \left\{\psi \in R^N \mid \sum\limits_{j=1}^{n} \psi_j = \Phi(N), \sum\limits_{j=1}^{s} \psi_j \geqslant \Phi(S), \forall S \subseteq N\right\}$$

$$(5-37)$$

则 $\psi = (\psi_1, \psi_2, \cdots, \psi_n)$ 属于联合补货博弈（N, Φ）的核心。核心是合作博弈重要的解概念，属于核心的分配解使得任何零售商及子联盟不愿脱离大联盟。邓小铁等（Deng et al.，1994）指出，对许多合作博弈而言，得到一些解都是 NP 难题，因此人们对合作博弈的研究重点放在一些具有良好性质的博弈上，如子模博弈、拟凹博弈等。即便如此，证明延迟支付下的联合补货博弈是子模博弈或拟凹博弈，也是十分困难的。下面给出当延迟支付满足特定条件时，联合补货博弈所具有的性质。

性质 5-4 对任意的 $i \in N$，若满足 $wI_m = p_iI_r$，即每位零售商单位产品的利息支出与利息收入相等，则在供应商提供延迟支付条款时的改良品联合补货博弈 (N, Φ) 是子模博弈。

证明 若对任意的 $i \in N$，满足 $wI_m = p_iI_r$，则 $\Phi(S)$ 表示为：

$$\Phi(S) = \sum_{i=1}^{s} (p_i - w)D_i - \sqrt{2Kn^{\varphi} \sum_{i=1}^{s} A_i} + \sum_{i=1}^{s} p_iI_rD_iM$$

对任意的 $S \subset V \subset N \setminus \{l\}$，

$$\Phi(S \cup \{l\}) - \Phi(S) = \left[\sum_{i=1}^{s+l} (p_i - w)D_i - \sqrt{2Kn^{\varphi} \sum_{i=1}^{s+l} A_i} + \sum_{i=1}^{s+l} p_iI_rD_iM\right]$$

$$- \left[\sum_{i=1}^{s} (p_i - w)D_i - \sqrt{2Kn^{\varphi} \sum_{i=1}^{s} A_i} + \sum_{i=1}^{s} p_iI_rD_iM\right]$$

$$= -\frac{\sqrt{2Kn^{\varphi}A_l}}{\sqrt{\sum_{i=1}^{s+l} A_i} + \sqrt{\sum_{i=1}^{s} A_i}} + (p_l - w)D_l + p_lI_rD_lM$$

$$\Phi(V \cup \{l\}) - \Phi(V) = \left[\sum_{i=1}^{v+l} (p_i - w)D_i - \sqrt{2Kn^{\varphi} \sum_{i=1}^{v+l} A_i} + \sum_{i=1}^{v+l} p_iI_rD_iM\right]$$

$$- \left[\sum_{i=1}^{v} (p_i - w)D_i - \sqrt{2Kn^{\varphi} \sum_{i=1}^{v} A_i} + \sum_{i=1}^{v} p_iI_rD_iM\right]$$

$$= -\frac{\sqrt{2Kn^{\varphi}A_l}}{\sqrt{\sum_{i=1}^{v+l} A_i} + \sqrt{\sum_{i=1}^{v} A_i}} + (p_l - w)D_l + p_lI_rD_lM$$

由于 $\sqrt{\sum_{i=1}^{v+l} A_i} + \sqrt{\sum_{i=1}^{v} A_i} > \sqrt{\sum_{i=1}^{s+l} A_i} + \sqrt{\sum_{i=1}^{s} A_i}$，所以 $\Phi(V \cup \{l\}) - \Phi(V) > \Phi(S \cup \{l\}) - \Phi(S)$。因此，博弈 (N, Φ) 是子模博弈。

性质 5-4 表明，零售商对所属联盟的边际利润随着联盟规模的增大而增大，任意一个零售商或子联盟加入另一个不相连联盟的动机随着联盟成员的增多而增大，各零售商有动机组建大联盟。

子模博弈的核心非空且是其边际向量的凸组合，夏普丽值是核心的重心，然而核心是一个集合概念，并不是唯一的分配方案，且夏普丽值的计算比较复杂，随着联盟参与人数的增加，其计算复杂度呈指数型增大（冯海荣等，

2011）。因此下面将设计一种属于核心且易于计算的单值利润分配方案。

3. 利润分配方案

考虑到采购联盟 N 的单位时间利润与 Δ_2 的正负有关，因此将联合补货博弈 (N, Φ) 的分配解表示为如下分段函数：

（1）若 $\Delta_2 \leq 0$，采购联盟 N 的单位时间利润 $\Phi(N)$ 表示为：

$$\Phi(N) = \sum_{j=1}^{n}(p_j - w)D_j - \sum_{j=1}^{n}\frac{A_j}{\sum_i A_i}\sqrt{2Kn^\varphi\sum_{i=1}^{n}A_i} + \sum_{j=1}^{n}p_jI_rD_jM$$

（2）若 $\Delta_2 \geq 0$，采购联盟 N 的单位时间利润 $\Phi(N)$ 表示为：

$$\Phi(N) = \sum_{j=1}^{n}(p_j - w)D_j - \sum_{j=1}^{n}\frac{A_j}{\sum_i A_i}\sqrt{\left[2Kn^\varphi + \sum_{i=1}^{n}Z_i\right]\sum_{i=1}^{n}B_i} + \sum_{j=1}^{n}wI_mD_jM$$

命题 5-9 （1）当 $\Delta_2 \leq 0$ 时，令 $\psi_j = (p_j - w)D_j - \dfrac{A_j}{\sum_i A_i}\sqrt{2Kn^\varphi\sum_{i=1}^{n}A_i} + p_jI_rD_jM$，则 $\psi = (\psi_1, \psi_2, \cdots, \psi_n) \in Core(\Phi)$；

（2）当 $\Delta_2 \geq 0$ 时，令 $\psi_j = (p_j - w)D_j - \dfrac{A_j}{\sum_i A_i}\sqrt{\left[2Kn^\varphi\sum_{i=1}^{n}Z_i\right]\sum_{i=1}^{n}B_i} + wI_mD_jM$，则 $\psi = (\psi_1, \psi_2, \cdots, \psi_n) \in Core(\Phi)$。

证明 （1）依题意，可知：

$$\sum_{j=1}^{n}\psi_j = \sum_{j=1}^{n}(p_j - w)D_j - \sum_{j=1}^{n}\frac{A_j}{\sum_i A_i}\sqrt{2Kn^\varphi\sum_{i=1}^{n}A_i} + \sum_{j=1}^{n}p_jI_rD_jM$$

对任意给定的 $S \subseteq N$，若 $\Delta_s \leq 0$，则：

$$\sum_{j=1}^{s}\psi_j = \sum_{j=1}^{s}(p_j - w)D_i - \sum_{j=1}^{s}\frac{2Kn^\varphi A_j}{\sqrt{2Kn^\varphi\sum_{i=1}^{n}A_i}} + \sum_{j=1}^{s}p_jI_rD_jM$$

$$\geq \sum_{j=1}^{s}(p_j - w)D_i - \sum_{j=1}^{s}\frac{2Kn^\varphi A_j}{\sqrt{2Kn^\varphi\sum_{i=1}^{s}A_i}} + \sum_{j=1}^{s}p_jI_rD_jM$$

$$= \sum_{j=1}^{s}(p_j - w)D_i - \sum_{j=1}^{s}\sqrt{2Kn^\varphi\sum_{i=1}^{s}A_i} + \sum_{j=1}^{s}p_jI_rD_jM = \Phi(S)$$

对任意给定的 $S \subseteq N$，若 $\Delta_s \geq 0$，则：

$$\sum_{i=1}^{s} \psi_j = \sum_{j=1}^{s} (p_j - w) D_j - \sum_{j=1}^{s} A_j T_N + \sum_{j=1}^{s} p_j I_r D_j M$$

$$\geq \sum_{j=1}^{s} (p_j - w) D_j - \sum_{j=1}^{s} (A_j - p_j I_r D_j) M$$

$$\geq \sum_{j=1}^{s} (p_j - w) D_j - \sum_{j=1}^{s} (A_j - p_j I_r D_j) T_S$$

$$\geq \sum_{j=1}^{s} (p_j - w) D_j - \sum_{j=1}^{s} (A_j - p_j I_r D_j) T_S - \sum_{j=1}^{s} w I_m D_j (T_S - M)$$

$$\geq \sum_{j=1}^{s} (p_j - w) D_j - \sum_{j=1}^{s} (A_j - p_j I_r D_j + w I_m D_j) T_S - \sum_{j=1}^{s} w I_m D_j M$$

$$\geq \sum_{j=1}^{s} (p_j - w) D_j - \sum_{j=1}^{s} B_j T_S - \sum_{j=1}^{s} w I_m D_j M = \Phi(S)$$

（2）依题意，可知：

$$\sum_{j=1}^{n} \psi_j = \sum_{j=1}^{n} (p_j - w) D_j - \sum_{j=1}^{n} B_j T_N + \sum_{j=1}^{n} w I_m D_j M = \Phi(N)$$

对任意给定的 $S \subseteq N$，有：

$$\sum_{j=1}^{s} \psi_j = \sum_{j=1}^{s} (p_j - w) D_j - \sum_{j=1}^{s} B_j T_N + \sum_{j=1}^{s} w I_m D_j M$$

$$\geq \sum_{j=1}^{s} (p_j - w) D_j - \sum_{j=1}^{s} B_j T_S + \sum_{j=1}^{s} w I_m D_j M = \Phi(S)$$

命题 5 – 9 得证。

命题 5 – 9 表明，利润分配方案 ψ 是一个公平且稳定的分配方案，这时没有任何零售商或子联盟有动机从采购联盟 N 中分离出来。

5.3.4 数值算例

1. 算例参数设置与求解

假设在单个供应商和三位零售商组成的二级供应链中，相关参数如下：三位零售商面临的市场需求率分别为 $D_1 = 2000$ 千克/年、$D_2 = 2200$ 千克/年、$D_3 = 2400$ 千克/年，三位零售商的存储成本分别为 $H_1 = H_2 = H_3 = 6.0$ 元/千克·年，三位零售商的改良成本分别为 $C_{a1} = C_{a2} = C_{a3} = 5.0$ 元/千克，三位零售商在需求市场销售改良品的零售价格分别为 $p_1 = p_2 = p_3 = 12.0$ 元/千克，供应商提供改良品的批发价格 $w = 8.0$ 元/千克，供应商提供的延迟支付期限为 $M = 0.2$ 年，采购

联盟 N 或子联盟 S 对零售商的订货协调成本系数 $\varphi = 0.8$，改良品的净改良率 $\lambda = 0.1$，供应商的资金收益率 $I_m = 10\%$，零售商的资金收益率 $I_r = 5\%$。当 $\Delta_s \leqslant 0$ 时订货成本 $K = 100$ 元/次，当 $\Delta_s \geqslant 0$ 时订货成本 $K = 500$ 元/次。

将上述各项参数代入式（5 - 36）进行检验，易知当 $\varphi = 0.8$ 时，三位零售商联合补货优于独立补货。三位零售商组建采购联盟 N，向改良品供应商进行联合补货，则 $N = \{1, 2, 3\}$，S 可取 $\{1\}$、$\{2\}$、$\{3\}$、$\{1, 2\}$、$\{1, 3\}$、$\{2, 3\}$ 或 $\{1, 2, 3\}$。考虑 $\Delta_s \leqslant 0$ 和 $\Delta_s \geqslant 0$ 两种情形，结合所设置的参数，得到计算结果如表 5 - 1 和表 5 - 2 所示。

表 5 - 1 　　　　　　　　　　采购联盟联合补货参数（$\Delta_2 \leqslant 0$）

S	$K = 100$				
	T_S^0	$\Phi^0(S)$	T_S	$\Phi(S)$	ψ_j
$\{1\}$	0.132	6490.0	0.126	6652.5	6883.9
$\{2\}$	0.126	7216.3	0.120	7399.1	7572.3
$\{3\}$	0.121	7945.9	0.115	8149.0	8260.7
$\{1, 2\}$	0.121	13912.7	0.102	14268.6	14456.2
$\{1, 3\}$	0.118	14644.8	0.100	15021.1	15144.6
$\{2, 3\}$	0.115	15378.4	0.098	15775.3	15833.0
$\{1, 2, 3\}$	0.112	22143.3	0.096	22716.9	22716.9

表 5 - 2 　　　　　　　　　　采购联盟联合补货参数（$\Delta_2 \geqslant 0$）

S	$K = 500$				
	T_S^0	$\Phi^0(S)$	T_S	$\Phi(S)$	ψ_j
$\{1\}$	0.296	4623.6	0.280	4685.7	5206.3
$\{2\}$	0.282	5258.8	0.267	5337.3	5727.0
$\{3\}$	0.270	5901.4	0.256	5996.6	6247.6
$\{1, 2\}$	0.270	10343.8	0.255	10511.4	10933.3
$\{1, 3\}$	0.263	10991.9	0.249	11176.4	11453.9
$\{2, 3\}$	0.258	11643.4	0.244	11845.0	11974.6
$\{1, 2, 3\}$	0.253	16881.7	0.240	17180.9	17180.9

表 5 - 1 与表 5 - 2 数据表明：（1）供应商提供延迟支付条款时，各位零售商无论是独立补货还是组建采购联盟实施联合补货，其最优订货周期都要比无

延期支付时更小；（2）任意两个及以上零售商组建采购联盟实施联合补货的单位时间利润大于他们各自独立补货的单位时间利润之和，因此联合补货具有次可加性；（3）每位零售商加入采购联盟的边际利润随着联盟成员数量的增加而增加，所以各位零售商加入采购联盟的意愿随着采购联盟的增大而增大；（4）在文中给出的利润分配方案下，各子联盟所分配的单位时间利润均大于该子联盟脱离全联盟时的单位时间利润，因而在所给的利润分配方案下，全联盟是稳定的。

2. 敏感性分析

（1）净改良率的敏感性分析。

首先考察净改良率发生变动时对交易信用下三位零售商的最优订货周期及单位时间利润的影响，见图 5 - 7① 至图 5 - 10。

从图 5 - 7 和图 5 - 8 可知，在供应商提供交易信用条款下，无论 Δ_2 值如何，零售商独立补货的最优订货周期都随着净改良率的增大而增大，而采购联盟的最优订货周期与改良率变化的关系取决于 Δ_2 值的正负。当 $\Delta_2 \leq 0$ 时，采购联盟的最优订货周期随净改良率的增大而逐渐减小；当 $\Delta_2 \geq 0$ 时，采购联盟的最优订货周期与净改良率的变动方向一致。

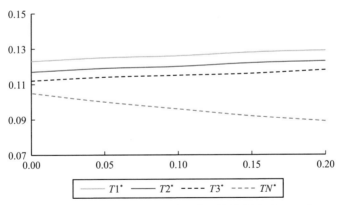

图 5 - 7　净改良率变动对最优订货周期的影响（$\Delta_2 \leq 0$）

---

① 图 5 - 7 至图 5 - 18 中，"Ti"表示第 i 个零售商独立补货的订货周期，"TN"表示采购联盟 N 的订货周期，"Πi"表示第 i 个零售商独立补货的单位时间利润，"ψi"表示第 i 个零售商从联合补货中分配的单位时间利润，"$*$"表示最优解，$i = 1, 2, 3$。

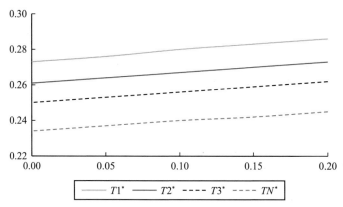

图 5 - 8   净改良率变动对最优订货周期的影响（$\Delta_2 \geqslant 0$）

从图 5 - 9 和图 5 - 10 可知，在供应商提供交易信用条款下，三位零售商选择独立补货或联合补货，其获得（分配）的单位时间利润都随着净改良率的增大而缓慢增加，但三位零售商在联合补货中分配的单位时间利润明显高于他们独立补货时获得的单位时间利润。

（2）延迟支付期限的敏感性分析。

接下来考察延迟支付期限发生变动时对交易信用下三位零售商的最优订货周期及单位时间利润的影响，见图 5 - 11 至图 5 - 14。

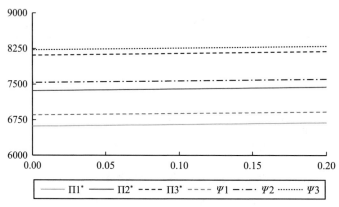

图 5 - 9   净改良率变动对单位时间利润的影响（$\Delta_2 \leqslant 0$）

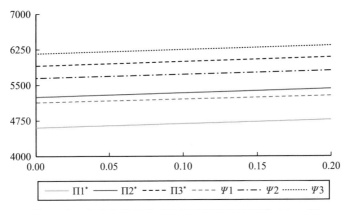

图 5 – 10 净改良率变动对单位时间利润的影响（$\Delta_2 \geqslant 0$）

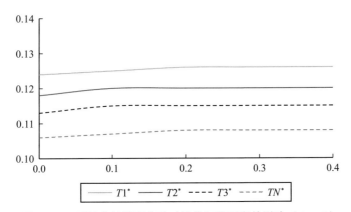

图 5 – 11 延迟支付期限变动对最优订货周期的影响（$\Delta_2 \leqslant 0$）

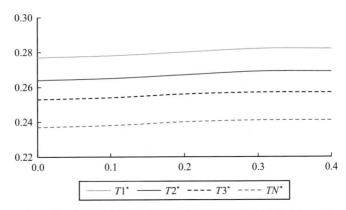

图 5 – 12 延迟支付期限变动对最优订货周期的影响（$\Delta_2 \geqslant 0$）

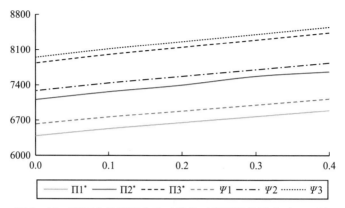

图 5 – 13　延迟支付期限变动对单位时间利润的影响（$\Delta_2 \leqslant 0$）

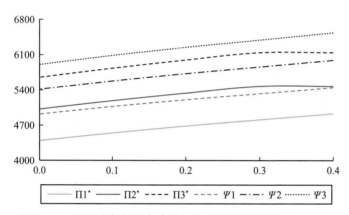

图 5 – 14　延迟支付期限变动对单位时间利润的影响（$\Delta_2 \geqslant 0$）

　　从图 5 – 11 和图 5 – 12 中可以看出，在供应商提供交易信用条款下，三位零售商独立补货和联合补货的最优订货周期都随着延迟支付期限的增大先稍有增加后维持不变。需要注意的是，在图 5 – 11 中，当延迟支付期限较小时，并不满足 $\Delta_2 \leqslant 0$ 的约束条件，因此其最优订货周期的计算需按照 $\Delta_2 \geqslant 0$ 时的公式进行。同理，在图 5 – 12 中，当延迟支付期限较大时，并不满足 $\Delta_2 \geqslant 0$ 的约束条件，因此其最优订货周期的计算需按照 $\Delta_2 \leqslant 0$ 时的公式进行。令 $\Delta_2 = 0$，分别求得图 5 – 11 和图 5 – 12 中延迟支付期限的临界值为 $M \approx 0.108$ 和 $M \approx 0.241$。

　　从图 5 – 13 和图 5 – 14 可知，在供应商提供交易信用条款下，三位零售商选择独立补货或联合补货，其获得（分配）的单位时间利润都随着延迟支付期限的增大而增加，且三位零售商在联合补货中分配的单位时间利润也都高于独立补货时获得的单位时间利润。另外，虽然由于 $\Delta_2 \leqslant 0$ 时的订货成本较低导致该情形下各位零售商获得（分配）的单位时间利润比相同延迟支付期限下 $\Delta_2 \geqslant 0$ 时零售商获得（分配）的单位时间利润高，但在 $\Delta_2 \geqslant 0$ 时零售商选择联合补货与独立补货的单位时间利润差值却比 $\Delta_2 \leqslant 0$ 时更大。

（3）订货协调成本系数的敏感性分析。

随后考察订货协调成本系数发生变动时对交易信用下三位零售商的最优订货周期及单位时间利润的影响，如图 5 - 15 至图 5 - 18 所示。

从图 5 - 15 和图 5 - 16 中可以看出，当供应商提供交易信用条款时，订货协调成本系数对各位零售商独立补货的最优订货周期不产生影响，显然这是因为零售商独立订货时不产生订货协调成本，只有固定的订货成本。在联合采购中，随着订货协调成本系数的增大，采购联盟的订货成本迅速增加，导致采购联盟的最优订货周期也随之快速变大。同时，由于 $\Delta_2 \geqslant 0$ 情形下的采购联盟订货成本更大，所以在相同的订货协调成本系数下，其最优订货周期较 $\Delta_2 \leqslant 0$ 情形下的最优订货周期也更大。

由图 5 - 17 和图 5 - 18 可知，三位零售商独立补货的单位时间利润不受订货协调成本的变动的影响。在供应商提供交易信用条款下，零售商从联合补货中分配的单位时间利润随着订货协调成本的增加迅速下降，并且在订货协调成本增加到 $\varphi = 1$ 附近时，已经出现部分零售商从联合补货中分配的单位时间利润小于其独立补货时获得的单位时间利润。自此以后，联合补货劣于独立补货。实际上，此时式（5 - 36）给出的判断条件已不满足。

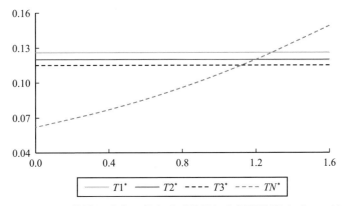

图 5 - 15　订货协调成本系数变动对最优订货周期的影响（$\Delta_2 \leqslant 0$）

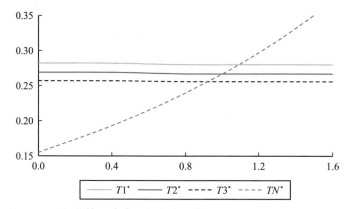

图 5-16 订货协调成本系数变动对最优订货周期的影响（$\Delta_2 \geq 0$）

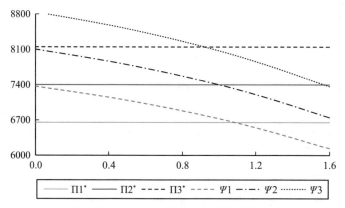

图 5-17 订货协调成本系数变动对单位时间利润的影响（$\Delta_2 \leq 0$）

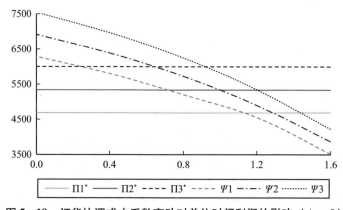

图 5-18 订货协调成本系数变动对单位时间利润的影响（$\Delta_2 \geq 0$）

5.4 本章小结

本章主要讨论了供应商提供交易信用条款下的改良品库存决策与供应链协调问题，具体研究内容如下。

（1）"单供应商—单零售商"改良品供应链的库存决策与纵向协调研究。本部分内容首先根据经典 EOQ（EPQ）模型推导改良品补货决策中零售商的最优订货周期、供应商的最优生产周期以及双方的单位时间利润状况。研究表明，零售商取得单位时间利润最大的订货周期与供应商取得单位时间利润最大的生产周期并不同步。在此基础上，考虑供应商向零售商提供交易信用条款，设计了数量折扣与交易信用组合契约来协调改良品供应链，引导零售商按照供应商的最优生产周期订货，使得改良品供应链系统的单位时间最大利润在协调后得到增加，且实现了供应商和零售商单位时间利润的 Pareto 改善。

（2）"单供应商—多零售商"改良品供应链的库存决策与横向协调研究。本部分内容研究供应商提供延迟支付条约对零售商补货决策的影响。建立多位零售商独立补货与联合补货的优化模型，给出零售商选择独立补货或联合补货的判断条件。为了合理分配联合补货的单位时间利润，将改良品联合补货问题转换成多人合作博弈，证明了改良品联合补货单位时间利润分配的几点性质。在此基础上设计了一种属于联合博弈核心且易于计算的单值利润分配方案，并通过数值算例验证了所设计利润分配方案的可行性和合理性。

参考文献

［1］毕功兵，瞿安民，梁樑．不公平厌恶下供应链的批发价格契约与协调［J］.系统工程理论与实践，2013，33（1）：134－140.

［2］曹晓刚，黄美，闻卉．考虑公平关切的闭环供应链差别定价决策及协调策略［J］.系统工程理论与实践，2019，39（9）：2300－2314.

［3］陈戈，但斌，覃燕红．不同公平偏好模型下基于批发价格契约的供应链协调［J］.预测，2017，36（3）：62－68.

［4］陈晖．几类库存控制模型［D］.重庆：重庆大学博士学位论文，2007.

［5］陈晖，罗兵，杨秀苔，等．生猪类改良物品库存管理理论及实证研究［J］.科技管理研究，2008（6）：293－296.

［6］陈建新，周永务，钟远光．基于CVaR准则的资金约束供应链回购契约协调策略［J］.系统管理学报，2019，28（3）：552－559.

［7］陈军，曹群辉，肖红．基于生长价值跟踪的生鲜农产品采收销售模型［J］.中国管理科学，2012，20（专辑）：621－626.

［8］陈军，赖信，何圆．基于生长价值跟踪的生鲜农产品采收销售模型［J］.运筹与管理，2013，22（3）：242－247.

［9］陈祥锋，朱道立．Markovi模型在供应链合同管理中的应用［J］.科研管理，2002，23（2）：94－99.

［10］代建生，秦开大．具有风险规避销售商的供应链最优回购契约［J］.中国管理科学，2016，24（7）：72－81.

［11］但斌，徐广业．随机需求下双渠道供应链协调的收益共享契约［J］.系统工程学报，2013，28（4）：514－521.

［12］范建昌，付红，李余辉，等．渠道权力结构与责任成本分担下供应链质量及协调研究［J］.系统工程理论与实践，2020，40（7）：1767－1779.

［13］冯海荣，李军，曾银莲．易腐品供应链企业联合采购决策与费用分配研究［J］.系统科学与数学，2011，31（11）：1454－1466.

［14］冯海荣，李军，曾银莲．延迟支付下的易腐品联合采购费用分配［J］．系统工程理论与实践，2013，33（6）：1411 –1423．

［15］扈衷权，田军，冯耕中．基于数量柔性契约的双源应急物资采购定价模型［J］．中国管理科学，2019，27（12）：100 –112．

［16］黄远良，侯治平．多种支付方式下短缺需求拖后的改良品库存模型［J］．桂林理工大学学报，2021，41（3）：671 –683．

［17］塞明，方新，勒留乾，等．寄予期望准则和分布自由的回购契约协调模型［J］．管理科学学报，2016，19（9）：67 –78．

［18］焦薇，倪明，吴知轩．基于供应商补偿激励的汽车主机厂联合采购策略［J］．系统工程学报，2020，35（6）：760 –772，805．

［19］焦薇，汪和平，王付宇．基于确定初始库存的改良品开售时机决策研究［J］．德州学院学报，2021，37（4）：51 –57．

［20］兰冲锋，毕功兵，费亚磊．不公平厌恶和随机产出下供应链批发价格契约［J］．中国科学技术大学学报，2017，47（6）：530 –540．

［21］李波，杨灿军，陈鹰．基于合作对策的行业联合采购费用分摊研究［J］．系统工程理论与实践，2003，23（6）：65 –70．

［22］李建斌，郭培强，陶智颖．双边收益共享与两部收费契约下的全渠道协调策略［J］．系统工程理论与实践，2021，41（11）：2887 –2901．

［23］李军，岳青，冯海荣．基于合作博弈的易腐品联合采购策略分析［J］．西南交通大学学报，2012，47（6）：1049 –1056．

［24］李莉英．外包物流渠道合同对供应链协调与绩效的影响研究［D］．重庆：重庆大学博士学位论文，2013．

［25］刘浪，史文强，冯良清．多因素扰动情景下应急数量弹性契约的供应链协调［J］．中国管理科学，2016，24（7）：163 –175．

［26］刘浪，汪惠，黄冬宏．生产成本信息不对称下零售商风险厌恶的回购契约［J］．系统工程理论与实践，2021，41（1）：113 –123．

［27］刘浪，吴双胜，史文强．信息不对称下价格随机的应急数量折扣契约研究［J］．中国管理科学，2018，26（3）：169 –176．

［28］刘阳，田军，冯耕中．基于数量柔性契约 Markov 链的应急物资采购模型［J］．系统工程理论与实践，2020，40（1）：119 –133．

［29］刘玉梅．供应链契约研究［J］．现代商贸工业，2009（4）：19 –20．

［30］刘云志，樊治平．不公平厌恶下 VMI 供应链的批发价格契约与协调［J］．中国管理科学，2016，24（4）：63 –73．

［31］孟丽君，黄祖庆. 退货情形下基于替代率的两产品联合订货决策研究［J］. 运筹与管理，2012，21（2）：74-82.

［32］闵杰，杨冉，欧剑，等. 基于双向成本分担的绿色供应链运营策略研究［J］. 工业工程，2021，24（4）：36-44.

［33］彭鸿广，骆建文. 不对称信息下供应链成本分担激励契约设计［J］. 系统管理学报，2015，24（2）：267-274.

［34］饶卫振，徐丰，段忠菲. 联合采购与配送协同成本分摊方法［J］. 计算机集成制造系统，2021，27（7）：2144-2155.

［35］石雪飞，王海燕. 库存容量有限的产品选择及联合采购决策研究［J］. 系统工程学报，2021，36（2）：264-278.

［36］孙海雷. 改良品多阶段销售补货模型及其供应链协调策略研究［D］. 重庆：重庆大学博士学位论文，2014.

［37］孙海雷，王勇，陈晓旭，等. 基于价格折扣的改良品供应链的协调策略研究［J］. 系统工程学报，2014，29（1）：75-84.

［38］孙海雷. 需求依赖于销售价格的改良品供应链研究［J］. 全国流通经济，2018（2）：3-4.

［39］孙海雷. 基于节约资源的改良品供应链收益共享契约模型［J］. 现代商贸工业，2018（11）：38-39.

［40］孙会君，高自友. 基于差分的数量折扣条件下订货策略优化模型［J］. 管理科学学报，2004，7（2）：18-21+39.

［41］覃燕红，魏光兴. 批发价格契约下基于公平偏好信息结构演进的行为博弈分析［J］. 工业工程与管理，2015，20（4）：100-107，151.

［42］王宁宁，王晓欢，樊治平. 考虑模糊需求和不公平厌恶的批发价格契约与协调［J］. 东北大学学报（自然科学版），2015，36（9）：1358-1362.

［43］王宁宁，王晓欢，樊治平. 模糊需求下考虑公平关切的收益共享契约与协调［J］. 中国管理科学，2015，23（8）：139-147.

［44］汪漩，仲伟俊，梅姝娥. 基于数量折扣的合作采购协调机制分析［J］. 东南大学学报（自然科学版），2006，36（1）：168-173.

［45］王迎军. 供应链管理实用建模方法及数据挖掘［M］. 北京：清华大学出版社，2001.

［46］王勇，裴小青. 基于威布尔分布的改良品质押率研究［J］. 财会月刊，2015（15）：102-105.

［47］王勇，孙海雷，陈晓旭. 基于数量折扣的改良品供应链协调策略

[J]. 中国管理科学，2014，22（4）：51 - 57.

[48] 王振兴，潘李剑，欧涉远. 供应链契约研究进展 [J]. 商业时代，2012（8）：33 - 34.

[49] 文晓巍，达庆利. 变质产品供应链中多品种的订购策略研究 [J]. 系统工程理论与实践，2006，26（2）：43 - 48.

[50] 文晓巍，达庆利. 一类供应链中多产品的订购策略及实证研究 [J]. 管理工程学报，2007，21（1）：56 - 60.

[51] 吴忠和，陈宏，赵千. 非对称信息下闭环供应链回购契约应对突发事件策略研究 [J]. 中国管理科学，2013，21（6）：97 - 106.

[52] 肖旦，周永务，范丽繁，等. 改良技术共享下改良品联合采购联盟竞合博弈研究 [J]. 中国管理科学，2019，27（2）：129 - 137.

[53] 肖旦，周永务，钟远光，等. 随机需求下库存技术共享零售商联合采购联盟的竞合博弈研究 [J]. 管理工程学报，2017，31（4）：194 - 199.

[54] 肖迪，陈瑛，王佳燕，等. 考虑平台数据赋能的电商供应链成本分担策略选择研究 [J]. 中国管理科学，2021，29（10）：58 - 69.

[55] 谢巧华. 随机需求下供应链数量折扣和价格补贴的联合契约研究 [D]. 成都：西南交通大学博士学位论文，2006.

[56] 许格妮，陈惠汝，武晓莉，等. 竞争供应链中绿色成本分担博弈分析 [J]. 系统工程学报，2020，35（2）：244 - 256.

[57] 许民利，李舒颖. 产量和需求随机下基于收益共享契约的供应链决策 [J]. 控制与决策，2016，31（8）：1435 - 1440.

[58] 许甜甜，肖条军. 基于数量折扣的时滞变质物品库存协调模型 [J]. 系统工程理论与实践，2013，33（7）：1690 - 1698.

[59] 杨德礼，郭琼，何勇，等. 供应链契约研究进展 [J]. 管理学报，2006，3（1）：117 - 125.

[60] 杨洁，赖礼邦. 考虑联盟结构的联合采购合作剩余分配博弈分析 [J]. 运筹与管理，2021，30（6）：91 - 95.

[61] 于辉，陈剑，于刚. 回购契约下供应链应对突发事件的协调应对 [J]. 系统工程理论与实践，2005，25（8）：38 - 43.

[62] 张琳，田军，杨瑞娜，等. 数量柔性契约中的应急物资采购定价策略研究 [J]. 系统工程理论与实践，2016，36（10）：2590 - 2600.

[63] 张钦红，骆建文. 不对称信息下易腐物品供应链最优数量折扣合同研究 [J]. 系统工程理论与实践，2007，27（12）：23 - 28，35.

［64］张新鑫，侯文华，申成霖. 顾客策略行为下基于 CVaR 和回购契约的供应链决策模型［J］. 中国管理科学，2015，23（2）：80－91.

［65］张煜，汪寿阳. 基于批发价格契约的质量成本审查模型分析［J］. 系统工程理论与实践，2011，31（8）：1481－1488.

［66］赵正佳. 需求不确定且依赖于价格下全球供应链数量折扣及其组合契约［J］. 管理工程学报，2015，29（3）：90－99.

［67］周艳菊，鲍茂景，陈晓红，等. 基于公平关切的低碳供应链广告合作－减排成本分担契约与协调［J］. 中国管理科学，2017，25（2）：121－129.

［68］周艳菊，黄雨晴，陈晓红，等. 促进低碳产品需求的供应链减排成本分担模型［J］. 中国管理科学，2015，23（7）：87－95.

［69］Abdoli M. Inventory model with variable demand rate under stochastic inflation for deteriorating and ameliorating items with permissible delay in payment［J］. International Journal of Operational Research，2016，27（3）：375－388.

［70］Ahmadi-Javid A，Hoseinpour. On a cooperative advertising model for a supply chain with one manufacturer and one retailer［J］. European Journal of Operational Research，2012，219（2）：458－466.

［71］Banerjee A. On "A quantity discount pricing model to increase vendor profits"［J］. Management Science，1986，32（11）：1513－1517.

［72］Cachon G P. Handbooks in operations research and management science：supply chain management［M］. North Holland：Elesvier Science Publisher，2003.

［73］Cachon G P，Lariviere M A. Supply chain coordination with revenue-sharing contracts：Strengths and limitations［J］. Management Science，2005，51（1）：30－44.

［74］Chen J. An inventory model for ameliorating and deteriorating fresh agricultural items with ripeness and price dependent demand［J］. International Conference of Information Technology，Computer Engineering and Management Sciences，2011.

［75］Chen X. Inventory centralization games with price-dependent demand and quantity discount［J］. Operations Research，2009，57（6）：1394－1406.

［76］Chen X F，Wan G H. The effect of financing on a budget-constrained supply chain under wholesale price contract［J］. Asia-Pacific Journal of Operational Research，2011，28（4）：457－485.

[77] Chen Y, Wahab M I M, Ongkunaruk P. A joint replenishment problem considering multiple trucks with shipment and resource constraints [J]. Computers & Operations Research, 2016, 74: 53 – 63.

[78] Chou S Y, Chouhuang W T, Lin J S, et al. An analytic solution approach for the economic order quantity model with Weibull ameliorating items [J]. Mathematical and Computer Modelling, 2008, 48 (11 – 12): 1868 – 1874.

[79] Chung W M, Talluri S, Narasimhan R. Quantity flexibility contract in the presence of discount incentive [J]. Decision Science, 2014, 45 (1): 49 – 79.

[80] Corbett C J, Groote X D. A supplier's optimal quantity discounts policy under asymmetric information [J]. Management Science, 2000, 46 (3): 444 – 450.

[81] Cui T H, Raju J S, Zhang Z J. Fairness and channel coordination [J]. Management Science, 2007, 53 (8): 1303 – 1314.

[82] Dem H, Singh S R. A production model for ameliorating items with quality consideration [J]. International Journal of Operational Research, 2013, 17 (2): 183 – 198.

[83] Deng X T, Papadimitriou C H. On the complexity of cooperative solution concept [J]. Mathematics of Operations Research, 1994, 19 (2): 257 – 266.

[84] Eppen G, Iyer A. Backup agreements in fashion buying-the value of upstream flexibility [J]. Management Science, 1997, 43 (11): 1469 – 1484.

[85] Fan J C, Ni D B, Tang X W. Product quality choice in two-echelon supply chain under post-sale liability: Insights from wholesale price contracts [J]. International Journal of Production Research, 2017, 55 (9): 2556 – 2574.

[86] Gan X H, Sethi S, Yan H M. Supply chain coordination with a risk-averse retailer and a risk-neutral supplier [J]. Productions and Operations Management, 2004, 13 (2): 135 – 149.

[87] Ghosh D, Shah J. Supply chain analysis under green sensitive consumer demand and cost sharing contract [J]. International Journal of Production Economics, 2015, 164: 319 – 329.

[88] Giannoccaro I, Pontrandolfo P. Supply chain coordination by revenue sharing contracts [J]. International Journal of Production Economics, 2004, 89 (2): 131 – 139.

[89] Goyal S K, Giri B C. Recent trends in modeling of deteriorating inventory

[J]. European Journal of Operational Research, 2001, 134 (1): 1 – 16.

[90] Goyal S K, Singh S R, Dem H. Production policy for amelioration/deteriorating items with ramp type demand [J]. International Journal of Procurement Management, 2013, 6 (4): 444 – 465.

[91] Gulera M G, Bilgic T. On coordinating an assembly system under random yield and random demand [J]. European Journal of Operational Research, 2009, 196 (1): 444 – 465.

[92] Hwang H S. A study on inventory model for items with Weibull ameliorating [J]. Computers and Industrial Engineering, 1997, 33 (3 – 4): 701 – 704.

[93] Hwang H S. Inventory models for both deteriorating and ameliorating items [J]. Computers and Industrial Engineering, 1999, 37 (1 – 2): 257 – 260.

[94] Hwang H S. A stochastic set-covering location model for both ameliorating and deteriorating items [J]. Computers and Industrial Engineering, 2004, 46 (2): 313 – 319.

[95] Hoque M A. An optimal solution technique for the joint replenishment problem with storage and transportation capacities and budget constraints [J]. European Journal of Operational Research, 2006, 175 (2): 1033 – 1042.

[96] Jadidi O, Jaber M Y, Zolfaghri S, et al. Dynamic pricing and lot sizing for a newsvendor problem with supplier selection, quantity discounts, and limited supply capacity [J]. Computers & Industrial Engineering, 2021, 154: 107113.

[97] Lau A H L, Lau H S, Wang J C. Pricing and volume discounting for a dominant retailer with uncertain manufacturing cost information [J]. European Journal of Operational Research, 2007, 183 (2): 848 – 870.

[98] Law S T, Wee H M. An integrated production-inventory model for ameliorating and deteriorating items taking account of time discounting [J]. Mathematical Computer and Modelling, 2006, 43 (5 – 6): 673 – 685.

[99] Lee H L, Padmanabhan V, Taylor T A, et al. Price protection in the personal computer industry [J]. Management Science, 2000, 46 (4): 467 – 481.

[100] Li J B, Luo X M, Wang Q F, et al. Supply chain coordination through capacity reservation contract and quantity flexibility contract [J]. Omega, 2021, 99 (3): 102195.

[101] Li T, Zhang R, Zhao S L, et al. Low carbon strategy analysis under revenue-sharing and cost-sharing contracts [J]. Journal of Cleaner Production,

2019, 212 (3): 1462 - 1477.

[102] Liang L, Wang X H, Gao J G. An option contract pricing model of relief material supply chain [J]. Omega, 2012, 40 (5): 594 - 600.

[103] Lin C, Lin Y. A cooperative inventory policy with deteriorating items for a two-echelon model [J]. European Journal of Operational Research, 2007, 178 (1): 92 - 111.

[104] Liu J, Mantin B, Wang H Y. Supply chain coordination with customer returns and refund-dependent demand [J]. International Journal of Production Economics, 2014, 148 (2): 81 - 89.

[105] Mahate G C, De S K. An EOQ inventory system of ameliorating items for price dependent demand rate under retailer partial trade credit policy [J]. OPSERCH, 2016, 53 (4): 889 - 916.

[106] Mandal B, Bhunia A K, Maiti M. An inventory system ameliorating items for price dependent demand rate [J]. Computer and Industrial Engineering, 2003, 45 (3): 443 - 456.

[107] Mandal B, Bhunia A K, Maiti M. Inventory partial selling quantity model of ameliorating items with linear price dependent demand [J]. Advanced Modeling and Optimization, 2005, 7 (1): 145 - 154.

[108] Meca A, Garcia-Jurado I, Borm P. Cooperation and competition in inventory games [J]. Mathematical Methods of Operational Research, 2003, 57 (3): 481 - 493.

[109] Meca A, Timmer J, Garcia-Jurado I. Inventory games [J]. European Journal of Operational Research, 2004, 156 (1): 127 - 139.

[110] Monahan J P. A quantity discount pricing model to increase vendor profits [J]. Management Science, 1982, 30 (6): 720 - 726.

[111] Moon I, Giri B C, Ko B. Economic order quantity models for ameliorating/deteriorating items under inflation and time discounting [J]. European Journal of Operational Research, 2005, 162 (3): 773 - 785.

[112] Ni D B, Li K W, Tang X W. Social responsibility allocation in two-echelon supply chains: Insights from wholesale price contracts [J]. European Journal of Operational Research, 2010, 207 (3): 1269 - 1279.

[113] Nie T F, Du S F. Dual-fairness supply chain with quantity discount contracts [J]. European Journal of Operational Research, 2017, 258 (2): 491 -

500.

［114］Nodoust S, Mirzazadeh A, Weber G W. An evidential reasoning approach for production modeling with deteriorating and ameliorating items ［J］. Operational Research International Journal, 2020, 20: 1 – 19.

［115］Nouri M, Hosseini-Motlagh S M, Nematollahi M, et al. Coordination manufacturer's innovation and retailer's promotion and replenishment using a compensation-based wholesale price contract ［J］. International Journal of Production Economics, 2018, 198: 11 – 24.

［116］Ongkunaruk P, Wahab M I M, Chen Y. A genetic algorithm for a joint replenishment problem with resource and shipment constraints and defective items ［J］. International Journal of Production Economics, 2016, 175: 142 – 152.

［117］Padmanabhan V, Png P L. Manufacturer's returns policy and retail competition ［J］. Marketing Science, 1997, 16 (1): 81 – 94.

［118］Panda G C, Sahoo S, Sukla P K. A note on inventory model for ameliorating items with time dependent second order demand rate ［J］. LogForum, 2013, 9 (1): 43 – 49.

［119］Pasternack B A. Optimal pricing and returns policies for perishable commodities ［J］. Marketing Science, 1985, 4 (1): 166 – 176.

［120］Porras E, Dekker R. A efficient optimal solution method for the joint replenishment problem with minimum order quantities ［J］. European Journal of Operational Research, 2005, 174 (3): 1595 – 1615.

［121］Sahin F, Robinson E P. Flow coordination and information sharing in supply chains: Review, implications and directions for future research ［J］. Decision Science, 2002, 33 (4): 505 – 536.

［122］Sana S S. Demand influenced by enterprises' initiatives-A multi-item EOQ model of deteriorating and ameliorating items ［J］. Mathematical and Computer Modelling, 2010, 52 (1/2): 284 – 302.

［123］Sarkar S, Bhala S. Coordination a closed loop supply chain with fairness concern by a constant wholesale price contract ［J］. European Journal of Operational Research, 2021, 295 (1): 140 – 156.

［124］Shin H, Benton W. Quantity discount-based inventory coordination: Effectiveness and critical environmental factors ［J］. Production and Operations Management, 2004, 13 (1): 63 – 76.

[125] SimatuPang T M, Wright A C, Sridharan R. The knowledge of coordination for supply chain integration [J]. Business Process Management Journal, 2002, 8 (3): 259 –308.

[126] Sivashankari C K, Panayappan S. Production inventory model for two-level production with deteriorative items and shortages [J]. International Journal of Advanced Manufacturing Technology, 2005, 76 (9 –12): 2003 –2014.

[127] Tadj L, Sarhan A M, El-Gohary A. Optimal control of an inventory system with ameliorating and deteriorating items [J]. Applied Sciences, 2008, 10: 243 –255.

[128] Tsay A A. Managing retail channel overstock Markdown money and return policies [J]. Journal of Retailing, 2001, 77 (4): 457 –492.

[129] Tsay A A. Risk sensitivity in distribution channel partnerships: Implications for manufacturer return policies [J]. Journal of Retailing, 2002, 78 (2): 147 –160.

[130] Tsay A A, Lovejoy W S. Quantity-flexibility contracts and supply chain performance [J]. Manufacturing & Service Operations Management, 1999, 1 (2): 89 –111.

[131] Valliathal M, Uthayakumar R. The production-inventory problem for ameliorating/deteriorating items with non-linear shortage cost under inflation and time discounting [J]. Applied Mathematical Sciences, 2010, 4 (6): 289 –304.

[132] Vandana, Srivastava H M. A inventory model for ameliorating/deteriorating items with trapezoidal demand and complete backlogging under inflation and time discounting [J]. Mathematical Methods in the Applied Sciences, 2017, 40 (8): 2980 –2993.

[133] Wang L, Shi Y L, Liu S. A improved fruit fly optimization algorithm and its application to joint replenishment problems [J]. Expert Systems with Applications, 2015, 42 (9): 4310 –4323.

[134] Webster S, Weng Z K. A risk-free perishable item returns policy [J]. Manufacturing & Service Operation Management, 2000, 2 (1): 100 –106.

[135] Wee H M, Lo S T, Yu J, et al. An inventory model for ameliorating and deteriorating items taking account of time value of money and finite planning horizon [J]. International Journal of Systems Science, 2008, 39 (8): 801 –807.

[136] Weng Z K. Channel coordination and quantity discount [J]. Management Science, 1995, 41 (9): 1509 – 1522.

[137] Xie J P, Zhang W S, Liang L, et al. The revenue and cost sharing contract of pricing and servicing policies in a dual-channel closed-loop supply chain [J]. Journal of Clean Production, 2018, 191: 361 – 383.

[138] Xiong H C, Chen B T, Xie J X. A composite contract based on buy back and quantity flexibility contracts [J]. European Journal of Operational Research, 2011, 210 (3): 559 – 567.

[139] Yang H L, Zhuo W Y, Shao L S, et al. Mean-variance analysis of wholesale price contracts with a capital-constrained retailer: Trade credit financing vs. Bank credit financing [J]. European Journal of Operational Research, 2021, 294 (2): 525 – 542.

[140] Yang H X, Chen W B. Retailer-driven carbon emission abatement with consumer environmental awareness and carbon tax: revenue-sharing versus cost-sharing [J]. Omega, 2018, 78: 179 – 191.

[141] Yao Z, Leung S C H, Lai K K. Manufacturer's revenue-sharing contract and retail competition [J]. European Journal of Operational Research, 2008, 186 (2): 637 – 651.

[142] Zhang G Q. The multi-product newsboy problem with supplier quantity discounts and a budget constraint [J]. European Journal of Operational Research, 2010, 206 (2): 350 – 360.

[143] Zhang G Q, Shi J M, Chaudhry S S, et al. Multi-period multi-product acquisition planning with uncertain demands and supplier quantity discounts [J]. Transportation Research Part E, 2019, 132: 117 – 140.

[144] Zhang J W. Cost allocation for joint replenishment model [J]. Operations Research, 2009, 57 (1): 146 – 156.

[145] Zhang Q H, Luo J W, Duan Y R. Buyer-vendor coordination for fixed lifetime product with quantity discount under finite production rate [J]. International Journal of System Science, 2016, 47 (4): 821 – 834.

[146] Zhao Y X, Choi T M, Cheng T C E, et al. Buyback contracts with price-dependent demands: Effects of demand uncertainty [J]. European Journal of Operational Research, 2014, 239 (3): 663 – 673.

［147］ Zheng Q, Zhou Li, Fan T J, et al. Joint procurement and pricing of fresh produce for multiple retailers with a quantity discount contract ［J］. Transportation Research Part E, 2019, 130: 16 – 36.

［148］ Zhou Y J, Bao M J, Chen X H, et al. Co-op advertising and emission reduction cost sharing contracts and coordination in low-carbon supply chain based on fairness concerns ［J］. Journal of Clean Production, 2016, 133: 402 – 413.